やわらかアカデミズム
〈わかる〉シリーズ

よくわかる
スポーツ倫理学

友添秀則
[編著]

ミネルヴァ書房

はじめに

■よくわかるスポーツ倫理学

　読者の皆さんは，スポーツの世界で何が許され，何が許されないのかを考えたことがあるでしょうか。オリンピック競技大会ではトップアスリートによるドーピング違反が後を絶ちません。なぜ，ドーピング（禁止薬物使用など）は許されないのでしょうか。

　たとえ，クスリの使用が多少の健康被害をもたらすとしても，成人の判断力のあるアスリートが，クスリの副作用を十分に承知した上でドーピングという行為を選択しても，誰にも危害を加えなければ，それはアスリートの自己決定権の行使として尊重されなければならない，という見解があります。ルールで薬の使用を禁じているから不正であると考えるのであれば，倫理的な観点からいえば，禁止薬物の使用がルール違反かどうかが問われるよりも，ルールそれ自体が禁止薬物の使用を認めるように変更されるべきか否かが問われねばならないということになります。

　また，例えば，誰もが知っているように，厳しいコーチのもとでの練習では，時に肉体の極限まで追い込むようなハードトレーニングが行われることがあります。では，この激しいトレーニングと，いわゆる練習での「しごき」とは，いったい何がどう違うのでしょうか。肉体の極限まで追い込むハードトレーニングが許され，「しごき」が許されないのは，いったいそこにどのような違いがあるからなのでしょうか。

　本書では，巨大化し複雑化するスポーツの世界に今生じている，ドーピング，八百長，違法賭博，違法薬物，暴力，様々なハラスメント，性差別や人種差別・外国人嫌悪などの問題，国際オリンピック委員会（IOC）から地域のスポーツクラブまでを含めた各種スポーツ団体のガバナンスの欠如などの，現代スポーツが抱える倫理的問題について述べています。スポーツ倫理学とは，ここに挙げたスポーツの世界に生じている倫理的問題を直視し，これらの問題と真摯に向き合い批判的な考察を重ねながら，スポーツという人類だけがもつ文化を守るために，スポーツの世界で何が許され，何が許されないのかを倫理的視点から明らかにしつつ，スポーツの限界を人間の英知と力で見定めることを目的に行われる学問的な営みです。

　本書ではこのような問題意識から，「スポーツ倫理学とは何か」から始め，トップアスリートから一般のスポーツ愛好者を取り巻く倫理的諸問題を幅広く

取りあげています。そして，これらの問題が発生する場を，スタジアム（競技場の中）と一般社会（スタジアムの外）とに区分して，その現状を解説し，さらに問題の考え方や問題解決の糸口を示しています。加えて，スポーツの倫理的問題の歴史的・社会的経緯についての解説も盛り込みながら，スポーツ倫理学を縦横から把握できるテキストとして編集されました。

具体的には，本書は4部から構成され，第Ⅰ部では，スポーツ倫理学を理解するために必要な倫理，倫理学，規範などの倫理学固有の概念から，フェアプレイの精神やスポーツマンシップなど，スポーツを倫理的に考察する際に必要となる基本概念や基礎的知識を学べるように書かれています。第Ⅱ部では，現実のスポーツのフィールド（現場）で起こっているスポーツの倫理的問題を対象に，倫理的視点から考察を展開し，問題の所在，解決策などがわかりやすく解説されています。第Ⅲ部では，主としてスタジアムの外側で起こるスポーツ組織のガバナンスの欠如，差別，環境などの倫理的問題を対象に，第Ⅱ部と同様に倫理的視点から考察を展開し，問題の所在，解決策などをわかりやすく解説するように努めています。第Ⅳ部では，先人のスポーツ倫理に学びながら，本書全体の総括として，これからのスポーツ倫理のあり方を考えていただければと思っています。

スポーツ倫理学は，まだ極めて若い学問領域です。若いということは，大きな可能性を秘め，これから大きく発展していく可能性があるということです。本書で述べているように，ドーピングや多くの倫理的問題に病んでいる現代スポーツは，このような状態が続けば，未来永劫存続できるとはどう考えても思えません。現代スポーツの源流である近代スポーツが18世紀中ごろに誕生してから，まだ多くの時間が経っていません。わたしたちの大切な，そして人類だけがもつスポーツという文化が，今後何世紀にもわたって人々に幸せと勇気と希望をもたらす，人類の貴重な文化として存続できるかどうかは，今を生きるわたしたちにかかっています。そのような意味で，現代スポーツは大きな岐路に立っているように思えます。

本書を通して，ひとりでも多くの読者がスポーツ倫理学に興味をもち，わたしたちの大切なスポーツという文化を共に育んでくださることを心から願っています。さあ，今から，スポーツ倫理学の世界に共に旅立ちましょう。

2017年3月　　　　　　　　　　　　　　　　　　　　編著者　友添　秀則

もくじ

■よくわかるスポーツ倫理学

はじめに

第Ⅰ部 スポーツ倫理学を理解するために

1 スポーツ倫理学の基礎知識

1 スポーツとは何か ……………… 2
2 スポーツ倫理学をめぐる
　キーワード ……………………… 4
3 スポーツ倫理学の成立と発展 …… 6
4 スポーツ科学とスポーツ倫理学 … 8
5 スポーツと人格形成 …………… 10
6 スポーツの規範的研究とは何か … 12
7 現代スポーツにおける倫理的
　問題 ……………………………… 14
8 スポーツ・インテグリティと
　スポーツの新しい考え方 ……… 16

2 フェアプレイの精神とは何か

1 フェアプレイとは何か ………… 20
2 フェアとアンフェア …………… 22
3 ベストを尽くすとは …………… 24
4 相手の尊重と相手への敬意 …… 26
5 審判・ルールの尊重 …………… 28
6 フェアプレイ精神の構造 ……… 30
7 フェアプレイ教育とスポーツ
　倫理 ……………………………… 32

3 スポーツパーソンシップとは何か

1 スポーツパーソンシップとは何か … 34
2 スポーツパーソンシップと
　スポーツマンシップ …………… 36
3 スポーツマンシップの由来 …… 38
4 イギリス人とスポーツマンシップ … 40
5 スポーツパーソンシップと
　スポーツ規範 …………………… 42
6 マナー・エチケットとスポーツ
　パーソンシップ ………………… 44
7 スポーツパーソンシップと
　フェアプレイの精神 …………… 46

第Ⅱ部 スタジアムからスポーツを倫理する

4 勝敗の倫理学

1 スポーツにおける勝敗の意味 … 50
2 「勝利至上主義」は正しいか …… 52
3 勝利の倫理的意味 ……………… 54
4 よい競争とは何か ……………… 56

5　敗北の価値をどうとらえるか … 58
　　6　競技者にとっての勝敗 …………… 60
　　7　手段としてのスポーツと勝利 …… 62

5　ドーピングの倫理学

　　1　ドーピングの定義 ………………… 64
　　2　競技スポーツとドーピング事例 … 66
　　3　新たなドーピング技術――遺伝子ドーピング ……………… 68
　　4　アンチ・ドーピング活動 ………… 70
　　5　ドーピング禁止理由をめぐって … 72
　　6　ドーピング容認論の見解 ………… 74
　　7　ドーピングはなぜ許されないのか ……………………… 76

6　ゲームの倫理学

　　1　ゲームとは何か …………………… 78
　　2　ゲームと試合 ……………………… 80
　　3　ゲームを破壊するもの …………… 82
　　4　ゲームとルール遵守 ……………… 84
　　5　ゲームにおけるチート行為 ……… 86
　　6　ゲーム中の不正行為はなぜ許されないのか ……………… 88
　　7　ゲームが正しく行われるために … 90

7　スポーツと八百長の倫理学

　　1　八百長とは何か …………………… 92
　　2　スポーツにおける八百長の実態 … 94
　　3　違法賭博とは何か ………………… 96
　　4　違法賭博と八百長の関係 ………… 98
　　5　八百長はなぜ許されないのか … 100
　　6　違法賭博はなぜ許されないのか … 102
　　7　IOC，FIFAなどの八百長，違法賭博の撲滅 ………………… 104
　　8　八百長，違法賭博はスポーツを破壊する ………………………… 106

第Ⅲ部　社会からスポーツを倫理する

8　スポーツと暴力の倫理学

　　1　暴力，体罰，ハラスメントと社会 … 110
　　2　スポーツにおける暴力 ………… 112
　　3　スポーツにおける体罰 ………… 114
　　4　スポーツにおけるハラスメント … 116
　　5　社会の歴史からみたスポーツと暴力の関係論 ………………… 118
　　6　暴力，体罰，ハラスメントを克服するために ………………… 120

9　スポーツ組織の倫理学

　　1　スポーツ組織とは何か ………… 122
　　2　スポーツ組織のアンガバナンスの実態 ……………………… 124

3　スポーツ組織とガバナンスの
　　　必要性 …………… 126
　4　スポーツ組織の健全性 ……… 128
　5　スポーツ組織のインテグリティ … 130
　6　スポーツ組織の倫理 ………… 132

10　オリンピックの倫理学

　1　オリンピックと国際政治 ……… 134
　2　オリンピズムの倫理性 ……… 136
　3　オリンピックと商業主義 ……… 138
　4　オリンピックと国威発揚 ……… 140
　5　冷戦後のオリンピック ……… 142
　6　オリンピック休戦と平和への
　　　取り組み …………… 144
　7　国際親善と世界平和を目指して … 146

11　スポーツと差別の倫理学

　1　差別とは何か ……………… 148
　2　スポーツにおける差別の事例 … 150
　3　スポーツと人種差別 ………… 152
　4　スポーツにおける外国人嫌悪 … 154
　5　スポーツにおける経済差別 …… 156
　6　スポーツと性に関わる差別 …… 158
　7　スポーツにおける差別を
　　　克服するために …………… 160

12　スポーツと環境の倫理学

　1　スポーツと地球環境問題 ……… 162
　2　スポーツ施設と環境破壊 ……… 164
　3　IOCの環境問題への取り組み … 166
　4　エコ・スポーツの可能性 ……… 168
　5　カーボンマイナス・スポーツの
　　　提唱 …………… 170
　6　持続可能な社会とこれからの
　　　スポーツ …………… 172

第Ⅳ部　スポーツを守るために

13　人物から学ぶスポーツ倫理学

　1　クーベルタンのオリンピズム … 176
　2　嘉納治五郎——精力善用・自他
　　　共栄 …………… 178
　3　アーノルドとアスレティシズム … 180
　4　人見絹枝——競技者であること，
　　　日本人であること …………… 182
　5　八田一朗——「闘魂」と「根性」… 184
　6　大西鐵之祐——闘争の倫理 …… 186

さくいん …………… 189

第 I 部 スポーツ倫理学を理解するために

第Ⅰ部　スポーツ倫理学を理解するために

1　スポーツ倫理学の基礎知識

 スポーツとは何か

1　スポーツの光と影

　スマートホンは，お気に入りのチームの得点状況をゲームの進行と同時に配信してくれます。またテレビのスポーツニュースは，その日の試合結果だけではなく，明日の対戦相手のチームの状況も伝えてくれます。そして，新聞のスポーツ欄は，日々多くのオリンピック大会やプロスポーツ，時にはインターハイの記事などであふれています。街の中では，スポーツウエアやジョギングシューズに身を包んだ若者たちが楽しそうにおしゃべりしながら歩いています。このように，スポーツはわたしたちにとってはとても身近で，日常生活に不可欠な存在となっています。

　誰もが知っているように，スポーツで一緒にプレイすれば，すぐに打ち解けたり，仲良くなれたりします。スポーツが適切に行われれば，子どもの心身の発達に大きな貢献をしてくれます。このようなスポーツの光の部分は，多くの人々がスポーツを肯定的に受け止め，積極的にスポーツに参加する大きな要因となっています。そして，グローバルな視点からみれば，スポーツが国際親善や国際平和に大いに有効だともいわれてきました。

　しかし他方で，このようなスポーツも試合場面での小さな不正から八百長，選手間の乱闘，新聞紙上を賑わせたドーピングや野球賭博，運動部の体罰や暴力，ハラスメントなど等，実に多くの倫理的問題を抱えています。これらのスポーツの陰の部分を前にして，わたしたちはスポーツで起こる様々な問題をどのように考えていくべきなのでしょうか。そして，そもそもこういった光と影をもったスポーツとは，いったいどのようなものなのでしょうか。これをうまく説明することは，意外と難しいのです。

2　異文化としてのスポーツ

　スポーツの世界で起こる様々な倫理的問題を考えていく上では，何よりもまず，スポーツとは何かを考えてみることが必要です。

　スポーツが生まれたイギリスでは，スポーツを，恋をすることから山登りまで，多様な意味でとらえています。また，アメリカを代表するスポーツ誌の『スポーツ・イラストレイテッド』では，トランプのブリッジの戦術が連載されてもいます。

▷1　試合場面での不正行為やごまかしを，以下，「チート行為」という場合がある。
▷2　スポーツにおける八百長については Ⅱ-7 を参照。
▷3　「倫理」については，I-1-2 で解説する。ここでは「倫理的問題」を，さしあたって，ルールやモラル，道徳に違反した問題ととらえる。
▷4　マッキントッシュ, P. C./竹田清彦ほか訳（1970）『スポーツと社会』不昧堂出版。
▷5　中村敏雄（2000）「異文化としてのスポーツ」明治大学人文科学研究所編『「身体・スポーツ」へのまなざし』風間書房，115頁。
▷6　「概念」とは，ある事物がさし示す意味や内容。ここではスポーツという言葉がさし示す意味や内容のこと。
▷7　ここでは18世紀中ごろから19世紀末までの時代をさす。
▷8　ジェントルマン
所有する土地からの地代収入によって生活した有閑階級の人たち。教養をもち独特の生活様式をもった人々。

スポーツは語源的には，気晴らしや気分転換を意味する中世の英語の deport から変化し，主に狩猟を意味する時代を経て，18世紀以降，スポーツが組織化され発展するにつれ，競争やプレイ，激しい肉体活動を意味するようになりました。このようにスポーツの概念は時代によっても異なります。

　わたしたちが今，毎日テレビやインターネットなどのメディアで接しているサッカーやバスケットボール，テニス，水泳，陸上競技などのスポーツと呼ばれるもののほとんどは，明治時代のはじめ，イギリスやアメリカから伝わったものです。もちろん，日本語には「スポーツ」という言葉はありませんでした。そういう意味では，スポーツは日本には存在しなかった異文化ということになります。もちろんスポーツは，何もないところから突然生まれたわけではありません。例えば，牛や豚の膀胱をボールに見立ててその争奪を熱狂的に行ったという中世から伝わる遊びや身体運動を，近代という時代にイギリスの貴族（ジェントルマン）や産業革命で台頭した**新興ブルジョアジー**と呼ばれる人たちが，様々な工夫を繰り返しながら，技術やルールを合理化したり洗練化したりして創りあげていったものがスポーツなのです。だから，イギリスで古くから伝承されてきた民衆の遊びや身体運動が，スポーツの母体なのです。

　今述べたように，一面ではスポーツは，18世紀中ごろから19世紀末までの近代という特殊な時代に，最初はイギリスで，その後引き続いてアメリカという地域に生まれた，自由競争の論理，平等主義の論理，禁欲的な倫理観，モダニズムをもった，大筋活動と競争を伴う身体運動に関わる独特の形式の文化だということになります。

3　スポーツの概念

　1920～70年代にかけて，徐々にスポーツが市民権を獲得し，社会の中で重要な領域を占め出して以降，人々のスポーツについての考え方は大きく変化してきました。それは，先述したスポーツの考え方を狭い意味でのものとすると，スポーツの隆盛とともにその考え方も拡大してきたともいえそうです。今日では，オリンピック大会やサッカーのワールドカップなどの国際大会が国際政治や国際経済に大きな影響を及ぼしたり，またそれぞれの国でスポーツが人々のライフスタイルに大きな位置を占めるようになるにつれ，スポーツは広くとらえられるようになってきました。

　現代では，イギリスやアメリカで生まれたスポーツだけではなく，様々なダンスや各国伝承の武道や格闘技，登山やマリンスポーツなどの野外活動，各種の健康体操や身体活動なども含めて広くスポーツと考えるようになりました。そして，このようなスポーツ概念の拡大に伴って生じるスポーツの倫理的問題も，多様な広がりをもつようになりました。本書では，ここで述べたように，スポーツを広義の概念で考えていくこととします。

（友添秀則）

▷9　**新興ブルジョアジー**　産業革命の進展とともに誕生した資本家階級の人々。

▷10　優勝というひとつの頂点を目指して，競技規則以外，他から何も制限や束縛を受けることなく競争が展開される。

▷11　どのようなスポーツでも，競争の機会と条件の平等は保障されている。

▷12　競技者は勝利を目指して節制したり，禁欲的に練習を積んで競技に臨む。

▷13　オリンピック標語には，「より速く（CITUS），より高く（ALTIUS），より強く（FORTIUS）」があるが，進歩や向上こそが善であるとする近代的な考え方が，競技スポーツには反映されている。

▷14　友添秀則（2008）『スポーツのいまを考える』創文企画。

▷15　アレン・グットマン（A. Guttman）は，スポーツの特徴を次の7つでとらえている。それらは，(1)世俗性，(2)平等性，(3)官僚化，(4)役割の専門化，(5)合理化，(6)数値化，(7)記録の追求，である。Guttmann, A.(1994). *Games and Empires : Modern Sports and Cultural Imperiarism*, Columbia UP（＝谷川稔ほか（1997）訳『スポーツと帝国――近代スポーツと文化帝国主義』昭和堂，3-4頁）.

おすすめ文献

†多木浩二（1995）『スポーツを考える――身体・資本・ナショナリズム』筑摩書房。

†R. トマ／蔵持不三也訳（1993）『新版 スポーツの歴史』白水社。

第Ⅰ部　スポーツ倫理学を理解するために

1　スポーツ倫理学の基礎知識

 スポーツ倫理学をめぐるキーワード

1　スポーツ倫理学の基礎用語

「倫理」という言葉を聞くと，何か哲学的で難しそうなイメージが湧くかもしれません。この倫理という言葉とよく聞きなれたスポーツという言葉が合体して「スポーツ倫理」という用語が生まれてきました。またスポーツという言葉と倫理学が合体して「スポーツ倫理学」という学問も生まれてきました。これらの言葉や用語は，何も偶然生まれてきたわけではありません。スポーツに関わって多くの倫理的問題が生じるようになり，それらの解決をどのように図っていくかが，検討されてきたためです。

本項では，「倫理」「スポーツ倫理」という，スポーツ倫理学という学問領域にとってはとても重要な用語の意味から考えてみたいと思います。

2　倫理とは何か

最初に，「倫理」という言葉の意味から考えます。倫理という言葉は，わたしたちの日常生活では，滅多に登場しない言葉です。例えば，友人と乗り合わせた満員電車で，優先席に陣取った若い人たちが，身体の不自由なお年寄りに席を譲らない場面を想像してみてください。きっと，苛立ちを込めて，彼らの倫理観はどうなっているのだろう，と友人に話しかける場合があるのではないでしょうか。でも，倫理という言葉は，「モラル」とは違って日常で頻繁に使う言葉ではなさそうです。

倫理という言葉は，明治時代のはじめに英語の ethics（ドイツ語 Ethik，フランス語 éthique）という言葉が訳されたものです。語源はギリシャ語のエチカ（ethika）で，「風習」「習慣」「伝統的慣例」「しきたり」などを意味するものに由来します。

一方，倫理に似た言葉に道徳（モラル：moral）がありますが，その語源は，ラテン語のモレス（mores：単数形 mos）だといわれています。その意味は，「習慣」「習俗」「風習」などをさし，ギリシャ語とラテン語という違いがあっても，語源的な意味では倫理と道徳はよく似ています。

ところで，このような社会の中で誰もが従うべき「慣習」や「しきたり」という言葉に語源的意味をもつ「倫理」は，現代では，社会を構成する人々が社会の中で行う行為の善し悪しを判断する規準として，一般に認められて

▷1　相澤伸幸（2009）「〈道徳〉と〈倫理〉の前提的境界設定に関する教育学的考察」『京都教育大学紀要』No. 115：19頁。
▷2　「善い／悪い」「正しい／不正な」などとして人々の行為を判断する時の規準。

いる規範を意味して用いられています。先に，倫理と道徳の語源的な意味は似ていることを述べましたが，道徳という言葉の意味は，倫理とほぼ同じと考えて差し支えありません。

3 スポーツ倫理とは何か

次に「スポーツ倫理」とは何かを考えてみたいと思います。まず，前項で述べた「スポーツの概念」を思い返してください。スポーツとは，英米で生まれたスポーツやオリンピック種目だけではなく，各国で生まれた武道や格闘技，野外活動，各種の健康体操や身体活動なども含めて広くとらえられるものです。次に倫理とは，社会を構成する人々が社会の中で行う行為の善し悪しを判断する規準として，一般に認められている規範のことです。

スポーツと倫理の意味を合わせて考えれば，スポーツ倫理とは，次のように考えることができるでしょう。スポーツ倫理とは，スポーツに関わる人たち，ここにはプレイヤーや選手だけではなく，監督，コーチ，トレーナー，大会の主催者や関係者，時には観客やファン，サポーターまでも含まれますが，こういったスポーツを構成したり，スポーツに関与する人たちが，スポーツの様々な場面で行う行為の善し悪しを判断する規準として，スポーツに関わる人たちだけではなく，一般の人々にも認められている規範のことを意味します。

少し難しい言い方になりました。もう少し具体的にいえば，スポーツ倫理とは，スポーツをプレイしたり，観客として観戦したり，時にボランティアとして支える中で求められる行為の規準となるものです。言い換えれば，スポーツで行うべき正しい行為を判断する規準となるもので，その代表的なものには，フェアプレイの精神やスポーツパーソンシップ（スポーツマンシップ）などがあります。

4 スポーツの内と外とスポーツ倫理学

二人が相互に殴り合って攻撃を仕掛けるボクシングは，なぜ許されるのでしょうか。仮に，街の道路で同様の行為をすれば，傷害事件となって法的責任を問われるでしょう。

スポーツという行為や実践の中には，社会での価値や規範とは異なる独特の価値や規範があります。それは，スポーツのルールによってスポーツの内と外とが区別されることで明確になります。そして，時にはスポーツの内側の価値や規範と，社会の価値や規範がぶつかることもあります。

このようなスポーツの内側と外側の違いやせめぎあいを考慮に入れながら，スポーツ倫理学のキーワードを用いて，スポーツがどうあるべきかを考えることは，スポーツ倫理学の重要な仕事です。

（友添秀則）

▷3　社会的（または対人的）な行為を規制したり，指示したりする原則。

▷4　規範とは，行為などの規準となるべき原則のこと。

▷5　例えば，コートの中での試合場面，あるいは練習場面や観客席での応援場面など，スポーツに関わる多くの場面がある。

▷6　この他に，マナーやエチケットもスポーツ倫理に含まれる。フェアプレイの精神については I-2 を参照。スポーツパーソンシップについては I-3 を参照。

▷7　スポーツ倫理学については，次項以降で述べる。

おすすめ文献
†友添秀則・近藤良享(2000)『スポーツ倫理を問う』大修館書店。
†S. B. ドゥルー／川谷茂樹訳(2012)『スポーツ哲学の入門』ナカニシヤ出版。

第Ⅰ部　スポーツ倫理学を理解するために

1　スポーツ倫理学の基礎知識

 スポーツ倫理学の成立と発展

1　スポーツの倫理的問題とスポーツ倫理学

　ある学問分野が生まれ，それが発展するのは，そこに必要性があるからです。また時には，やむにやまれぬ事情があります。スポーツ倫理学（Ethics of Sport）という学問領域が生まれてきたのも，そこにはスポーツで頻発する倫理問題への対処という必然的な理由がありました。

　スポーツの倫理的研究が最初に行われだしたのは，1960年代のアメリカでした。ちょうどこの頃は，アメリカと旧ソビエト連邦（現・ロシア）の二大国家を中心に東西両陣営の**冷戦構造**▷1が本格化した時代です。このような世界の冷戦構造の中で，スポーツは，アメリカを中心とした資本主義国家群と，旧ソビエト連邦を中心とした旧社会主義国家群の東西両陣営の国家体制の威信をかけた代理戦争の道具として利用されたり▷2，**国威発揚**▷3の手段としても用いられたりするようになりました。

　旧東側諸国で国家が主導して養成した**ステートアマチュア**▷4と旧西側諸国に登場した**企業アマチュア**▷5によるスポーツでの代理戦争は，過熱した勝利至上主義を生み出し，ドーピングを頻発させる温床になっていきました。また，アメリカでは当時，スポーツにおける黒人差別や女性差別が問題となりました。このような現実的な倫理的問題を前に，競技スポーツではドーピングの問題を倫理的にどのように考えるのか，あるいはスポーツにおける差別問題をどのように解決していくのかといった問題を中心に，スポーツの倫理学的研究が始まりました。

　次に，スポーツの倫理学的研究が生まれてきた1960年代のアメリカの社会状況についてみておきたいと思います。

2　スポーツ倫理学誕生の背景

　1960年代のアメリカ社会は，多くの問題を抱えていました。ベトナムとの戦争は膠着状態に入り，アメリカ国内ではこのベトナム戦争に対する反戦運動が大きく盛り上がりました。また，1963年11月には，アラブ移民によって，ダラス市内をパレードしていたケネディ大統領が狙撃され殺害されました。大勢の人たちが見ている前での大統領の暗殺は，社会に深刻な衝撃を与えました。また黒人差別反対運動に生涯を捧げたキング牧師が1968年に暗殺され，この事件

▷1　**冷戦構造**
第2次世界大戦後の世界を二分したアメリカを中心とする資本主義・自由主義陣営と，ソ連を中心とする共産主義・社会主義陣営との対立構造のこと。

▷2　スポーツの競技力向上には，医学や工学などの科学技術の成果が大きく反映するため，オリンピック大会などでのスポーツの勝利は，総合的に国力が勝ると考えられ，国家の指導者（為政者）は，国家体制や国力で優位に立つと考えた。

▷3　**国威発揚**
ここではスポーツを通して，対外的に国家の勢いを強く示すこと。Ⅲ-10-4 を参照。

▷4　**ステートアマチュア**
国家がスポンサーとなり養成する選手のこと。オリンピック憲章にはアマチュア規程があり（1974年削除），競技で生計を立てないアマチュア選手しか参加を認めなかったため，実質的には，国家丸抱えのプロ選手であるにもかかわらず，アマチュア選手であるとした。

▷5　**企業アマチュア**
企業が実質的なスポンサーとなり生計を支えている選手のこと。アマチュア規程の制約から，実質的にはプロ選手であるにもかかわらず，アマチュア選手であるとした。

はアメリカ社会に大きな衝撃を与え、大規模な黒人暴動が起こりました。キング牧師が暗殺された年の10月に開催されたオリンピック・メキシコ大会では、男子200mの金メダリストのトミー・スミスと銅メダリストのジョン・カーロスは、表彰台で黒手袋をつけた拳を高く掲げ、黒人差別に抗議しました。また、大学で起こった学生運動が全米に広がったのも1960年代でした。このような世相を反映して政治不信は一層高まり、他方で、若者を中心にヒッピー、フリーセックス、マリファナがファッションの一部となっていく時代でした。

　このような1960年代の社会情勢の不安定さは、人々に倫理的研究の必要性を痛感させるようになります。1970年代になってから、倫理学関係の著作がかつてないほどの公刊ラッシュを迎えたり、大学では多くの学生が倫理学の授業に強い関心を示し、それまで決して人気があったとはいえない倫理学の講義への受講希望者が急増するようになりました。何が正しくて、何が不正なのか、また人生をどのように生き抜いていくのかといった倫理に関するこの時代の現実的な要求は、倫理学の研究についての関心を大きく変えていくことになります。社会の人々の倫理的関心は、1930年代以降主流であった分析哲学を基盤とした**メタ倫理学**的研究から、その成果を吸収しつつ、**規範倫理学**へと移ることになります。同時に、他方では、1970年代中ごろから、先述したスポーツにおける倫理的逸脱状況が、ひとつの大きな社会問題としてアメリカ国内に論議を巻き起こすようになりました。

　次項でみるように、スポーツ倫理学は1970年代以降、スポーツ倫理学の親科学（mother science）である倫理学そのものの研究関心の変化と、スポーツの倫理的逸脱現象の頻発が契機となって開始されるようになりました。

3　スポーツ倫理学の発展

　1970年代に入ると、国際スポーツ哲学会（IAPS）が1972年に創設され、この学会の機関誌（JPS）を中心にスポーツの倫理学的研究が盛んに行われていきます。特に、ドーピングや差別の問題に加え、子どものスポーツや大学スポーツ、プロスポーツで起こる倫理的問題が扱われるようになりました。また、1980年代に入ると、スポーツ倫理を直接の対象とした著作が国際スポーツ哲学会のメンバーから公刊されていくようになりました。

　一方、わが国では、日本体育・スポーツ哲学会（1978年創設）が生まれ、これ以降、この会のメンバーの中から、1980年代に入ってスポーツの倫理学的研究が行われていくようになりました。当初、日本では特に、スポーツ倫理学という学問分野が成立するための要件が主な関心となりましたが、欧米のスポーツ倫理学の研究成果を踏まえながら、盛んに研究が展開されていくようになりました。

（友添秀則）

▷6　2人の抗議行動は政治的行為を禁じたオリンピック憲章に反するとして、アメリカオリンピック委員会は即日、2人をナショナルチームから除名し、選手村から追放した。

▷7　メタ倫理学
実際の倫理的問題を論じるのではなく、「善」や「道徳」などの倫理的な言葉の概念を論じる倫理学。道徳言語の分析などを主とするもの。

▷8　規範倫理学
社会や人生における倫理的問題や具体的な倫理的行為について論じる倫理学。ある行為の正しさや基準を考察する。

▷9　友添秀則（2015）「スポーツ倫理学とは」中村敏雄・高橋健夫・寒川恒夫・友添秀則編『21世紀スポーツ大事典』大修館書店、804-805頁。

▷10　The International Association for the Philosophy of Sport の略。

▷11　*Journal of the Philosophy of Sport* の略。

おすすめ文献

†体育原理専門分科会編（1992）『スポーツの倫理』不昧堂出版。

†友添秀則（2011）「スポーツと倫理」早稲田大学スポーツ科学部編『教養としてのスポーツ科学——アクティヴ・ライフの創出をめざして』大修館書店、104-108頁。

第I部　スポーツ倫理学を理解するために

1　スポーツ倫理学の基礎知識

スポーツ科学とスポーツ倫理学

1　スポーツ科学誕生の歴史

　スポーツ倫理学という学問領域が生まれてくるには，もうひとつ重要な事柄が必要でした。それは，スポーツ科学（Sport science, Sportwissenschaft〔独語〕）の成立です。今では信じられませんが，スポーツ好きのイギリスやアメリカの研究者でさえ，スポーツを真面目な研究対象と考えることはなかったといいます。

　というのも，I-1-1 の②「異文化としてのスポーツ」のところでも述べましたが，庶民が家畜の膀胱をボールに見立てて遊びに興じた伝承運動から生まれたスポーツは，どうも下品で野蛮で，高邁な学問からもっとも縁遠い存在と考えられたからです。したがってスポーツが，イギリスの**パブリック・スクール**でルールが整備され，アメリカで新たにバレーボールやバスケットボールが創られ，多くの国にスポーツが伝わっても，スポーツを研究する営みは長い間生まれませんでした。

　しかし，ようやく第1次世界大戦後，オリンピック大会と結びつきながら，選手の競技力向上のためのスポーツ医学が欧米で始まりました。1930年前後からは，スポーツ医学を中心としたスポーツの自然科学的研究が主でしたが，スポーツの研究が独自の研究領域として論じられるようになりました。

2　体育授業と体育学

　明治の初めにスポーツが伝わった日本でも，先述したイギリスやアメリカと事情は同じで，もっぱらドイツやスウェーデンで生まれた体操を学校の正課の体育授業で行いましたが，スポーツは中等学校（現在の中学校）以上の部活動として希望者だけが行うという状況でした。それゆえ，青少年の身体の発達・発育を教育という立場から考える「体育学」は，明治時代の半ば以降から大正時代を経てすでに戦前には行われていましたが，スポーツを様々な学問的視点から考察するスポーツ科学という営みは，日本では戦後になって本格的に行われるようになりました。

3　体育学からスポーツ科学へ

　スポーツ科学が本格的に成立するのは，第2次世界大戦後，特に1960年代半

▷1　岸野雄三ほか（1977）『スポーツの科学的原理』大修館書店。

▷2　**パブリック・スクール**（Public School）
イギリスの私立の中等学校で，その卒業生がイギリス社会の支配階層を形成してきた。卒業後はオックスフォード大学やケンブリッジ大学などの一流大学に進み，社会的地位の高い職業に就く人材を輩出してきた。

▷3　日本では，1872（明治5）年の学制の公布から体育の授業が開始されたが，教科の名称は，第2次世界大戦前までは体術，体操，体錬と変化した。体育という教科名が採用されたのは戦後になってからである。

▷4　1960年代に始まった経済の規模が，飛躍的に継続して拡大すること。欧米先進諸国の高度経済成長にやや遅れて，日本でも始まった。経済成長の恩恵で余暇時間が増え，収入が多くなるに伴って，スポーツ需要も急速に高まった。

8

ば以降の欧米を中心としてスポーツへの需要が拡大してからです。つまり、高度経済成長とともに、スポーツが社会的な認知を得て市民権を獲得するようになってからということになります。この時期を境に、従来の教育という枠組みを超えた、文化的・社会的現象としてのスポーツを独自の研究対象としたスポーツ科学が成立します。いわば、図1に示した、教育学を親科学とした教育という枠組み

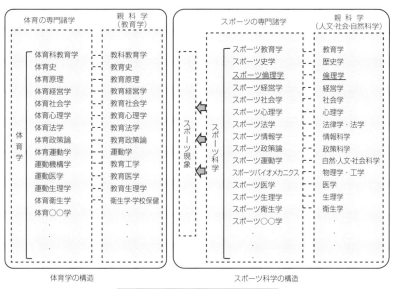

図1　体育学からスポーツ科学へ

（出所：友添秀則・清水諭編（2016）『現代スポーツ評論34──スポーツ科学を問う』創文企画，13頁）

を超えることができなかった「体育学」から「**スポーツ科学**」へという学問的発展がありました。

　ここまで述べてきたことを整理すると、当初は、スポーツの自然科学的研究を中心に成立したスポーツ科学も、スポーツが社会にとって重要な一領域を占めるにしたがって、スポーツの自然科学的研究はもちろん、スポーツの人文科学的研究や社会科学的研究を包括した総合科学として発展してきたということです。

❹ スポーツ科学の専門学としてのスポーツ倫理学

　ところで、正課の体育授業でも様々な倫理的問題が起こるでしょう。体育の授業で、子ども同士が道具を取り合って喧嘩したり、サッカーの勝敗をめぐってもめることがあったり、審判の目をごまかしてプレイ中に相手を押したりするなど、確かに倫理的な問題が生まれます。ただし、これらの問題をどう考え、どう解決していくのかといった事柄は、「体育倫理学」という新しい学問分野を立てずとも、体育授業のあり方を考究する体育科教育学という領域で十分だったのではないでしょうか。

　ところが、急速に普及し、日常のスポーツから競技スポーツまで様々な倫理的問題を抱えるようになった現代スポーツでは、体育学や体育科教育学というレベルでは、スポーツにおいて生起する広範な倫理的問題を解決することができず、それらの解決のためには、倫理学を親科学とする、スポーツ科学の専門学としてのスポーツ倫理学がどうしても必要だったのです。　　　（友添秀則）

▶5　スポーツ科学
スポーツ科学は図1に示したように、文化現象としてのスポーツを、人文科学、社会科学、自然科学などの様々な親科学の方法論を用いながら、スポーツに生起する諸問題を解明していく総合科学である。時には複数の親科学の方法論を駆使しながら、問題の解明にあたることもあり、学際科学の色彩ももつ。また、スポーツの一層の発展とともに、スポーツ科学の新たな専門学も生まれている状況である。

おすすめ文献

†友添秀則・近藤良享（2000）『スポーツ倫理を問う』大修館書店。
†友添秀則編著（2008）『スポーツのいまを考える』創文企画。

1 スポーツ倫理学の基礎知識

スポーツと人格形成

1 スポーツ倫理学の研究動向

現在行われているスポーツ倫理学の研究には，大きく分けると2つの傾向があります。ひとつは，スポーツが**人格形成**に貢献するかどうかを問う研究であり，もうひとつは，現実のスポーツに起こる倫理的な問題を扱う規範的研究です。

本項ではまず，スポーツと人格形成をめぐる研究，換言すれば，スポーツが人格形成にどのような機能を果たすのかという研究の概要について述べたいと思います。スポーツの規範的研究については，次項で紹介します。

2 スポーツと人格形成をめぐって

大人なら誰もが経験してきたことですが，競技スポーツには，喪失と獲得，競争と共同，勝利と敗北，共存と敵対，苦悩と幸福，屈辱と向上，傲慢と失脚などの実際の人生でわたしたちが経験する多くの**葛藤**が集約的に提供される場があります。こういった両極の経験を非日常というスポーツの場で体験することによって，自分に打ち勝つ克己の精神で，自らを禁欲的に律しながら様々な苦悩や逆境を克服する時に，望ましい人格が形成されるといわれています。また，スポーツは，努力や協力を通して個人的達成や集団的達成を可能にし，有能感を増す機会を多く提供するともいわれています。これらの達成感や有能感の獲得が自我形成期になされると，肯定的で前向きな人格を形成する上で一層有効であるともいわれています。

しかし，スポーツが人格を形成するかどうかについては，その賛否を巡り，長い間論争が行われてきました。人格形成に貢献するという人たちは，願望を込めて，スポーツは発達段階にある青少年の倫理性や道徳性，社会性の育成を促すと主張してきました。他方，人格形成に懐疑的な人たちは，スポーツにおける過度の勝利の追求が，スポーツマンシップやフェアプレイの精神を堕落させ，却って性格形成にマイナスに機能すると主張してきました。これらの賛否論は，一定の研究の成果に立って行われてきたものというよりも，むしろ各自が思い思いに自分の見解を，学問的な根拠もなく主張したものがほとんどでした。

▷1　人格形成
人間の成長の過程で人格が形づくられていくこと。
▷2　スポーツで起こる様々な倫理的問題をどのように考え，対処すべきかを扱う研究。

▷3　葛藤
どちらを選ぶべきか思い迷ったりすることや，他人との間の争いなどで苦悩すること。

▷4　価値の相対化
すべての価値が時や場所，状況によって相対的であると考えること。
▷5　社会化
人間が集団の構成員となるために必要な規範や行動の仕方を身につけていく過程。
▷6　モデリング
ある人の行動を見て，同じような行動をすること。ここでは，スポーツの場で，優れた指導者の素晴らしい行動を子どもが真似て，同じような行動をとれるようにすること。

③ スポーツと人格形成の研究

スポーツ倫理学誕生の背景（I-1-3 の②）でもふれましたが，アメリカの社会情勢の不安定さは，1970年代後半以降，**価値の相対化**や子どもの学力低下を招き，生徒の麻薬や薬物の濫用，妊娠や中絶，学校での暴力行為の頻発など，青少年の非行が社会問題となりました。このような青少年を取り巻く危機的な状況を受けて，スポーツにおける人格形成の理論的研究と実際のスポーツ指導場面での指導法を開発・提案する実践的研究が始まりました。以下，ここでは理論的研究に焦点を当てて，述べることにします。

スポーツにおける人格研究に関する理論的研究は，社会的学習理論（Social Learning Theory）と構造的発達理論（Structural Development Theory）に依拠した2つの研究に分けることができます。

社会的学習理論は，子どもの道徳的な発達が**社会化**（socialization）の過程で有能なコーチなどの指導者との相互作用を通して，**モデリング**（modelling：模倣）や**強化**（reinforcement），言語的指導の結果として生じると考える立場です。この立場では，道徳的発達は，良い行動を手本（モデル）として示すことや良い行動を奨励する指導を行うことで人格形成が促されると考えます。だから，指導者はゲーム中，社会的に受け入れられる行動をモデルとして生徒に示したり，そのような行動をとった生徒を積極的に称賛することが必要になります。

他方，構造的発達理論では，子どもの道徳的な発達は，各自の道徳的推論（道徳的思考や道徳的判断）の能力に依存してなされると考え，他者との建設的な相互作用を通して，各自の道徳的判断や道徳的思考を変化させることによって人格形成がもたらされるとする立場です。それゆえ，スポーツ指導の中で，意図的に仕組んだ道徳的な葛藤や**ジレンマ**を経験させ，子どもたちに対話とその問題解決を促すことが有効であると考えます。

現在，スポーツ場面で，社会的学習理論に基づく指導法であるモデリングや強化，構造的発達理論の指導法である道徳的なジレンマや葛藤の解決，対話などを組み合わせて指導することが，子どもの人格的・社会的な発達に有効であることが明らかになっています。

いずれにしても，スポーツの場において社会性や道徳的発達を企図する人格形成が可能とされるためには，道徳的にも良質で人間的にも尊敬できる質の高い指導者による，人格形成のための明確な**教授方略**（teaching strategy）に裏づけされた指導が必要です。つまり，よいコーチングに加えて，道徳的にも人間的にもよい指導者の下で，明確な人間形成プログラムを意図した良い指導を受けてこそ，スポーツの場で望ましい人格が創られていくといえるのです。

（友添秀則）

▷7　**強化**
「報酬や罰」と「一定の行動」を結びつけて，「行動の価値」を評価し，高めること。ここでは，子どものスポーツ場面での行動に対して，指導者がほめたり，叱ったりしながら，望ましい行動を定着させること。

▷8　Gibbons, S. L. and Ebbeck, V. (1997). "The effect of different teaching strategies on the moral development of physical education students", *Journal of Teaching in Physical Education*, 17 (1)：85-98.
梅垣明美・友添秀則（2010）「JTPE 掲載論文にみる体育における道徳学習と責任学習の研究動向」『スポーツ教育学研究』29 (2)：1-16頁。

▷9　**ジレンマ**
2つの相互に反する事柄の板挟みになること。I-2-7 の▷3を参照。

▷10　梅垣・友添（2010：1-16）。

▷11　友添秀則（2015）「スポーツにおける人間形成の可能性」『保健の科学』57(1)：27-32頁。

▷12　**教授方略**
どのような学習環境を準備し，指導者がどのような働きかけをするかについての指導の仕方。

【おすすめ文献】
†D. シーデントップ／高橋健夫監訳（2003）『新しい体育授業の創造』大修館書店。
†友添秀則（2009）『体育の人間形成論』大修館書店。
†友添秀則編（2011）「ジュニアスポーツの諸問題」『現代スポーツ評論』24, 創文企画。

第 I 部　スポーツ倫理学を理解するために

1　スポーツ倫理学の基礎知識

6　スポーツの規範的研究とは何か

1　スポーツの規範的研究の始まり

スポーツの規範的研究は，すでに I-1-3 の①②で述べたように，1960年代のアメリカの社会情勢の不安定さが，社会に倫理的研究の必要性を生み出し，規範倫理学という新しい倫理学を発展させたことが原点です。ちょうど同じころ，スポーツには，その規模が拡大するにつれ，それまでにはなかった倫理的な問題が多く生まれるようになりました。スポーツにおける倫理的逸脱現象を前にして，規範論理学の成果にならいながら，それらに倫理的評価を下し，今後どのような倫理的規準や指針を提供すべきかを探究する，スポーツの規範的研究が盛んに行われるようになりました。

2　スポーツの規範的研究の内容

日本でも1990年代に入ると，スポーツの規範的研究が行われるようになりました。日本体育学会体育原理専門分科会（現・体育哲学専門領域）から，1992年に『スポーツの倫理』と題された著書が刊行されました。この本の執筆者のほとんどは日本体育・スポーツ哲学会の会員であり，何人かは，国際スポーツ哲学会会員でもあります。したがって，この本は，スポーツの規範的研究や倫理学的研究の成果を反映して執筆されたと考えることができます。

本の内容は大きく3部構成となっています。第1部では，スポーツ倫理学の課題，研究方法論の問題や，ルールと倫理の関係などの基礎的内容について書かれています。第2部では，スポーツにおける暴力，ドーピング，男女平等，人種差別，宗教など，スポーツにおける倫理的問題に対する考察が書かれています。最後の第3部では，コーチ，指導者，審判員の倫理など，スポーツ指導者の倫理的問題が扱われています。

さらに，『スポーツの倫理』の前年に刊行された，倫理学者でありスポーツ倫理学研究を意欲的に行った R. L. サイモン（R. L. Simon）の日本語版での著書の内容もみておきましょう。『スポーツ倫理学入門』と題されたこの著作は，当時の国際スポーツ哲学会で扱われていたスポーツの規範的研究の主要なテーマを扱っており，翻訳書では7章構成（原書は8章構成）で，スポーツ哲学の基礎理論，競争の倫理，スポーツの不正行為と暴力，ドーピングと競技力向上，スポーツの平等と卓越性，男女平等，スポーツと社会的価値が扱われています。

▷1　スポーツにおける倫理的問題を対象に，具体的な倫理的規準や行為について論じる研究。スポーツの世界での行為の正しさや規範を考察することを目的とする。

▷2　体育原理専門分科会編（1992）『スポーツの倫理』不昧堂出版。

▷3　近藤良享・友添秀則代表訳（1994）『スポーツ倫理学入門』不昧堂出版（Simon, R. L. (1991). *Fair play-Sports, values, society*, Westview Press）。

▷4　自己決定権
判断力のある大人なら，他人に危害を加えない限り，自分のことに関する事柄を自由に決定してよいとする権利。近代社会以降，自己決定権が自由主義の原則と考えられてきたが，様々な問題が現れるようになってきた。例えば，競技力を高めるために薬物を摂取するという決定を下しても，誰にも危害を加えないので認められるべき，という主張が生まれる。 II-5-6 も参照。

なお，翻訳書では原書の第8章「大学対抗競技の倫理」は省かれています。サイモンの研究では，専門分科会のものより，より精緻に研究の対象が分類され，焦点づけて論じられています。

3 スポーツの規範的研究の現在

ここまで述べてきたように，1990年代初めには，スポーツの規範的研究の対象がすでに明確になっていたと考えられます。以下，国際スポーツ哲学会や日本体育・スポーツ哲学会の機関誌やスポーツ倫理学研究の著作などを参照しながら，現在のスポーツの規範的研究の主な関心領域を挙げてみたいと思います。概括すれば，以下のものが挙げられます。

(1)スポーツにおける暴力の問題（例：スポーツでの体罰・制裁・ハラスメント・威嚇の倫理的評価など），(2)スポーツ指導者の倫理的問題（例：指導者の倫理的資質の確保，選手との望ましい関係構築など），(3)スポーツ倫理の倫理学的検討（例：スポーツマンシップやフェアプレイの精神などの倫理的意味づけ，スポーツ規範の倫理的考察など），(4)勝利至上主義の問題（例：勝利至上主義の倫理的評価など），(5)スポーツと賭博，八百長（例：スポーツと賭け・違法賭博，八百長の倫理的考察など），(6)競技力向上とドーピング問題（ドーピングと**自己決定権**，アンチ・ドーピングの倫理的意味，スポーツ用品・用具の開発の倫理的課題など），(7)スポーツと**ナショナリズム**の問題（例：国家のスポーツ利用，ボイコット問題，為政者とスポーツの関係論，国威発揚などの倫理的考察，スポーツと民族紛争など），(8)大学スポーツの問題（例：学業と競技の両立，運動部の倫理的問題，スポーツ推薦入試の倫理的評価など），(9)スポーツとコマーシャリズム（商業主義）の問題（例：商業主義の倫理的評価など），(10)スポーツと環境問題（例：スポーツと自然破壊，スポーツの持続的発展と環境など），(11)スポーツにおける機会均等と差別に関わる問題（スポーツと人種差別，民族差別，スポーツと**LGBT**差別など），(12)スポーツにおけるジェンダー（男女平等）問題，(13)スポーツの文化支配に関わる問題（例：スポーツと**ポストコロニアリズム**，スポーツにおける南北問題など）

4 スポーツの倫理学的研究の拡大

これら規範的研究以外にも，スポーツ倫理学にはフェアプレイやスポーツマンシップなど，スポーツでの道徳言語の言語分析を行う研究もあります。

スポーツが現代社会で大きな位置を占めれば占めるほど，倫理的諸問題も拡大し，それに対応して，スポーツの倫理的研究の領域もなお拡大し続けています。そして，近年のスポーツの倫理学的研究の主な特徴を要約すれば，現代倫理学の成果をもとに，現代スポーツの倫理的な逸脱状況に対して，実際的で現実的な解決策を模索しようとする点が挙げられます。

（友添秀則）

▶5 ナショナリズム
国家や国民としてまとまることに価値を見出そうとする考え方。例えば，ある国の為政者は，多民族で構成される国家で，スポーツを通して連帯を生み出し，国民としての自覚を喚起するために，スポーツを利用することがある。

▶6 LGBT
レズビアン（女性同性愛者），ゲイ（男性同性愛者），バイセクシュアル（両性愛者），トランスジェンダー（出生時の性と，自認する性の不一致な者）をさす。スポーツにおける性的少数者差別の克服は，スポーツ倫理学にとって重要な課題である。Ⅲ-11-6 を参照。

▶7 ポストコロニアリズム
政治や経済，文化への植民地主義の影響を明らかにし，現状を変えていこうとする思想。例えば，英米で生まれたスポーツの普及・浸透は，植民地であった国々の伝統的な身体運動文化を破壊し，衰退させたとも考えられる。

▶8 先進諸国と発展途上国の経済格差問題が，発展途上国のスポーツを生涯にわたって楽しむスポーツ権を侵害しているのではないかという見解もある。

おすすめ文献

†友添秀則（2011）「スポーツと倫理」早稲田大学スポーツ科学部編『教養としてのスポーツ科学——アクティヴ・ライフの創出をめざして』大修館書店，104-108頁。
†加藤尚武編著（2008）『応用倫理学事典』丸善出版。

第 I 部　スポーツ倫理学を理解するために

1　スポーツ倫理学の基礎知識

 現代スポーツにおける倫理的問題

1　巨大化する現代スポーツ

　1896年に開催された第1回オリンピック・アテネ大会には14カ国から241人の競技者が参加しました。20世紀初めまでは大会も1000人規模でしたが，1996年のアトランタ大会からは1万人を超え，2000年以降，IOCは大会の肥大化に歯止めをかけるために，参加者を1万500人に抑制してきました。しかし，観客やメディア，大会関係者も含め，短期間に大勢の人間が一箇所に集まることは，自然環境に大きな負荷を与えたり，テロなどの危険を高めます。

　オリンピックというコンテンツがメディアで商品として考えられるようになったのは意外と早く，1960年のローマ大会からでした。ローマ大会では，はじめてテレビの生中継が行われました。この時は，ヨーロッパ18カ国で放送が行われ，日本，アメリカ，カナダは1時間遅れでの放送でした。1984年の商業五輪といわれるロサンゼルス大会以降，1人種1社の世界規模の巨大企業がスポンサーにつき，オリンピック大会は商品価値を一層高めていきます。2012年のロンドン大会では，世界220カ国・地域でテレビ放映されるようになりました。ローマ大会でのテレビ放映権料の総額は約120万ドルでしたが，2012年のロンドン大会では，総額25億6900万ドルという巨額になりました。実際，2012年のロンドン大会の開会式は，世界中でおよそ3億4200万人もの人々がテレビ視聴したといいます。また，テレビ中継時間は10万時間にも及び，2016年のリオ大会では12万5000時間に増加したといいます。このようなオリンピック大会の巨大化は，サッカーのワールドカップ大会も同様で，大会毎に多くのスポンサーがつき，巨額のマネーが動き，世界の経済や政治に大きな影響を与えるようになりました。

　現代スポーツの巨大化とその隆盛は，スポーツの世界に多くの金を生み出す一方，ドーピング（禁止薬物使用等）などの不当な手段を使ってでも勝利を得て，富と名声を獲得しようとするアスリートを生み出してきました。また，世界的なスポーツのメガイベントでの勝利で，国の威信や存在感を高めようとする国家が生まれてくるようにもなりました。オリンピック・リオ大会の直前にはロシアの国家ぐるみのドーピングが発覚し，世界を震撼させました。メガイベントと化した現在のスポーツは，人間性を否定するドーピングのみならず，悪しき商業主義や勝利至上主義を生み出す温床になってきました。

▶1　International Olympic Committee の略。本部はスイスのローザンヌにある。

▶2　現在のIOCの「TOP (The Olympic Partner) パートナー」は以下の12社である。コカ・コーラ，ゼネラル・エレクトリック，ダウ・ケミカル，パナソニック，プロクター・アンド・ギャンブル，マクドナルド，アトス，オメガ，ブリヂストン，サムスン電子，トヨタ自動車，VISA。

▶3　国際サッカー連盟 (FIFA) によれば，2006年ドイツ大会のテレビ視聴者数は，世界214カ国・地域で延べ263億人にのぼったという。

▶4　オリンピック大会やサッカーのワールドカップなどのメガイベントは，莫大な経済波及効果を生む。また，スポーツの隆盛に伴って，先進諸国のスポーツマーケット（スポーツ市場）も拡大してきた。

❷ 現代スポーツの倫理的アポリア（難問）

　スポーツが巨大化し，他方で社会にとって重要な位置を占めるにつれ，多くの倫理的なアポリア（難問）を生み出してきました。近年，国内で起こった倫理的問題を挙げてみましょう。2012年暮れの運動部活動指導者の体罰による大阪の高校生の自殺は，大きな社会問題となりました。また，それより少し遅れて発覚した，女子柔道ナショナルチーム監督による暴力行為は，大きな社会的批判を招きました。これらの問題を契機に，日本のスポーツの指導場面での体罰や暴力，ハラスメント行為が明らかになりました。

　さらに，中央競技団体（NF）の助成金の不正受給や，領収書等の会計書類の捏造などの不正行為も発覚しました。どうも，スポーツ組織のガバナンス強化の方途を真剣に考えていかなければ，やがてはスポーツそのものの社会的信頼や支持を失くすという危機的状況となるように思えます。

　ところで，日本サッカー協会は，代表監督のハビエル・アギーレ氏との契約解除を行いました。アギーレ氏がスペインリーグで監督をしていた時に関与した八百長疑惑が確認されたことによる解任でした。この事件では，スポーツにおける八百長が日本以外では珍しくないことを，多くの人々に認識させました。現在では，世界でサッカー，野球をはじめ，クリケットやボクシングその他のスポーツに至るまで，八百長や違法賭博は珍しくありません。

　日本でも，プロ野球選手が野球賭博に手を染めていたことが発覚しています。また，2010年には大相撲幕内力士や親方による野球賭博が発覚し，60人を超える力士が野球，麻雀，花札などの違法賭博に関与していたことが明るみに出ています。捜査の過程で，力士間での現金が関与する八百長相撲が発覚する事態となりました。

　サッカーJリーグ・浦和レッズの一部サポーターによる人種差別的な「JAPANESE ONLY」の垂れ幕問題も起こりました。プロ・アマを問わず，またどのような種目であれ，相変わらず，ゲーム中のプレイヤーや審判などの不正やごまかし（チート行為）が後を絶ちません。ルール内の合法的なものから違法的なものまで無限にあります。話は変わりますが，ケニアやエチオピアの陸上選手が，経済的援助を条件に国籍変更を行って，オリンピックや世界陸上で活躍することも珍しくなくなりました。今後，このようなケースが一層増えていくことが予測されます。

❸ スポーツ文化を守るために

　スポーツの世界には多くの倫理的アポリア（難問）が山積しています。今，わたしたちは，スポーツという文化を守るためにどうすべきかを真剣に考えなければならないのではないでしょうか。

（友添秀則）

▷5　日本オリンピック委員会（JOC）（2013）『競技活動の場におけるパワハラ，セクハラ等に関する調査最終報告書』。

▷6　笹川スポーツ財団の2012年度の調査によれば，わが国の中央競技団体の職員の正規雇用者数でもっとも多いのは1-4人であり，回答が得られた71団体の33.8%を占める。収入も1億円未満が27団体（38％）を占め，平均は4100万円であった。このように，少なくない競技団体が，極めて少数の職員で，少ない収入をやりくりしながら，当該競技の強化，育成，普及を図っているのが，わが国のトップスポーツのひとつの現実である。笹川スポーツ財団（2013）『中央競技団体現況調査報告書』。

▷7　スポーツ組織のガバナンスについては，Ⅲ-9-2，3を参照。

▷8　Rowbottom, M. (2015). *Foul Play : The Dark Arts of Cheating in Sport*, Bloomsbury Pub Plc.

▷9　2014年3月に埼玉スタジアムで行われた浦和レッズ対サガン鳥栖戦で，浦和の一部のサポーター・メンバーが，スタンドに人種・民族差別的な垂れ幕と日の丸を掲出した事件。

[おすすめ文献]

†川谷茂樹（2005）『スポーツ倫理学講義』ナカニシヤ出版。

†近藤良享（2012）『スポーツ倫理』不昧堂出版。

†友添秀則編（2015）「スポーツ・インテグリティーを考える——スポーツの正義をどう保つか」『現代スポーツ評論』32，創文企画。

第 I 部　スポーツ倫理学を理解するために

1　スポーツ倫理学の基礎知識

8　スポーツ・インテグリティとスポーツの新しい考え方

1　求められるスポーツ・インテグリティ

　前項では，現代という時代には，日本のみならず，世界のスポーツ界でも，様々な倫理的問題があることを確認しました。スポーツの世界には，悪しき商業主義に支えられた勝利至上主義が闊歩し，ドーピング，八百長，違法賭博，暴力，様々なハラスメント，差別，スポーツ団体のガバナンスの欠如といったスポーツの存立そのものを脅かす倫理的諸問題が，残念ながら日常的に生じています。

　このような現代のスポーツの様々な倫理的諸問題を前にして，IOC などスポーツを統括する国際的機関や組織，スポーツの世界の心ある人たちによって，スポーツのインテグリティ（integrity）をどう構築し，擁護するかが主張されるようになりました。多分，インテグリティという言葉は，聞き慣れない言葉だと思います。欧米の社会や企業で，ビジネス場面でよく用いられる言葉ですが，「高潔さ」「健全さ」「誠実さ」や「完全無欠な状態」と日本語に訳されることが多い言葉です。

　しかし，スポーツにおけるインテグリティをどのように定義するか，現在，一定のものが存在しているわけではありません。日本スポーツ振興センター（JSC）では，スポーツ・インテグリティを「スポーツが様々な脅威により欠けるところなく，価値ある高潔な状態」と定義しています。スポーツは本来，する・見る・支えるという，どのような関わり方であれ，そこに参加する人たちを幸福にし，人々の絆を強め，社会の連帯感を高めるとともに，人々や社会をよりよい方向に導く力をもっています。ただし，これらのことが可能になるには，スポーツが「価値ある高潔な状態」，つまりスポーツ・インテグリティが人々によってしっかりと守られていることが前提です。

　どうも，スポーツの世界に横たわる複雑で多様な形のスポーツの倫理的諸問題を眼前にする時，わたしたちは，スポーツに関わるわたしたちの欲望をいかに飼い慣らし，制御するか，つまりはわたしたちの限りないスポーツに対する欲望をいかに抑え，禁欲するかが求められているように思えてきます。

2　多様化するスポーツにおける非倫理的行為

　先ほどスポーツの倫理的問題は複雑化，多様化してきていると述べました。

▷1　あわせて，スポーツ組織のインテグリティについても III-9-5 を参照。

このことの一例として、スポーツにおける賭博の問題を挙げてみましょう。今では、インターネットの普及で、誰でもどこでも、スポーツに賭けることが可能になっています。インターネットを利用して行うスポーツ賭博 (Sport betting) は、換金性や匿名性に優れていて、摘発が極めて難しいといわれています。また賭けの対象も、試合の勝敗を予想するものから、「スポット賭博」といわれる、テニスではダブルフォルトの数を当てたり、サッカーであれば、最初のスローインの時間帯を予想したりするものが行われています。イギリスのように、このスポット賭博を合法にしている国もあります。しかし、賭博に加担するプレイヤーにとっては、チームの勝敗の結果に影響することがないので罪悪感もほとんどなく、容易に八百長に手を染めることになってしまいます。賭けの対象が限られているので、却って大きな賭け金が動くようにもなります。IOC のロゲ前会長は、近い将来オリンピックを対象に違法賭博が行われるようになるのは時間の問題であると述べています。彼はまた、違法賭博がドーピング以上の脅威になるともいっていますが、やがて違法賭博がスポーツを破壊してしまうかもしれません。

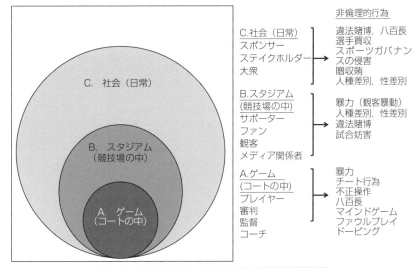

図1　スポーツにおける非倫理的行為の発生構造

（出所：友添秀則編 (2015)「スポーツ・インテグリティーを考える——スポーツの正義をどう保つか」『現代スポーツ評論』32, 創文企画, 14頁）

▷2　違法賭博，八百長については，II-7 を参照。

　また、ゲームの中での倫理的問題でいえば、サッカーや野球などで対戦相手を意図的に侮蔑して興奮させてミスを誘ったり、逆に対戦相手に試合前から様々な方法を使ってプレッシャーをかけたりして、戦意を喪失させるというものがあります。これは心理戦の「マインドゲーム」というものです。

　他方、プレイヤーだけではなく、サポーターが自らの贔屓チームを勝たせるために、レーザーポインターをサッカーのキーパーやプロ野球の投手の目に当てて、プレイを妨害することも起こっています。

　こういった状況は、単にプレイヤーや審判の不正や行動を正すというレベルではまったく意味をなさない現実を、私たちに突きつけるかのようです。

▷3　Rowbottom, M. (2015). *Foul Play : The Dark Arts of Cheating in Sport*, Bloomsbury Pub Plc.

3　フェアプレイの精神やスポーツマンシップの限界

　図1は、スポーツにおける非倫理的行為が発生する「場」と非倫理的行為に

関与する者，さらに具体的な非倫理的行為の関係構造を示したものです。図1をみればわかるように，スポーツに関係した非倫理的行為は，試合中はもちろん，観客席やロッカールームなどの競技場の中，あるいはコートや競技場とはまったく関係のない日常生活の場でも発生しています。非倫理的行為に関与する者は，プレイヤーなどのスポーツ行為の当事者だけではなく，サポーターや観客，時にはメディア関係者も含まれています。日常生活という場では，スポーツのステイクホルダー（利害関係者）だけではなく，スポーツとは一見関係がないと思われる人まで多岐にわたっています。

先ほども述べましたが，こういった多様な場で行われる非倫理的行為も，ドーピングから，試合場面での不正やごまかしなどの**チート行為**▷4，試合妨害，人種差別や性差別，**サッカーフーリガニズム**▷5に代表される贔屓チームの勝敗をめぐる観客の暴動，違法賭博などまで，実に複雑で多様化したものになってきました。

このように，スポーツのインテグリティを脅かす現代スポーツの問題群は，単純なものから様々なバックボーンをもつ複雑なものまで多岐にわたっています。このようなスポーツにおける非倫理的行為の発生構造を考える時，どうもスポーツのインテグリティを守るための規準としては，近代スポーツが生み出したフェアプレイの精神やスポーツマンシップでは限界があるのではないでしょうか。というのも，フェアプレイの精神やスポーツマンシップは，試合中やコートの中でのプレイヤー同士というお互いに顔と顔が見える関係をもとにつくられてきたものだからです。対面（face to face）を前提とした倫理規範であるフェアプレイの精神や，それを日常生活に広げ，人生の生き方としたスポーツマンシップでは，非倫理的行為が複雑化し多様化する現代においては限界があるのではないかと思えます。

実際のところ，表向きはスポーツに関与せず，遠隔地から意図的にスポーツのインテグリティを脅かす匿名の者や予期しない行為を制御することは不可能なのではないか，と考えざるを得ない事態が生まれています。

④ スポーツにおける非倫理的問題の発生要因

それでは，わたしたちはどうすればいいのでしょうか。これまでみてきた問題の根底には，構造的にみれば，「誤った勝利至上主義」「現ナマ至上主義（カネへの異常な欲望）」「歪んだ名誉への欲望」があります。図2に示すように，これら3つにも階層性と因果関係があり，土台に「現ナマ至上主義」「歪んだ名誉への欲望」があり，これらが大きな要因となって「誤った勝利至上主義」が生まれてきます。誤った勝利至上主義は，進学や就職の手段として競技が用いられることを許容し推奨するようになります。また学校や企業の宣伝媒体としてのスポーツの利用を許し，さらには，国家のプレゼンス（存在感）の誇示

▷4　チート行為
cheatとは不正やごまかしを意味する英語である。チート行為は試合中の不正やごまかしをさす。Ⅱ-6-5を参照。

▷5　サッカーフーリガニズム
サッカーの試合会場の内外でファンによって行われる暴力的な行動をさす。暴徒化して死傷者がでることもある。Ⅲ-11-5の▷9も参照。

としてのメダル獲得を目指させるようになります。「勝利」はあくまで競技の結果であるのに，カネや名誉，威信のために，それが最優先されるようになります。つまり，カネや名誉への飽くなき欲望が，勝利のためには方法を選ばないという悪しき勝利至上主義を生み出し，そして現実のスポーツの世界に，倫理の空洞化とともに，悪しき勝利至上主義が闊歩するという**マキャベリズム**[6]が生み出されます。[7]

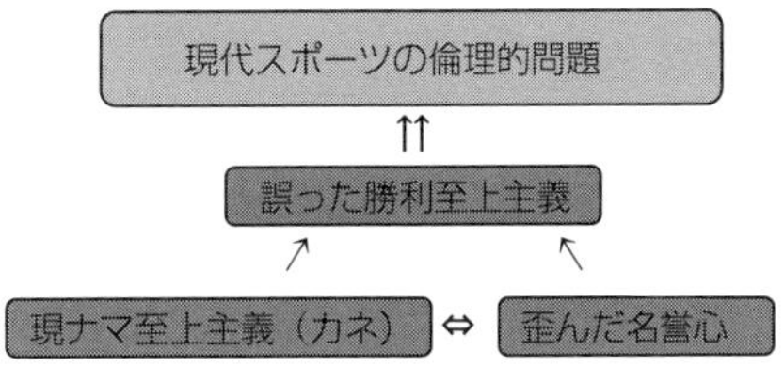

```
         ┌─────────────────────┐
         │ 現代スポーツの倫理的問題 │
         └─────────────────────┘
                    ↑↑
         ┌─────────────────────┐
         │   誤った勝利至上主義    │
         └─────────────────────┘
              ↑           ↑
    ┌──────────────┐ ┌──────────────┐
    │現ナマ至上主義（カネ）│⇔│  歪んだ名誉心  │
    └──────────────┘ └──────────────┘
```

図2　現代スポーツの倫理的問題の要因

(出所：友添（2015：16））

5　ゼロサムゲームから卓越性の共同追求へ

　問題が山積する現代スポーツのインテグリティを守るには，何よりもスポーツ観の転換が必要ではないでしょうか。これまでのスポーツのあり方を規定してきた，「ゼロサムゲーム（zero-sum game）」というスポーツ観を変えていくことと同時に，強靭なスポーツの倫理を構築する必要があります。

　周知のように，スポーツは長らく「ゼロサムゲーム」でした。自分の勝ちは相手の負け，相手の負けは自分の勝ち，勝ちと負けを足したらいつもゼロになるというスポーツの考え方でいくと，負けることには意味がないと考えるようになります。あるいは負けること自体が悪になってしまいます。ゼロサムゲームの考え方は，スポーツをたったひとつのパイをめぐる分捕り合戦に変えてしまうでしょう。

　いうまでもありませんが，スポーツという文化は，現実には負けることが当たり前の文化です。つまり，これがスポーツという文化の本質の一面だということを，何よりも確認しておかなければならないと思います。そして，勝敗はスポーツの多様な価値のひとつでしかありません。

　競技スポーツは，相手と協力して相互に，そして共同で自分を高め，お互いに卓越性を追求していく文化です。言い換えれば，卓越性を相手と共同で努力して目指す中で，自分を成長させてくれる文化です。相手は敵ではなく，お互いに切磋琢磨していくパートナーであるというスポーツ観への転換が，今こそ必要であり，このようにスポーツ観を転換して新しいスポーツのあり方を模索していく必要があるのです。[8]

6　なぜスポーツ倫理学が必要か

　スポーツは人間らしさを破壊するところまできています。スポーツがこれからも人間にとってふさわしい文化であるために，スポーツにおいて何が許され，何が許されないのか，わたしたち自らスポーツの限界を見定めなくてはなりません。人間の英知と力でスポーツという文化を守るためにこそ，スポーツ倫理学という学問が必要なのです。

（友添秀則）

▷6　マキャベリズム
目的のためには手段を選ばないやり方。

▷7　勝利至上主義については，Ⅱ-4を参照。

▷8　友添秀則「［論点］勝利優先のスポーツ観　転換を」『読売新聞』（2016年2月3日付朝刊）。

おすすめ文献

†W. J. Morgan (ed.) (2007). *Ethics in sport*, Human Kinetics.
†中村敏雄ほか編（2015）『21世紀スポーツ大事典』大修館書店。
†友添秀則編（2015）「スポーツ・インテグリティーを考える――スポーツの正義をどう保つか」『現代スポーツ評論』32，創文企画。

2 フェアプレイの精神とは何か

 フェアプレイとは何か

1 フェアプレイという言葉の登場

W. シェイクスピアの戯曲「マクベス」の第一幕で魔女がいう台詞に，"fair is foul, and foul is fair" というものがあります。これは，いくつかの和訳において「きれいは穢い，穢いはきれい」（福田恆存），「輝く光は深い闇よ，深い闇は輝く光よ」（木下順二）と異なっています。訳者によって fair が「きれい」や「輝く光」という具合に異なるのは興味深く，例えばドイツ語でも様々な訳があるものの，結局は Fair としかいいようがないようです。▷1

フェアプレイという言葉は，もともとファウルプレイと対をなす用語として，弓術において倫理的な意味を伴わずに用いられていたといいます。それが，倫理的な意味を伴うようになったのは，19世紀末から20世紀初頭にかけてのイギリスにおいて，ジェントルマン▷2の育成や人格形成の手段として行われたスポーツにおいて涵養が目指されたものに関わるようになってからのことです。

この他，スポーツが賭けの対象になったことも，フェアを重視することに影響していると考えられます。どちらが勝つかわからない状況を生み出すことが賭けが成立する上で必要となるため，公正な状態（平等な条件もしくは適切なハンディキャップの設定など）の確保という意味で，フェアが重要視されるのです。

2 フェアの意味のゆらぎ

スポーツにおいて，ルールに従ってプレイしようとしても，その意図に反したプレイが思わぬ結果を招くことは常にありえます。例えば野球でバッターがフェアゾーンにボールを打ち返そうとしても，ファウルゾーンにボールが飛んでしまうことはよくあることです。そこにフェアプレイか否かをみることはおそらく意味のないことでしょう。

すると，フェアプレイには，ルールを守ること以上の意味があると考えられます。また，勝ちたいあまり意図的にルールを破ることも考えられるため，ルールを守ることは（倫理的に）大事なことであるともみなされるわけです。▷3

先にみたように，フェアを「きれい・クリーン」という意味でとらえると，競い合うことから必ずしもクリーンにプレイすることが容易ではないスポーツでは，クリーンなプレイがフェアプレイとして称賛されることもあります。

さらには，どのようなプレイがフェアプレイであるか，ということは，定義

▷1 レンク，H.・ピルツ，G.／片岡暁夫監訳／関根正美他訳（2000）『フェアネスの裏と表』不昧堂出版，33-34頁。

▷2 ジェントルマン
16世紀から20世紀初頭のイギリスにおける実質的な支配階級。元々は地主貴族層をさしていたが，地主以外にも上位の中産階級に属し，高等教育や専門教育を受け，政治家や医師，弁護士，聖職者，貿易商などの仕事に就いていた。教養や徳性を身につけた紳士を特徴づける言葉ともなっている。Ⅳ-13-3 の▷2も参照。

▷3 あわせて，ゲームとルール遵守 Ⅱ-6-4 も参照。

や事例を挙げて明確に規定することは難しいでしょう。例えば，全力でプレイしてできるだけ多く点数を取ることを良しとする一方で，大差がついた野球において盗塁を試みることは，相手チームはもちろん味方チームのメンバーからも非難されることがあります。ここでは，ハンス・レンク（H. Lenk）とギュンター・ピルツ（G. Pilz）が示すフェアプレイの意味の大枠をみておくことにしましょう。

③ 形式的フェアプレイ

レンクとピルツは，**形式的フェアプレイ**として，(1)構成的ルールの遵守，(2)規制的ルールの遵守，(3)審判の判定の尊重，(4)機会均等と競技開始時の同権の保証の4つを挙げています。

構成的ルールとは，スポーツのある種目をそれとして成り立たせる上で必要なルールのことで，その種目において，どのような状態になると勝つことになり，そのために許されない行為や手段などを定めたものといえます。したがって，このルールを破るということは，そもそもその種目のスポーツに参加しているとはいえないことになります。

規制的ルールとは，構成的ルールから派生してゲームの円滑な遂行のために定められたルールのことです。例えば，ファウルが生じた場合に，それに適切なペナルティを科してゲームを再開する手続きを定めたようなものです。

そして，審判の判定の尊重はいうまでもないことですが，これを覆すような行為や態度はゲームを壊してしまいます。

機会均等と同権の保障は，誰が勝つかわからない状況を保つことであり，八百長行為は密かにこの均等を脅かすものといえます。

④ 非形式的フェアプレイ

スポーツが成立するために遵守されなくてはならない規範，すなわち強制規範としての形式的フェアネスに対し，それを行うべきであるが，行われなかったとしてもとがめられないような当為規範としての**非形式的フェアプレイ**があります。後者には，競争相手をパートナーとして尊重することが当てはまります。競争相手は，ゲームを成立させるための手段としてだけでなく，人間としてその基本的権利を侵害してはならない相手であるはずです。相手を征服すべき敵としてとらえてしまうと，お互いの敵意は増幅するばかりです。そのような営みは，はたして人間社会において存続していくことができるでしょうか。

また，結果を重視する社会が到来し，いわゆるスポーツの政治化や商業化の流れの中で，この非形式的フェアプレイはさほど顧みられなくなり，形式的フェアプレイだけが重視されるように変化してきました。結果を得るために，「フェアにファウル」することさえ，フェアプレイの意味として正当化される向きもあるほどなのです。

（深澤浩洋）

▷4 **形式的フェアプレイ**
ドイツの哲学者ハンス・レンクが唱えたフェアネスの多様な面のうち，厳格にゲームのルールを守ることを意味する形式的フェアネスを実現する振る舞い。
▷5 レンク・ピルツ（2000：43-44）。

▷6 **非形式的フェアプレイ**
単にゲームのルールを守ることを超えて，例えば競争相手を尊重したり，審判に敬意を示したりするような振る舞い。
▷7 レンク・ピルツ（2000：46）。
▷8 レンク・ピルツ（2000：27-30）。

（おすすめ文献）
†H. レンク・G. ピルツ／片岡暁夫監訳／関根正美他訳（2000）『フェアネスの裏と表』不昧堂出版。

2　フェアプレイの精神とは何か

フェアとアンフェア

1　フェアとファウル，そしてアンフェア

　前項でみたように，フェアプレイの意味がゆらぎ曖昧さを残しているということは，フェアとアンフェアとの境界に関しても当てはまることを示すものでしょう。

　ところで，フェアとアンフェアという言葉のほかに，わたしたちは「ファウル」という言葉を知っています。これは例えば，「ファウル・ボール」（野球），「パーソナル・ファウル」(▶1)（バスケットボール）のように，それぞれの種目で定められた無効となる事態や反則をさす言葉です。野球でバッターがヒットを狙って打とうとしても，それがファウル・ボールとなってしまうことがあるように，スポーツでは，プレイヤーの意図に反してこうした事態を招くことが頻繁にあります。また，意図的にファウルを犯すケースもあり，バスケットボールでは「アンスポーツマンライク・ファウル」(▶2)のような形でペナルティが科せられます。いずれにせよ，スポーツにおける「ファウル」に対しては，その種目のルールによって，それが生じた後の手続きが定められ処理されるようになっているのです。そのため，戦術としてファウルを犯す状況を目にすることもあります（例えばバスケットボールでは，「ファウル・ゲーム」と呼ばれます）。

　このように，スポーツのルールで処理される対象となるファウルは，意図に反して不可避的に生ずる場合と，そうでない場合とがあり，後者のルール違反をアンフェアであるとわたしたちは認識しているのではないでしょうか。つまり，アンフェアには倫理的なニュアンスが伴うように思われるのです。そこで，次に「フェアとアンフェア」という対のもつ意味を考えてみたいと思います。

2　フェアとアンフェアとの境界

　フェアとアンフェアの境目は固定的なものではありません。これらの区別には，時代による変化，地域による違い，文化や個人によって異なる価値観の相違などがみられるからです。そのため，議論が尽きることのない事柄といえるでしょう。

　例えば柔道においては，国際的な試合では体重制をとっていますが，日本国内で行われる全日本柔道選手権大会では，重量級の選手が勝ち上がる傾向にあるとはいえ，階級の区別なく行われます。そこには，「小よく大を制す」とい

▶1　パーソナル・ファウル
コート上のプレイヤー同士の接触によるファウルをさし，これに対し，審判への暴言，ベンチにいるコーチやプレイヤーなどによる違反行為をテクニカル・ファウルという。

▶2　アンスポーツマンライク・ファウル
故意に相手プレイヤーを叩いたり蹴ったり押しのけたりしたと判断された場合のファウル。これらのファウルを被った相手プレイヤーには，シュート動作中か否か，シュートが成功したかどうかに応じて，1本から3本のフリースローが与えられる。

う価値観が背景にあると推察されます。しかし，柔道が盛んなフランスをはじめとするヨーロッパでは，体重差がある選手同士が試合を行うことは「フェアではない」と考えられています。体重差があるということは，勝つチャンスが平等ではないと考えられ，これは，形式的フェアネスに関する認識の違いの表れということもできるでしょう。

▷3 I-2-1 の▷4を参照。

ほかには，サッカーにおいて，マリーシア（malicia）とマランダラージ（malandragem）という表現がありますが，マリーシアとは，「ずる賢さ」や「したたかさ」を意味し，遅延行為やシミュレーションと判定されるギリギリのところで行われる行為で，これを非難するに値すると考えるか否かは国民性の違いとなって表れてきます（例えばブラジルでは，審判から違反行為と認められない範囲でうまく行うことがよしとされているようです）。一方，マランダラージは，審判の目に触れないところで相手選手を押したりシャツなどを引っ張ったりするような行為で，時としてこうした行為は善くない行為，「汚い」行為ととらえられています。

こうした行為の善し悪しの判断基準，すなわちフェアとアンフェアとの境界はおそらく絶対的なものではないでしょう。ただ，今日のように国際的にスポーツが実施されている状況において，スポーツにおける善悪の判断基準は統一されてゆく可能性もあるでしょう。その際，何が統一の根拠となりうるのか。それを考えるには，そのスポーツの本質を手がかりに考えてみましょう。

3 フェア（アンフェア）を支えるエートス

それぞれのスポーツにはルールがあり，それらがそのスポーツのあり方を決定づけているといえるでしょう。そのルールに適している状況をフェアというわけですが，しかし，ルールは必ずしも絶対というわけではなく，しばしば改正が行われてきました。その改正を促す理由としては，その競技の魅力を高め，注目が集まるようにしよう，観客や視聴者にわかりやすく納得できるものにしよう，選手間の有利不利が生じないようにしよう，といったことなどが考えられます。また，大事なことは，そのスポーツが本来どのような優劣を競うものであるか，それに照らしてルール改正を考えるということでしょう。

このようなそれぞれのスポーツの本質やそのスポーツらしさのことを「エートス（ethos）」といいます。エートスはそのスポーツのルールに反映されていると考えることができますが，はじめから明確にとらえられるようなものではなく，例えばそのプレイをきっかけとして，ルール改正の検討を通して，見出されていくようなものだと考えられます。その意味で，フェアとアンフェアの境界も固定的なものではなく，わたしたちが新たなフェアの概念を創造する可能性に開かれているといえるでしょうし，のちにみるフェアプレイ教育の可能性を開くことにもつながっていくでしょう。

（深澤浩洋）

▷4 近藤良享（2012）『スポーツ倫理』不昧堂出版，169-172頁。

おすすめ文献
†近藤良享（2012）『スポーツ倫理』不昧堂出版。

2　フェアプレイの精神とは何か

ベストを尽くすとは

1 スポーツとしての価値（論理的要請）

　ベストを尽くすということは，プレイヤーにとって当然とも思われますが，その意味はどのようなものなのでしょうか。プレイヤーは，勝利という結果を得ようと，そのスポーツのルールの範囲内で努力をします。プレイヤーは勝利を確実にすべく，ゲームに決着をつけようと努力する一方，互いにそうすることで，ゲーム全体としては勝敗がなかなか決しない状況となります。プレイヤー同士の努力が，勝敗の行方がどうなるかわからない白熱したゲームを生み出すことになります。それを観ている観客にとっては，どちらが勝つか，あるいは誰が勝つかわからないスリリングなゲームが面白い，よいゲームと評価されることでしょう。

　このように，未確定状態が保たれることがスポーツの面白さであり，そうした営みに内在する価値といえるでしょう。それは緊迫感をもたらし，スポーツの魅力を高めることにつながるわけですから，プレイヤーに求められるフェアプレイのひとつとして，ベストを尽くすこと，全力でプレイすることの要求となって表れるのです。

　逆に，そのような努力をせず，当初から想定された勝敗を導くようなプレイ，さらには故意に負けようとする行為は，いわば八百長や無気力行為ということになります。スポーツの興味を削ぐことにもなれば，賭けとしても成立しなくなることでしょう。

2 無気力試合から考える

　2012年のオリンピック・ロンドン大会において，バドミントン女子ダブルス1次リーグ最終戦で決勝トーナメントの対戦カードを考慮して故意に負けようとする事態が起きました。対戦した両ペアに対して，このいわゆる無気力試合を行ったことが，結果的に選手の行動規範「勝つための最高の努力を怠ってはならない」に反する行為であるとして，失格処分が下されました。

　選手たちをあえて擁護するなら，彼らは自国の2チームが決勝に進出し金銀のメダル独占を狙うため，決して決勝トーナメントでの優勝を目指さなかったわけではないといえるのかもしれません。この時に問題となるのは，トーナメント全体での結果を見据えた取り組みであるのか，その途中のひとつの試合に

▶1　八百長
言葉の由来には諸説ある。明治時代に八百屋の店主の長兵衛が囲碁仲間に店の商品を買ってもらおうとして，機嫌をとるためにわざと負けたというものや，囲碁ではなく，花相撲に参加して親戚の前でわざと勝たせてもらったというもの，また，元八百屋でその後，水茶屋を営んでいた斎藤長吉のことであるという説もあるが，真偽は定かではない。
Ⅱ-7 を参照。

いかに臨むべきか，という異なるレベルでいかに考えるかということです。後者は，いわゆる消化試合ともいえる位置づけの試合なので，この事例のように明らかに故意とわかるプレイではないにせよ，同じく当大会のサッカー女子の日本代表チームが，決勝トーナメントでの試合会場への移動との兼ね合いから1次リーグ最終戦で2位通過した試合においても，ねらいは同様といえそうです。

消化試合ないしは調整試合となるケースは，予選リーグ方式では起こりうることです。そこでベストを尽くすことがもつ意義について，もう少し考えてみましょう。

3 ベストを尽くすことがスポーツにもたらす価値

消化試合であれ，次の決勝トーナメント進出がかかる試合であれ，そのひとつの試合が，例えばオリンピック大会で観戦チケットの入手が困難な試合の場合，無気力試合を観せられた観客はたまったものではありません。①で述べたように，プレイヤーには勝利を目指して**目的合理的**に行為することが求められます。

▷2 目的合理的
ある目的に対して，それを達成する手段を適切に効果的・効率的に用いようとする態度や行動を形容する言葉。

また，選手にとっては，決勝トーナメントを見据えて，いろいろなことを試すチャンスとして予選リーグ最終戦をとらえることも可能でしょう。控えの選手を積極的に起用したり，それまであまり用いてこなかった戦術を試してみたりすることによって，競技力の向上を図ることが可能になると考えられます。

しかし，現実にはそのような試みやリスクを避けさせるほど，決勝での勝利・優勝がもつ意味や価値が，その競技内部の意味を超えて国家の威信や選手のその後の生計や人生に深く関わるといえるでしょう。

ただ，それだけではなく，ベストを尽くさないということは，次項で述べるように，相手選手・チームに対するリスペクトを欠いた行為とみることができます。またそれは，長い目でみると，そのスポーツに対する支持を失うことになるでしょう。個人にとっての結果やそれが国家にもたらす威信よりも，スポーツに対する支持や，それを大切なものとして守ろうという姿勢の方が，より尊いものとはいえないでしょうか。

4 ベストを尽くすことの教育的価値

プレイヤーは，ベストを尽くすことで，例えば己に何ができ，何ができなかったのかを知ることができます。それは次なる課題を示してくれることになりますし，新たなチャレンジを導いてくれることでしょう。こうして自らを向上させる契機とすることができるのです。

また，互いに切磋琢磨し相手も自身と同様の努力をしていることを認めることができるならば，相手を単なる競争相手としてではなく，同士として尊重するようにもなるでしょう。

（深澤浩洋）

おすすめ文献
†W. フレイリー／近藤良享・友添秀則ほか訳(1989)『スポーツ・モラル』不昧堂出版．

2 フェアプレイの精神とは何か

 相手の尊重と相手への敬意

1 スポーツにおける相手の存在

　スポーツにおいて，競争相手（対戦相手）とはどのような存在といえるでしょうか。敵でしょうか。ライバルや勝利のために乗り越えるべき障害でしょうか。それとも，共にスポーツを成立させる上で不可欠な協力者でしょうか。あるいは，自らの達成を高めてくれる促進者でしょうか。

　このことを考える前に，競争相手には何が必要か，その資質についてまずはみておきたいと思います。たとえ競争相手が敵とみなされるとしても，競争相手はそのスポーツを成立させるために必要な参加者です。スポーツに参加するためにはまず，そのルールに対する理解，ゲームを遂行するための身体能力，そして，勝利を追求する姿勢や態度が必要です。もし，ルールを理解せず，勝利も目指さずに勝手に振る舞う相手がいたとしたら，そのような相手を信用してゲームを行うことはできないでしょう。

▶1　川谷茂樹（2005）『スポーツ倫理学講義』ナカニシヤ出版，161頁。

2 共にゲームを成立させる協力者としての競争相手

　スポーツの本質というものに照らしてみると，ゲーム成立の協力者として競争相手を尊重することは，当然のことといえるでしょう。たとえ相手の弱点を攻撃するとしても，それが勝利の追求に適ったものであるならば許容されるはずです。しかし，これがもし相手を競争の場から除外せんがために，ゲームの継続が不可能になるほど重大な負傷を与えるとしたら，どうでしょうか。それは共にスポーツを成り立たせようとする態度からは程遠いといわざるをえません。そのスポーツを否定しているとみなされても仕方がないでしょう。ゲームの成立という点で，競争相手の存在を尊重するのは当然のことです。

　ではここでもうひとつ，次のようなケースを考えてみましょう。チベットの高僧ダライ・ラマ14世のもとへある哲学の教授が訪ねて行った時のことです。そこでは人々がバレーボールに似た遊びをしていて，それは，蹴鞠のようにボールを地面に落とさないように協力し合うもので，失敗して落とすと，その人はみんなから慰められるのだそうです。哲学教授はダライ・ラマに対し，ネットの向こうの相手陣地にボールを落とし合うバレーボールという競技の説明をしました。ところがダライ・ラマは涙をこぼし，そうした精神をもった（相手の失敗を誘うような）遊び方を嘆き，祈りを捧げるために自らの部屋に

▶2　蹴鞠
平安時代に宮廷で貴族を中心に流行した競技。1組4〜8人となり，四隅に植えられた松や桜などで囲まれた範囲内で，それらの木の高さ（一丈五尺：約4.5メートル）以上に鞠を蹴り上げ，落とさないように蹴り続けて楽しむ。

帰って行ってしまいました。ダライ・ラマのような心情をもつ人とは，バレーボールのような競技を共に行うことはおそらくできないでしょう。

このダライ・ラマのように，人格者として，相手のことを大切に考え尊重する姿勢をもつこと自体は大切なことですが，しかしそれではスポーツを成立させることができない可能性があります。したがって，スポーツにおいて相手を尊重する上では，そのスポーツの目的を共有し，共にゲームを成立させる相手としてとらえることが重要となります。

③ 促進者としての競争相手

ただ，スポーツにおける競争相手は，ゲームを成立させる協力者としてのみあるわけではありません。ライバル関係を考えてみればわかるように，相手の存在が自己を刺激し，パフォーマンスの向上を促してくれる可能性があります。お互いを促進者として考えるのであれば，たとえ勝っても負けても，それぞれお互いのパフォーマンスを引き出してくれた相手として尊重することができるのではないでしょうか。

例えばマラソンのレースにおいて，単独で走る場合と他のランナーと一緒に走る場合とでは，多くの場合，後者の方がよりよい記録を期待できます。また，テニスやラグビーのような対戦型のスポーツは，相手がいないと成立しないのは当然であり，その相手を乗り越えようと自らの能力発揮を高めるよう努力するでしょう。

このように，いわゆる優劣を判別する機能をもったスポーツを通じて，相手は促進者として立ち現れてくるのです。そのスポーツに内在する目的を考えてみれば，競争相手は乗り越えるべき障害物であると同時に，自らの達成を高めるように促してくれる促進者となりえます。そのスポーツのもつルールにしたがってプレイすることにより，そのプレイヤーに何ができて何ができなかったのか，どの程度能力があるのかといったことを教えてくれるだけではありません。

④ 競争相手への敬意

全力を尽くしてプレイするということは，適正な形で能力を引き出し高めてくれることにもなります。たとえ苦しくて楽をしたいと思ったとしても，それに抗ってプレイするさまは，あたかも「ベストを尽くすべし」といった掟に従っているかのようにみえます。そこに**敬意**が払われるのではないでしょうか。

ただ，こうしたことは，具体的・客観的にとらえられる個々の行為の総体として認識されるため，非形式的なフェアプレイに数えられることでしょう。

（深澤浩洋）

▷3 Eassom, S. (1998). "Games, Rules and Contract", McNamee, M. J. and Parry, J. (eds.), *Ethics & Sport*, E & FN Spon, pp. 71-72.

▷4 川谷（2005：167-169）。

▷5 敬意
スポーツにおいては，プレイヤーが相手の存在を尊重することをさす。

おすすめ文献
†川谷茂樹（2005）『スポーツ倫理学講義』ナカニシヤ出版。
†友添秀則・近藤良享（2000）『スポーツ倫理を問う』大修館書店。

第Ⅰ部　スポーツ倫理学を理解するために

2　フェアプレイの精神とは何か

審判・ルールの尊重

1　審判制度導入のきっかけ

　例えばサッカーを例に挙げると，1862年にケンブリッジ大学でイートン校とハロー校の卒業生による試合のルール調整において，キャプテンと**アンパイアー**が両チームから選ばれ，さらに彼らによって中立の人物が**レフェリー**として選ばれることにしたそうです。それ以前は，各チームのキャプテン同士が，話し合いによってトラブルを処理しゲームを進めていました。

　このように，中立の立場にある者を審判としてゲームに加え，判定の権限を委ねたその背景には，試合の結果が何かしらの利益に結びつくようになったという変化が考えられますが，例えばパブリック・スクールにおける能力進級や，スポーツの活躍を表彰する制度の導入が，審判導入とほぼ同じ19世紀後半にみられたことと何らかの関係があるようです。

2　審判導入の意味

　審判の判定を尊重することは，フェアプレイ（形式的フェアプレイ）のひとつと考えられます。しかし，プレイヤーの代わりに審判が判断し，処理をしてくれるわけですから，審判に判定の権限が移譲されるということは，プレイヤー自らが判断をしなくなる可能性があることを意味します。Ⅰ-2-3で述べたような無気力試合では，選手が審判から注意を受けてもなお，故意に負けようとするプレイを止めなかったために，失格処分が下されました。選手にとってフェアにプレイすることがどのようなことなのかが理解できていない，といわれてもやむをえません。

　一方，審判であっても，あたかも全知全能の神のように，そこで起こった出来事をあらゆる角度からすべて把握することは不可能です。審判にとっての死角が必ずといっていいほど生まれます。すると，プレイヤーも，審判の目にふれないところでルール違反を犯そうと試みる可能性が出てきます。そうなると，審判が見ていなければ，ルール違反もなかったということになりかねません。マランダラージを，そのプレイヤーの巧みなスキルであるとして評価する可能性を残すことにもなるでしょう。それでは，そのようにして起こったプレイも，すべて審判の判定によるものゆえ，その判定を尊重することも，やはりフェアプレイだということになるのでしょうか。例えば次の場合はどのように考えた

▶1　アンパイアーとレフェリー
アンパイアーとは，元来「同等でない立場の者」をさす言葉であり，レフェリーとは，「審査を委託された者」や「判定者」という意味があった。その後競技における「審判員」という意味が加わった。また，所定の位置から判定を下すのがアンパイアー，フィールド内を移動しながら判定するのがレフェリーと区別する説明もある。
▶2　中村敏雄（1990）『スポーツルールの社会学』朝日新聞社，51-52頁。
▶3　Ⅰ-1-4の▶2を参照。
▶4　中村敏雄（1995）『スポーツルール学への序章』大修館書店，172-173頁。

らよいでしょうか。

③ 誤審をめぐって

　審判も全知全能の神ではないがゆえに，誤審が起こる可能性もあります。例えば2000年のオリンピック・シドニー大会柔道100キロ超級の決勝戦において，「世紀の大誤審」と呼ばれた試合がありました。その試合で日本代表の篠原信一選手がかけた技に対し，副審のうち1名は1本を宣告したのに対し，主審ともう1名の副審は相手側のフランス代表ドゥイエ選手の返し技が有効と判定し，これが覆ることはありませんでした。これについて篠原選手本人は，そうした試合展開に至った自分自身が弱かったと，自身の負けを認めました。

　いかなる判定であっても，審判に決定を委ねるのがプレイヤーとして必要な態度であるという見方ができそうですが，今日のように録画映像で様々な角度から再生して確認できるようになると，審判の権威がゆらぎかねません。

④ 今日の審判の立ち位置

　今日では，ビデオ判定やチャレンジシステム（テニスなどで選手が審判に判定の確認を求めるもの）の導入，審判の階層化（例えば柔道では，畳の上で判定する審判団に助言するジュリーという制度が導入されている），などが進められるようになりました。

　こうした動きの背景には，映像による確認が容易になったという技術的要素や，勝利がもつ（経済的・政治的）意味の拡大，観客の満足度やスポンサーへの配慮などがあると思われます。

　審判を務める側としても，判定能力の向上に努め，プレイヤーから敬意を払われるようになることが大切でしょう。そして，尊敬を集められるような審判には，判定行為を通じて，プレイヤーたちにそのスポーツのルールの理解を深める役割が期待されます。各々のプレイヤーとは異なる第三者的な立場でゲームを見ているからこそ，公平公正なジャッジが可能になります。そのような立場からプレイヤーを教育する可能性に開かれていると考えるなら，例えばラグビーのアフターマッチファンクションという仕組み（試合後の選手同士の交流）の中で，審判は試合を振り返り，選手たちに感想やアドバイスを述べることがあります。このようなことは，他の競技でも参考にすべきでしょう。

　また，プレイヤーにできることは，プレイを通してそのスポーツの本質，内在的価値を表現することではないでしょうか。その種目らしさにつながる可能性を広げるプレイを追求することで，審判さらには競技連盟にそのスポーツのルールについて検討するきっかけを与えるような創造的なプレイが出てくると面白いと思います。審判の判定やルールに盲目的に従っているだけでは，その余地を自ら狭めることになるのではないでしょうか。

（深澤浩洋）

おすすめ文献

†近藤良享編著（2004）『スポーツ倫理の探求』大修館書店。
†中村敏雄（1990）『スポーツルールの社会学』朝日新聞社。
†中村敏雄（1995）『スポーツルール学への序章』大修館書店。

2 フェアプレイの精神とは何か

 フェアプレイ精神の構造

1 行動としてのフェアプレイとフェアプレイ精神

日本体育協会では，「フェアプレイで日本を元気に」というキャンペーンを展開しています。そこでは，「行動としてのフェアプレイ」と「フェアプレイ精神」の2つが示されています。「行動としてのフェアプレイ」とは，「ルールを守る，審判や対戦相手を尊重する，全力を尽くす，勝っても驕らず，負けてもふてくされたりしないなど，行動に表れるフェアプレイのこと」を意味します。また，「フェアプレイ精神」とは，「スポーツの場面に限らず日常生活の中でも，自分の考えや行動について善いことか悪いことかを自分の意志で決められること。自分自身に問いかけた時に，恥ずかしくない判断ができる心（魂）のこと」と説明されています。

ただし，この両者は別々にあるわけではなく，互いに関係づけられていなくては無意味でしょう。例えば，相手を故意に倒した後，謝りながら手を差し伸べて相手を起こしてあげる場合，行動としてはフェアな振る舞いであるように見えても，フェアプレイ精神が伴っているとみなせるでしょうか。それでは，「フェアプレイ精神」はどのようなあり方をしているのでしょうか。

2 潜在的な「フェアプレイ精神」

「行動としてのフェアプレイ」は目に見える形でとらえられるため，それを「顕在的」と呼ぶならば，「フェアプレイ精神」の方は，「潜在的」と考えられるでしょう。しかし，その存在は「顕在的な」ものを通じてしか読み取れないのではないでしょうか。例えば，自分のチームが有利な状況で試合を進めている時は，気持ちにも余裕があり，フェアな振る舞いをすることは容易ですが，逆に不利な状況下でフェアな振る舞いをするのは比較的困難です。そうした状況にあってもフェアな振る舞いをした時に，「フェアプレイ精神」をみて取るのではないでしょうか。

つまり，いついかなる状況においても「行動としてのフェアプレイ」をしていれば，そこに「フェアプレイ精神」を認めることができるでしょう。そして，このことは，スポーツの場面だけでなく，日常生活においても一貫してみられる態度からうかがえるものだといえるでしょう。

▷1 日本体育協会
正式名称は，公益財団法人日本体育協会（Japan Sports Association）で，日本のスポーツ競技連盟や協会，また各都道府県の体育協会を統括する団体である。1989年に独立するまでは，日本オリンピック委員会は本協会内に位置づけられていた。

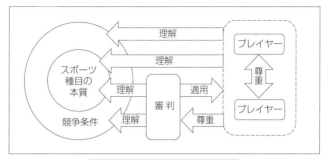

図1　フェアプレイ精神の構造

3 フェアプレイ精神を構成するもの

それでは，フェアプレイ精神を構成しているのはどのようなものでしょうか。

ひとつは，スポーツの概念に対する深い理解・価値観だと思います。また，各スポーツ種目の本質に対する理解ともいえます。許される手段の範囲内で全力を尽くし，お互いが競い合うことでスポーツが成立することを理解し，さらに，種目ごとに異なる優劣決定の方法を理解するということです。

もうひとつは，自身へと同時に相手へも同じ条件が課されることや，プレイヤー同士が立場や状況を入れ替えたとしても同じように判定され，その判定を受け入れる準備ができているということです。まさに，公正や**公共性**の観念といえるでしょう。これに関連して挙げられるのは，スポーツは自分一人で成り立つものではなく，相手プレイヤーや審判，さらには用具や施設，環境といった存在があってはじめて成り立つという認識です。自身のパフォーマンスがどれほどのものかを知るには，こうした他者の存在は必要不可欠ですから，それらの尊重なくして自身の真正なる達成とすることはできないでしょう。

4 フェアプレイ精神の構造とは

先に挙げられた(1)スポーツの理解や種目の本質の理解，(2)競争条件の平等的適用，(3)他者（相手プレイヤーや審判，スポーツ環境）の尊重は，どのように関係づけられるのでしょうか。

まずは，プレイヤー個人や共にスポーツに関わる仲間から独立したスポーツの概念というレベルで(1)があり，それを成り立たせるための条件として(2)があることを知り，その上で，現実にスポーツ活動が行われている中で(3)があると考えられるでしょう。

そして，この精神は，行動としてのフェアプレイに結びつけられなくては意味がありません。行動に移すためには，習慣化することやフェアプレイを行う自身のアイデンティティの確立，また，それを大切にしようと考える仲間の存在が重要な鍵を握っているといえるでしょう。このようなことについては，次項の「フェアプレイ教育」でふれたいと思います。

（深澤浩洋）

▶2　公共性
英語の public を翻訳した言葉で，特定の個人や集団に限られることなく社会に開かれ，利害や影響が及んでいること。H. アレントは，「万人によって見られ，開かれ，可能な限り最も広く公示されるということ」「人工的な世界に共生している人々の間で進行する事象に結びついている」と述べている（アレント, H./清水速雄訳（1994）『人間の条件』筑摩書房，75-78頁）。

おすすめ文献
†R. サイモン／近藤良享・友添秀則代表訳（1994）『スポーツ倫理学入門』不昧堂出版。

2　フェアプレイの精神とは何か

 # フェアプレイ教育とスポーツ倫理

 スポーツ倫理が成り立つ意味

　あえて「スポーツ倫理」といった言葉を使うということは，日常生活における倫理とは異なる倫理があるということを意味するでしょう。もしそれに特別な意味がないのだとすれば，日常的な倫理ないしは道徳でスポーツのことを扱えばこと足りるわけですから，あえて「スポーツ倫理」と呼ぶ必要もないことになるでしょう。この両者の違いをもたらす鍵は，もちろん「スポーツ」にあります。よって，スポーツ倫理を考える上で，「スポーツとは何か」という問いを避けては通れません。

　これを考える手がかりとして，スポーツのルールを挙げておきましょう。このスポーツのルールも一般社会における法律とは異なるといえます。例えば，ボクシングの殴打行為は，町中で見ず知らずの人にいきなり殴りかかるものとは異なります。後者は犯罪になってしまうのに，ボクシングではそうではありません（**正当業務行為**として正当化され，違法性は否定されます）。

　このように特殊な状況設定のもとで行われるスポーツでは，日常の倫理とは異なる価値が求められるでしょう。また，職業倫理という言葉があるように，その職務遂行上守るべきことは，日常の倫理よりも厳しいものがあります。例えば，裁判官などは，職業上知り得た情報を帰宅後に家族に話すようなことをしてはなりません。スポーツにおいてもそのような厳しい倫理が求められると考えられますが，それは同時に，スポーツの世界が信頼をもって人々から支持されるためにも必要なことだといえます。

▷1　**正当業務行為**
法令または正当な業務による行為で，これに該当する行為は，たとえ形式的には刑法にふれる行為であっても違法性があるとは認められない。例えば，医療行為や報道機関による取材行為，労働争議行為などがある。

 社会のモデルとしてのフェアプレイ

　スポーツ倫理にとって，フェアプレイあるいはフェアネスは，重要な意味をもちます。スポーツには，多くの場合，危険性が伴います。これを勝負事と考えると，相手のことを敵や障害物としてみてしまい，ついルールから外れて相手を傷つける行為をしてしまう可能性があります。また，ゲームの結果に報酬などの経済的価値が伴うようになると，八百長といった不正への誘惑が起こってきます。

　自然に放っておけば，快楽を求め，不正な行為が発生してしまうところで，スポーツのルールを遵守しようとする姿勢は尊重されることになるでしょうし，

それによってスポーツの価値が認識されることにもなるでしょう。

例えば，フェア（公正）という観念は，スポーツから発展し，社会のモデルにもなりうると考えられます。『正義論』を著したジョン・ロールズ（J. Rawls）は，「公正としての正義（Justice as fairness）」という考えを提唱し，正義の概念の基礎的観念が公正であるとしています。

このように，フェアの考え方が一般社会に移入されることで，スポーツに対する価値が認識され，スポーツが教育の手段として活用されることになります。ひいてはフェアプレイがスポーツから社会一般へと広げる価値のあるものになれば，社会貢献にもつながることでしょう。

しかしながら，現実はそのような理想からは遠い状態にあります。例えばルールを厳格にしたとしても，そのルールが守られないことには，ルール改正とルール違反のイタチごっこが続くことになってしまいます。そうならないために，フェアプレイの精神によってルール遵守が支えられなくてはなりませんし，それどころか，ルールのあり方を見直す目をもつことも重要となってきます。それは，スポーツの本質や価値を認識することに基づくといえます。

スポーツの本質や意義を認識すべきなのはプレイヤーだけに限りません。指導者や審判，競技団体，スポーツを享受する人々，支援する人々など，あらゆる関係者が，スポーツの価値について認識を新たにする機会をもつべきではないでしょうか。

③ フェアプレイの創造に向けた教育

社会との共存・共栄を進めていくために，スポーツはどうあるべきか。このことに，フェアプレイに向けた教育が貢献する可能性があります。フェアプレイの精神を単にお題目として唱えるだけでなく，教育として実践することが重要です。

例えばカナダのフェアプレイ教育では，フェアプレイ能力を高めるために，(1)**道徳的ジレンマ**を認識し，問題解決を迫って他の人の立場や別の観点を知る，(2)チームワークと協同，主体的なルール遵守，自尊心の育成，(3)フェアプレイの理念（ルール遵守，審判・対戦相手への敬意，参加機会の保障，自制心の保持）が重要であるとされています。

ただし，このフェアプレイは曖昧な概念でもあるために，新たなフェアプレイ概念を創造する余地も残されているといえます。それに向けては，まだ見ぬ未来の人々を想像しながら，その人々へどのようなフェアプレイを伝えていったらよいかを考えることで，より普遍的なフェアプレイを見出していくことにつながるでしょう。

（深澤浩洋）

▷2 ロールズ，J.／田中成明編訳（1979）『公正としての正義』木鐸社，31頁。

▷3 道徳的ジレンマ
法的な問題とは別に，道徳的に「許される」「許されない」といった判断の間に矛盾や葛藤を引き起こすような問題。ある人を助けるために他の人の命を奪うことは許されるかどうかといった「トロッコ問題」などが知られている。Ⅰ-1-5の▷9を参照。

▷4 近藤良享（2005）「体育とフェアプレイ」友添秀則・岡出美則編『教養としての体育原理』大修館書店，42頁。

おすすめ文献
†近藤良享（2012）『スポーツ倫理』不昧堂出版。
†J. ロールズ／田中成明編訳（1979）『公正としての正義』木鐸社。

3 スポーツパーソンシップとは何か

スポーツパーソンシップとは何か

1 スポーツパーソンシップはどこに？

　競技スポーツを経験してきた人であれば，誰もがスポーツマンシップという言葉を聞いたことがあるでしょう。よく試合の開会式で，「わたしたち選手一同はスポーツマンシップに則り，正々堂々と戦うことを誓います」と選手代表が述べます。では，スポーツパーソンシップはどうでしょうか。「スポーツパーソンシップに則り」という言葉を聞いたことはあるでしょうか。選手宣誓にはあまり使われていないようです。また，2015年の時点でウィキペディアには，スポーツマンシップは載っているものの，スポーツパーソンシップは載っていません。事典での扱いはどのようになっているのでしょうか。2006年に刊行された『最新スポーツ科学事典』には「スポーツパーソンシップ」の項はありませんでしたが，2015年の『21世紀スポーツ大事典』には記載されています。

　そこではまず，スポーツパーソンシップなる言葉が生まれた背景が記述されています。引用してみましょう。「いまやスポーツの世界は，エリートの白人男性中心主義を超える新しい原理に基づくスポーツ文化の時代が到来している。そこでは，人種，性別，障がい者／健常者，子ども／大人という二項対立的な認識枠組みを超える新しい枠組みが必要となる」。現代では，このような新しい認識枠組みを表現する名前が必要であり，それがスポーツパーソンであるとされています。

▶1　日本体育学会(2006)『最新スポーツ科学事典』平凡社。

▶2　梅垣明美（2015）「スポーツパーソンシップ」中村敏雄・高橋健夫・寒川恒夫・友添秀則編『21世紀スポーツ大事典』大修館書店，810頁。

2 スポーツパーソンシップの背景

　確かに近代スポーツは白人男性的な文化です。オリンピックも，今でこそ女性の種目が多くありますが，当初は男性のための種目でした。例えば，サッカー日本代表が1936年のオリンピック・ベルリン大会で奇跡を起こした時も，1968年のメキシコ大会で銅メダルを獲得した時も，それは男子チームのことであり，女子サッカーはありませんでした。女子サッカーのオリンピックやワールドカップといった大きな大会の歴史は浅く，サッカーは長いあいだ男性にふさわしいスポーツだったのです。サッカーの「なでしこジャパン」は2011年のワールドカップで優勝し，2015年には準優勝という優秀な成績で，女子サッカーの存在を世界に広めました。また，現代の日本では女子レスリングが強く，女子のラグビーも存在感を増しています。

このように，現代では女性アスリートの活躍がめざましいわけですが，近代スポーツはなぜ白人男性中心の価値観をもつといわれてきたのでしょうか。近代スポーツの発祥は，そのほとんどがイギリス（一部はアメリカ）であり，ヨーロッパで盛んになったものです。オリンピックも**ユーロセントリズム**[3]（ヨーロッパ中心主義）といわれるように，ヨーロッパの白人中心主義のもとで発展してきました。わたしたちが慣れ親しんでいるスポーツ種目は，そのほとんどが近代スポーツです。近代スポーツは世界共通のルールのもとで競争を行い，客観的に順位を決めます。競争に参加する競技者は1位になることを目指します。

近代スポーツの原理は「より速く，より高く，より強く」です。[4]これは近代オリンピックの基本精神でもあります。近代スポーツはこの原理のもとで記録を伸ばし，発展してきました。ここで重要なのは，単に「速く，高く，強く」ではなく，「より」という比較級が用いられている点です。過去よりも現在，現在よりも未来に向けて限りなく人類は進歩していける。この原理は，そのような希望，願望を表しています。しかし，この原理のもとで発展してきた近代スポーツは，すべての人間に夢と幸福を与えてきたとばかりはいえません。とりわけドーピング問題はより深刻になっています。[5]

商業主義によって，勝利や記録の樹立が経済的な価値を増している中，もしスポーツで成功を収めようとするならば，今や幼少期から専門的にトレーニングを積まなければなりません。スポーツの原点ともいえる「遊び」の要素や素朴な喜びは背後に退き，スポーツの価値は勝利に集約されます。近代スポーツのレベルが高度になるにつれて，原初のスポーツの意味が失われていくというジレンマを抱えています。それでも，オリンピックや世界選手権はスポーツの頂点に位置し，現在のところスポーツを競技として行う人々のほとんどが，これらを目指します。しかし，スポーツの価値やスポーツを行う意味は，オリンピックの金メダルや世界チャンピオンを目指すことだけにあるわけではありません。

❸ 「異議申し立て」としてのスポーツパーソンシップ

では，スポーツパーソンシップは何を目指し，スポーツを行う上でどのようなことに価値を置いているのでしょうか。梅垣明美はそれを「共生」ととらえ，次のように述べています。「各スポーツ種目におけるポジションの決定は適材適所であり，人種，男女，障がい者／健常者に関係なく起用される。それぞれが社会の構成員として重要な役割を担い，互いの幸福と利益の享受を最大限に保証し合う，そのようなスポーツの世界を担うスポーツパーソンシップが今求められている」。[6]このように，スポーツパーソンシップとは，これまでの誰が一番強いかを競うチャンピオンスポーツをスポーツの中心価値としてきた考えに対して，異議を唱える考えだといえます。

（関根正美）

I-3

▷3 ユーロセントリズム
ヨーロッパ中心主義を意味する言葉。本来ヨーロッパ文明は，地球上で成立した諸文明のひとつでしかないにもかかわらず，それを特別な地位とする態度や価値観をさす。オリンピック種目をはじめとする近代スポーツの多くも，ヨーロッパ文明を背景として発展してきた。その意味で，近代スポーツはユーロセントリズムの影響を強く受けているといえる。

▷4 近代オリンピックのモットー。基本的には「より優れたレベルを目指そう」という意味であるが，単に競争に勝つことを意味してはいない。むしろ本来は，勝利を目指す中で現在の自分を向上させていこうということを説いている。このような教育的意味で，現在もオリンピックの精神を鼓舞するモットーとして重要視されている。ただし，これが誤解されて勝利至上主義に利用されることもあり，現代スポーツが批判される時にも使われる。

▷5 Ⅱ-5 を参照。

▷6 梅垣 (2015：811)。

【おすすめ文献】
†友添秀則・近藤良享 (2000)『スポーツ倫理を問う』大修館書店。

3 スポーツパーソンシップとは何か

 スポーツパーソンシップとスポーツマンシップ

 スポーツパーソンシップの新しさ

　ここでは，スポーツパーソンシップとスポーツマンシップの関係について考えてみましょう。まずはこれらの概念が出現した時系列を比較してみましょう。
　「スポーツマンシップ」は，19世紀にイギリスで成立した近代スポーツの精神を意味する言葉です。友添秀則と梅垣明美は次のように述べています。「日本では，スポーツマンシップは『運動家精神』と訳されてきましたが，スポーツ発祥の地イギリスでは，スポーツマンシップは『スポーツマンらしい振る舞い』という意味で用いられてきました。『スポーツマンらしい振る舞い』とは，十九世紀後半イギリスのスポーツの担い手たち，つまりお金と暇を十分に持ち，報酬を求めずスポーツを楽しみとして優雅に行うことのできたクリスチャン・ジェントルマンたちの振る舞いをさしています」[1]。スポーツ史を専門とする阿部生雄も次のように述べています。「スポーツの社会機能や人間形成機能に注目し，『スポーツは社会に融和と秩序と慰安をもたらす』とするスポーツ観は，古くから存在した。しかし，スポーツのそうした機能を集約した『スポーツマンシップ』が，倫理的なイデオロギー[2]として成長を遂げ始めたのは，19世紀になってからのことであった」[3]。
　それでは「スポーツパーソンシップ」はどうでしょうか。友添は，19世紀に起源をもつスポーツマンシップに対立させて，「新しいスポーツパーソンシップ」[4]という表現を用いています。2000年の時点で「新しい」と述べていることから考えると，20世紀から21世紀にかけて提唱された言葉といえます。

 「パーソン」と「マン」——意味の違い

　次に，意味の違いについて辞書から探ってみることにします。まず鍵となる言葉は「パーソン（person）」です。一般に英語の person には，「人」「人間」という意味の他に「人格」という意味があります。person は語源的にはラテン語の「ペルソナ（persona）」に由来します。『岩波哲学・思想事典』によれば，ラテン語の「ペルソナ」とは演劇用の「仮面」を意味し，ここから「役割」などの意味が派生したとされています。さらに思想史の中で個性，人格，人柄[5]などを意味するようになりました。一方，スポーツマンシップの「マン（man）」は「男，男性」という意味もありますが，広く「人間一般」を意味します。例

▷1　友添秀則・梅垣明美（2000）「スポーツマンシップを超えて——なぜベストをつくすのか」友添秀則・近藤良享『スポーツ倫理を問う』大修館書店，183-184頁。
▷2　一般にはものの見方や考え方をさすが，政治的な主張を含んだり社会的な利害を代表したりしていることが多々ある。この場合は，スポーツに価値があるかどうかはどちらともいえないにもかかわらず，「スポーツは社会的に価値のあるもの」という立場の主張を表現する言葉として「スポーツマンシップ」が用いられたという意味である。
▷3　阿部生雄（2009）『近代スポーツマンシップの誕生と成長』筑波大学出版会，序文。
▷4　友添・近藤（2000：30）。
▷5　廣松渉ほか編（1998）『岩波哲学・思想事典』岩波書店，1454頁。

えば，英語の辞書には次のような例文があります。"All men must die.（人は死を免れない）"，"man and beast（人間とけだもの）"。辞書的意味に限ってみると，スポーツマンシップは男性に限らないといえます。

このように両者の違いについて一般的に考えると，「スポーツマンシップ」は男性中心の考え方で，女性スポーツの価値を欠落させているとはいいきれないのです。なぜなら，「マン（man）」は人間一般をも意味するからです。むしろ「スポーツマンシップ」を辞書的な定義から考えるならば，男性的な価値に限定されるというよりも「スポーツを行う人間の精神」くらいにとらえる方が適切であるといえます。

▷6 小稲義男編集代表（1980）『研究社新英和大辞典』第5版，研究社，1289頁。

3 スポーツパーソンシップの人格的意味

一方の「スポーツパーソンシップ」には，より「人格」的意味が込められているといえます。あるいは「役割」という意味も含めていいでしょう。スポーツを行う人間の社会や時代に対する役割が，スポーツパーソンシップに含まれていると解釈することは可能です。man と person の辞書的意味の違いからは，白人男性中心の価値観に対する「異議申し立て」としての女性の視点は確認できませんでした。けれども，「人格」や「役割」としての person から，時代や社会への参加・関与という意味を経て，現代スポーツにおける女性の視点をこれまで以上に意識させる概念だということはできます。

つまり「スポーツパーソンシップ」は，今の時代に求められるスポーツのあり方や価値を表現するための言葉であると考える方が適切ではないでしょうか。その解釈線上に，女性スポーツや障がい者スポーツのあり方や価値を正しく認識していこうとの態度があるのだと思います。スポーツマンシップという概念ではもはやとらえきれないスポーツの現象やスポーツに求められる価値があるとすれば，それらを包括する概念が必要になります。友添は，両者の立ち位置について次のように述べています。「複雑怪奇なスポーツの現実を前にして，対面（対人）倫理を基調とした『スポーツマンシップ』はもう時代遅れで，限界です。そして，新しいスポーツパーソンシップを武器に，いつも社会に従属的だったスポーツの世界から，今度は社会を変革する力（エンパワーメント）を発揮しようではありませんか」。スポーツパーソンシップはスポーツ界から社会へのメッセージであることが，ここからうかがえます。

スポーツパーソンシップについて，これまでのことをまとめてみましょう。まずいえることは，男女（女男）の差を超えたスポーツ観を表しているという点です。これはいわば，スポーツ観を刷新する立場だといえるでしょう。そして，スポーツ界だけの価値実現ではなく，社会的な価値実現を目指す考えであるともいえます。

（関根正美）

▷7 一般に倫理が問題になる状況は多種多様である。例えば，環境倫理は人と環境との関係を問題にし，技術倫理は技術のあり方を問題にする。それに対して，対面（対人）倫理は具体的な当事者同士の関係を問題にする。ここでは，選手間という限定された状況で起こる反則やフェアプレイといった倫理の限界を指摘している。

▷8 友添・近藤（2000：30）。

おすすめ文献

†阿部生雄（2009）『近代スポーツマンシップの誕生と成長』筑波大学出版会。

3 スポーツマンシップの由来

1 スポーツマンシップのイメージ

　比較的最近になっていわれるようになったスポーツパーソンシップに対して、スポーツマンシップは古くからスポーツの世界を価値づけてきたことが前項からわかります。しかしながら、スポーツマンシップについては、誰もが自分の思うイメージを浮かべているというのが実情ではないでしょうか。広瀬一郎は『スポーツマンシップを考える』の中でその言葉について、「初めて聞いたのはいつ、どこで、そして誰からという明確な記憶がありません。それどころか、その言葉の意味を説明してもらった記憶すらありません。にもかかわらず、いつしかスポーツをやるうえで守らなければならない精神的なものであることはわきまえていましたし、スポーツに関わっている周りの誰もが知っているという点を疑ったこともありません」と述べています。これはわたしたちが素直に同感できる言葉です。これまでスポーツマンシップがあたかも時代遅れであるかのような考えを紹介しましたが、それはわたしたちが抱く「よいイメージ」と矛盾しているようにみえます。

　それでは、スポーツマンシップとはもともとどのような意味だったのでしょうか。次にスポーツマンシップの由来について考えてみましょう。

▷1　広瀬一郎（2005）『スポーツマンシップを考える』小学館、6頁。

2 イデオロギーとしてのスポーツマンシップ

　スポーツマンシップについて考える時に、基本となる書があります。それは、阿部生雄の『近代スポーツマンシップの誕生と成長』です。阿部によれば、スポーツマンシップという言葉が出現した初期の17世紀後半から18世紀初頭にかけての意味と、20世紀中ごろの意味は異なるといいます。つまり、スポーツマンシップという言葉が出現した当初は、現在わたしたちがその言葉に抱くような倫理的意味はなかったということです。それが後になって「不正を行わない」などの意味に変わったのです。このことを、阿部は、1949年の *The Dictionary of Sports* という辞書に「スポーツマンシップ：スポーツに含まれる最良の倫理規範」という記述があることを突き止め、20世紀におけるスポーツマンシップの辞書的意味を明らかにしています。阿部は、次のようにいいます。「ここでは、『スポーツマン』や『スポーツマンシップ』という用語が、人々のスポーツ活動を倫理的に規制しようとするイデオロギー機能の完成を遂げて

▷2　阿部生雄（2009）『近代スポーツマンシップの誕生と成長』筑波大学出版会、9頁。

いる」。これはなかなか厳しい言い方です。わたしたちがこれまで倫理的に善い態度や人物のことだとイメージしてきた「スポーツマンシップ」が、実はイデオロギー性を帯びていたというわけです。

　倫理的なイデオロギーを帯びるまでのスポーツマンシップはどのような意味だったのでしょうか。阿部は著書の中で、「スポーツ」概念の変遷とともに「スポーツマンシップ」の意味も変わったことを突き止め、「スポーツの概念が伝統的な『狩猟的』概念を脱して、『競技的』概念に転成した時期に、倫理的ニュアンスの濃厚なスポーツマンとスポーツマンシップの概念が派生した」と指摘しています。スポーツの意味が、狩猟からゲームの要素をもつ競技に変わること自体は不思議ではありません。言葉の意味というものは時代とともに変わります。しかし、狩猟概念から競技概念に変わる時期に倫理的ニュアンスが生じるというのは自然に起こることなのでしょうか。ここには何か人間の意図のようなものを感じざるを得ない不自然さが残ります。この問題は次項で改めて取りあげますが、ここで日本におけるスポーツマンシップの由来についてもふれておきましょう。

3　イギリスと日本における意味の違い

　「日本における由来」というのは不正確な言い方でした。正確には、「日本における受容」となります。なぜなら、「スポーツマンシップ」は日本ではなく、イギリス由来の概念だからです。日本における受容という点で興味深いのは、「スポーツマン」と「スポーツマンシップ」の意味の変遷がイギリスと異なる点です。阿部によると、日本では「スポーツマン」という言葉には倫理的意味はあまりなく、逆に「スポーツマンシップ」には狩猟の技量などの意味を含めず、スポーツ選手（競技者）の倫理的態度や道徳性といった意味を込めて解釈してきたと指摘しています。

　以上のことから、イギリスで使用されるようになったスポーツマンシップには、当初は倫理的な意味がなかったといえます。しかしそれでも、日本における近代スポーツのほとんどが英米から輸入された歴史的経緯をみると、スポーツマンシップの倫理・道徳的意味の源泉は、近代スポーツ発祥の地イギリスにあったと考えられます。先に、阿部の著書をもとに、倫理・道徳的なスポーツマンシップのイデオロギー性について述べましたが、スポーツマンシップにイデオロギー的な意味を施さざるをえなかった事情が、イギリスのスポーツにあったのではないでしょうか。

　次項で、イギリスの歴史、文化や社会の独自性を考えながら、スポーツマンシップに倫理・道徳的意味が付与された理由について考えることにしましょう。

（関根正美）

▷3　阿部（2009：10）。
▷4　ここでは、特定の意図やイメージに沿って一定の価値がつくりあげられてきたことを意味している。つまり、「スポーツマンシップ」がある意図のもとにつくりあげられたイメージであると述べられているのである。とりわけ、「スポーツは倫理的でなければならない」との考えから、「スポーツマンシップ」の意味がつくられたということである。
▷5　阿部（2009：12）。
▷6　「スポーツ」が狩猟行為という意味から、あるルールのもとで行われる競争の意味に変わったこと。つまり「スポーツイコール狩猟」から「スポーツイコール競争」へと了解されるようになったこと。

▷7　阿部（2009：23）。

おすすめ文献
†広瀬一郎（2005）『スポーツマンシップを考える』小学館。
†阿部生雄（2009）『近代スポーツマンシップの誕生と成長』筑波大学出版会。

3 スポーツパーソンシップとは何か

イギリス人とスポーツマンシップ

イギリスのスポーツ教育

イギリスにおけるスポーツ教育について書かれた本の中で，おそらくもっとも初学者に親しまれてきたのは，池田潔『自由と規律』（岩波書店）でしょう。この本は1949年に発行されてから2008年までの間に97刷を数えています。最終章は「スポーツマンシップについて」というタイトルで締めくくられています。池田はイギリスのパブリック・スクールのリース校に通っていました。そこで実際に学校生活を経験し，スポーツ教育の大切さを学んだのです。彼は「さて，スポーツマンシップとは，彼我の立場を比べて，何かの事情によって得た，不当に有利な立場を利用して勝負することを拒否する精神，すなわち対等の条件でのみ勝負に臨む心掛けをいうのであろう」と述べています。この見方は，スポーツマンシップに対人倫理を読み込む典型的な見方であり，一般的かつ代表的なスポーツマンシップ理解だといえます。

しかし，続けて池田は，イギリス人にとってのスポーツマンシップは対人間だけではないといいます。「無論，対象が人間とは限らない。イギリス人の愛好する狐狩では，必ず狐に逃げ切る可能性のあることを前提条件としている。相手にもそのやり方によっては勝つ可能性があり味方と対等の立場にあって初めてスポーツは成立するのである」と述べます。つまり，対人倫理としてのスポーツマンシップも対狐（動物）倫理としてのスポーツマンシップも，競争相手と対等な立場を確保するという意味で同じ原理をもっているといえます。

スポーツを成立させる原理としてのスポーツマンシップは，実際のスポーツ行為を保障させることにとどまらず，スポーツ場面を超えてイギリス人にとって重要であるといわれます。池田も「かくしてこのスポーツマンシップなるものはイギリス人の生活には切っても切り離せない深い関係をもっている」と述べています。イギリス人が今もスポーツマンシップを人生において大切なものと考えているかはここからは確認できませんが，時間をかけてつくられてきたものであることは確かなようです。

2 スポーツマンシップの歴史的背景

イギリス人とスポーツマンシップの関係は，18世紀から19世紀にかけてイギリスで起こったことを抜きにしては語れません。イギリスが当時の最先進国に

▷1 池田潔（1974）『自由と規律』岩波新書，168頁。

▷2 池田（1974：168）。

▷3 池田（1974：169）。

▷4 **帝国主義**
一般に，ひとつの国家が新たな領土や資源を獲得するために，軍事力を背景にして他の民族や国家を併合しようとする思想や政策をさす。ここで述べられているイギリスの帝国主義，いわゆる「大英帝国」は，その全盛期には史上最大の支配を誇った。その影響力は植民地支配という政治経済領域だけでなく，スポーツ文化にも及んだのである。近代スポーツの多くがイギリ

躍り出たのは産業革命によるものでした。産業革命によってイギリスは世界に先駆けていち早く工業化を成し遂げ，多くの植民地支配とともに**帝国主義**が確立され，世界の中心となっていきました。いわゆる大英帝国の時代です。今でいう，グローバリズムの中心になったのです。大英帝国は世界中に植民地をもっていました。イギリスそのものは小さな島国ですが，多くの植民地を支配し，帝国として繁栄していくために重視したのがエリート教育でした。パブリック・スクールとそこでのスポーツ教育は，このような文脈の中で登場します。

そこでスポーツ活動に教育的価値をもたせるために，ある種の意図的な主張が必要とされました。それが，「筋肉的キリスト教」と呼ばれる一種の思想運動です。スポーツの教育的価値は自然に起こったものではありません。以下で筋肉的キリスト教とスポーツマンシップの関係を追いながら，イギリス人とスポーツマンシップについて考えてみましょう。

3 教育とスポーツ倫理

「健全な肉体に健全な精神を」。この言葉の本当の意味は，「健康な肉体に健康な精神もあったらいいのに（なかなかそうはならない）」というほどの意味です。つまり，肉体と精神は別であり，両者が優れている状態は理想ではあるけれども難しいということをいおうとしています。西洋思想の伝統において両者の中で優先させるべきは精神の健全さです。それはキリスト教の伝統に沿った考えです。キリスト教の伝統の中では，肉体は滅びるけれども魂は永遠であるとの理由で，肉体は蔑視される一方で，魂（精神）は神聖なものとされる考えが信じられていました。肉体と精神は別のもので，肉体はいくら訓練されても精神のように大切なものにはならない。このような考えだと，いくらスポーツ活動を行っても，身体活動からは精神的価値は生まれないということになります。

そこで登場したのが「筋肉的キリスト教」という考え方です。阿部生雄は次のように述べています。「1850年には，旧来のキリスト教に根強くあった肉体蔑視を，同じキリスト教内部から人間形成の手段として救済し，肉体の鍛錬を伴うスポーツや遊戯に道徳的光沢を与えようとする『筋肉的キリスト教』(muscular Christianity) のムーヴメントが，**チャールズ・キングズリ**(C. Kingsley) や**トマス・ヒューズ**(T. Hughes) らによって創始された」。つまり肉体の鍛錬に道徳的価値を与えることで，スポーツ活動はイギリス人に人格形成への道を開いていくことになったのです。

イギリスのパブリック・スクールで準備されたスポーツ教育も，肉体の鍛錬や闘争があるからこそ大英帝国のエリート教育の手段にされたと考えられます。この意味で，イギリスで生まれたスポーツマンシップには最初から「男性性」があったといえるでしょう。

（関根正美）

スで生まれ，スポーツ教育という思想が今も世界各地に残っているのは，イギリス帝国主義の名残りといえるだろう。

▷5 チャールズ・キングズリ (1819-1875)
イギリスの聖職者。キリスト者の社会的責任を強調し，愛と奉仕による社会変革を主張した。このような思想背景のもとに，肉体の鍛錬にも道徳的価値を与えて社会改良につなげようとしたと考えられる。

▷6 トマス・ヒューズ (1822-1896)
イギリスの作家。オックスフォード大学出身で，弁護士，政治家の経歴をもつ。彼の著書『トム・ブラウンの学校生活』はトマス・アーノルドが校長をしていたラグビー校での経験をもとに書いたといわれている。トマス・アーノルドについては，Ⅳ-13-3 を参照。

▷7 阿部生雄 (2009)
『近代スポーツマンシップの誕生と成長』筑波大学出版会，47頁。

▷8 ここでは，「男性」をイメージさせる要素が最初から価値の中心として組み込まれていたという意味。例えば，正々堂々，全力で戦う，勇気，克己心など。ここには「やさしさ」「しなやかさ」など，女性のイメージを喚起させる価値はなかったといってよいであろう。

おすすめ文献

†池田潔 (1974)『自由と規律』岩波新書。

第Ⅰ部　スポーツ倫理学を理解するために

3　スポーツパーソンシップとは何か

 スポーツパーソンシップとスポーツ規範

 規範とは何か

　ここまでスポーツマンシップについて述べてきましたが，再びスポーツパーソンシップに戻ります。まず規範について考えてみます。

　規範とは何でしょうか。日本語の規範は英語で"norm"です。この形容詞は"normal"で「正規の」「正常な」などの意味があり，わたしたちが「規範」に抱く堅苦しいイメージと一致しているように思えます。『最新スポーツ科学事典』では，スポーツにおける「規範」を次のように説明しています。「スポーツには競技規則やアマチュア規定など，成分，不文を含めさまざまな規範が定められている。スポーツに参加する者は一定の行動様式に従うことが要求され，逸脱する行為は許されない」▷1。また，体育における学習内容として，「具体的には，ルールの遵守やマナー，フェアプレー，スポーツマンシップなどが該当する」▷2とされています。

　これまでみてきたように，スポーツマンシップは倫理の中でも対面（対人）倫理を基調とするものでした。しかも，スポーツの世界が一般社会の道徳をもとに「スポーツ選手らしさ」を追求した概念でした。スポーツパーソンシップがジェンダー▷3や共生原理を含むものとして，スポーツマンシップの限界を超える概念であるならば，スポーツ規範はどのように立ち現れるのでしょうか。

 ルール遵守から共生の原理へ

　まず，規範の中でもルール違反とされ，罰則や制裁が科される領域を考えてみましょう。その代表的なものは競技規則です。これを遵守することはフェアプレイやスポーツマンシップのもっとも基本的な形です。ハンス・レンクが「形式的フェアネス」▷4と「非形式的フェアネス」▷5とに分けたうちの「形式的」にあたるものです▷6。ルールを守るべきという規範がなぜ存在するのかというと，「公正な競争」を保障するという役割が非常に大きいといえます。競争をフェアに行うべしという規範は，スポーツの世界では古典的な規範です。フェアな競争によって，誰が一番強いのかという頂上決戦に価値をもたせることができるのです。ここまでは，スポーツマンシップの守備範囲でした。

　しかしスポーツパーソンシップでは，このような態度は近代スポーツに特有の白人男性主義的な価値観であるとされたのでした。ルールを遵守するのは競

▷1　日本体育学会（2006）『最新スポーツ科学事典』276頁。「規範」の項参照。
▷2　日本体育学会（2006：277）。
▷3　ジェンダー
社会科学の領域において，生物学的性差ではなく「社会的，文化的に形成された性差」を意味する。例えば，「男らしさ，女らしさ」など。そのようなつくられた男女の違いを超えたスポーツの価値として「スポーツパーソンシップ」は考えられる。

▷4　形式的フェアネス
Ⅰ-2-1の▷4を参照。
▷5　非形式的フェアネス
Ⅰ-2-1の▷6を参照。
▷6　レンク，H.・ピルツ，G.／片岡暁夫監訳（2000）『フェアネスの裏と表』不昧堂出版，47-50頁。

争の公正さを保つためであり，規範を守ることの意味は，実力ナンバーワンが決定される結果に集約されます。スポーツパーソンシップにおけるルール遵守の規範は，実力ナンバーワンを公正に決定するために守られるのではありません。ルール遵守は，一人ひとりが多様なスポーツの楽しみ方を実現するために要請されるのです。ここから，ルールの特徴である「可変性」の意味が出てきます。スポーツパーソンシップにおける規範では，ルールはチャンピオンスポーツの視点から変更されるのではなく，共生の原理や多様性といった視点から変更される必要があるのです。そこには障がい者スポーツやニュースポーツ，男女混合種目など，新たなスポーツの楽しみ方を見出す文化創造の可能性が指摘できます。

③ 規範に対する自主性の要請

もうひとつ，規範に対する態度の変化について考えてみたいと思います。スポーツマンシップでは「規範を守る」ことが求められていました。それはスポーツの世界でスポーツ選手らしく振る舞うために必要なことです。では，スポーツパーソンシップにおける規範への態度はどのように考えられるのでしょうか。スポーツパーソンシップが社会への従属を脱すべきものであるとするならば，そこには「規範を守る」以上の態度が求められるでしょう。

それは何でしょうか。片岡暁夫が述べている次の点が参考になります。「従来スポーツの場では，自主性よりもむしろ協力や団結あるいは礼儀といった社会統合的な概念が主張される傾向が強かった。これらの概念と自主性との関係を考えると，自主性が守られている前提の中で協力し，団結し，そして，自主性を守ることが礼儀の根本といえよう。そして，スポーツ規範とは，他人の保護，または干渉を受けず独立して行動し，思考する社会人を育成すべきものとして機能するものでなければならないであろう」。ここでいわれる「新しいスポーツ規範としての自主性」という考えは，スポーツパーソンシップにも相応しいと思われます。「独立して行動し，思考する」ことは誰にとっても難しいことに違いありません。スポーツ選手の中には，指導者のいうことは絶対であると信じて強くなってきた人も少なくないことでしょう。しかし，このような態度は，スポーツ世界の中では通用するにしても，一般社会で通用するかどうかは疑問です。スポーツの社会性という点からみると，スポーツ規範に自主性を求めることは必要だと思われます。

以上のことから，スポーツマンシップが，「アスリートが競技を通じて少しずつ身に付ける人格的な総合力」であるとするならば，「スポーツパーソンシップはアスリートに限定されずスポーツに関わる人すべてが人間的価値を実現する態度」とでもいえるのではないでしょうか。

（関根正美）

▷7 片岡暁夫（1974）「新しいスポーツ規範の探求——序説」体育原理研究会編『スポーツ規範論』体育の原理第9号，不昧堂出版，115-126頁。

▷8 広瀬一郎（2014）『スポーツマンシップの教科書』学研教育出版，42頁。

おすすめ文献

†H. レンク・G. ピルツ／片岡暁夫監訳（2000）『フェアネスの裏と表』不昧堂出版。

†体育原理研究会編（1974）『スポーツ規範論』体育の原理第9号，不昧堂出版。

†広瀬一郎（2014）『スポーツマンシップの教科書』学研教育出版。

3 スポーツパーソンシップとは何か

 マナー・エチケットとスポーツパーソンシップ

マナー・エチケットとは何か

わたしたちは日常生活の中で様々なマナー・エチケットを求められています。例えば新社会人になる時に、お辞儀の仕方などを研修で教えられたりします。また一般に、電車でお年寄りに席を譲るとか、咳が出るときはマスクを着用することなども、現代社会で広く知られるマナー・エチケットです。もともとマナーは英語で、エチケットはフランス語です。それらは日本語で「作法」と訳されています。「作法」という言葉からわかるように、マナー・エチケットは実際の動作に関係します。例えば、茶道の作法や冠婚葬祭の作法などはそのまま茶道のマナー、冠婚葬祭のエチケットとして通用します。

それではスポーツでみられるマナー・エチケットとはどのような態度でしょうか。マナー・エチケットは規範よりも拘束力の弱い道徳的態度といえます。例えば、卓球やテニスでボールがネットをかすめたり、ネットに当たってから相手のコートに入って得点する場面があります。この時、得点したプレイヤーはさりげなく手を挙げます。これは相手に対するエチケットです。このような行為はルールで規定されていませんから、行わなくても罰せられることはありません。また、行わなかったとしても、競技関係者からこぞって非難されるような行為でもありません。しかし、運よく得点したプレイヤーが一瞬手を挙げることによって、自分も相手もスムーズに次のプレイに移ることができ、互いに実力を発揮しやすくなるという面も確かにあります。これはスポーツマンシップにおけるマナー・エチケットの典型的な例です。ここで重要なことは、先にも述べたとおり、「実際に動作で態度を表す」という点です。

② マナー・エチケットが現れる場

マナーは「実際に動作で態度を表す」という点から、一種の**身体技法**です。先ほどの卓球とテニスの例でいえば、同じことを動作で示すにしても、その都度、人によって表し方、すなわち身体技法は異なります。例えば、ネットの時に、手を挙げる人もいれば人差し指を挙げる人もいます。日本の部活動で卓球部やテニス部であれば、礼をする人もいるでしょう。つまりここからいえることは、マナー・エチケットというものは、誰もが共通して行うものではないということです。マナー・エチケットの方法やあり方というものは、人によって

▷1 **身体技法**
身体そのものを道具として、ある目的のために身体を使う方法のことを意味する。例えば「歩く」という身体の動作は、移動する目的のための身体技法であり、速く移動する目的の場合は「走る」という身体技法が用いられる。

異なり、その人の人柄や人格、性格などによって左右されるということです。マナー・エチケットの基準は人によって異なり、国や文化や時代によっても基準やあり方は異なります。地球上どこでも共通の、時代を超えて普遍的に等しく通用するマナー・エチケットというものは考えにくいわけです。マナーやエチケットというものは常に他者や状況の中で行われます。例えばサッカーなどで、選手がフィールドの芝生の上で唾を吐いたとしましょう。なぜこれがマナー・エチケットに反するのか。これがロッカールームの洗面所であれば問題ありません。観客や対戦相手の存在、選手にとっての芝生という存在、フィールドの芝という公共性などがマナー・エチケット違反を規定するのです。

したがって、マナー・エチケットというものは、普遍的なものというよりも場所や状況によって規定される性格をもっています。イギリスで誕生したスポーツにおけるマナー・エチケットも日本の武道におけるマナー・エチケットも、社会階級の価値観が反映されたものです。イギリスのそれは貴族や上流階級の価値振る舞いでしたし、剣道のそれは日本の武士階級の価値振る舞いでした。スポーツの中でもっともマナー・エチケットに厳しいのはゴルフです。ゴルフはイギリスで生まれたスポーツですが、これも紳士のスポーツとして紳士階級が独占してきた経緯があるからです。紳士であれば、たとえプレイ中であっても、常に一緒にプレイしている仲間に気を配ることが要請されてきたのです。

③ スポーツの場から社会領域へ

では、スポーツパーソンシップで考えると、どのように異なるマナー・エチケットが導かれるのでしょうか。その際、**共生の原理**、グローバル化された世界という点から考えてみる必要があります。例えば、障がい者と健常者が一緒にスポーツを楽しんだり、試合に参加したりするとします。その場合、すべての人が楽しめるためには、どのようなマナー・エチケットが必要となるでしょうか。あるいは男女が一緒にスポーツを楽しむときのエチケットとは、どのようなものでしょうか。そこには勝利を唯一の価値として行う場合とは異なる振る舞いが求められます。

さらには、スポーツから社会へ送り出すことのできるマナー・エチケットとはどのようなものでしょうか。ハンス・レンクとギュンター・ピルツはフェアネスについて、「スポーツは他の社会的領域へフェアネスの理念を送り出した」と述べています。これによると、フェアプレイの基礎となるフェアネスの理念は、他の領域で確立されてスポーツに応用されたのではありません。逆に「スポーツはフェアネスを生み出す源泉とみなされる」のです。今度はスポーツパーソンシップからチャンピオンスポーツの場面とは異なるマナー・エチケットを生み出し、他の社会の社会領域に送り出すことが求められているのではないでしょうか。

（関根正美）

▷2　共生の原理
もともとは様々な種の生物が同じ場所で相互関係を維持しつつ生きることを意味する生物学的概念だった。人文・社会科学的概念としては、ここから「人間と自然が共に生きる」「異なる民族や国家が共に生きる」など、様々な意味で使われている。いずれにしても、勝者と敗者を明確に生み出す西洋的な「競争」や「弱肉強食」とは対極に位置する原理であるといえる。

▷3　レンク, H.・ピルツ, G.／片岡暁夫監訳（2000）『フェアネスの裏と表』不昧堂出版、19頁。

▷4　レンク・ピルツ（200：19）。

おすすめ文献

†H. レンク・G. ピルツ／片岡暁夫監訳（2000）『フェアネスの裏と表』不昧堂出版。

3 スポーツパーソンシップとは何か

7 スポーツパーソンシップとフェアプレイの精神

1 全力から配慮へ

これまでみてきたように，スポーツパーソンシップとは，対人的な道徳規範ないし道徳価値であったスポーツマンシップが限界であるとの前提のもとで，スポーツに関わる道徳の範囲や価値の領域を拡大する規範だといえます。スポーツパーソンシップの方が，スポーツマンシップよりも様々な意味をもっているのです。これを踏まえた上で，最後にフェアプレイの精神との関係について考えてみましょう。一般に，スポーツマンシップはフェアプレイよりも広い意味で，フェアプレイはスポーツマンシップに含まれるといわれます。また，日本オリンピック委員会では，フェアプレイを『広辞苑』第六版に則って「運動競技で正々堂々たるふるまい」「公明正大な行為・態度」と定義しています。

スポーツマンシップが対人的な倫理をもとにしたスポーツ選手らしさであるのならば，スポーツマンシップとしてのフェアプレイは，スポーツを行う人の振る舞いに限定されるでしょう。それがよくいわれる「相手や審判への敬意」や「全力で相手と戦うこと」などの意味です。これがスポーツパーソンシップとなると，対面（対人）を超えた態度が求められることになります。

近代スポーツの男性中心主義的な考え方であれば，特に「全力で戦うこと」がフェアプレイとして重要です。しかし，現代のスポーツ文化はチャンピオンスポーツとしての近代スポーツを超えて広がっています。先にマナー・エチケットのところでもふれましたが，スポーツの場面で「他者を認め，他者に配慮して振る舞うこと」が豊かなスポーツ経験へとつながるという新たな場面が出てきています。近年は**アダプテッドスポーツ**▷1という名前で盛んになってきています。例えば，障がい者スポーツとニュースポーツの両面を併せもつ「シッティングバレーボール」などが代表的な例でしょう。この競技は，「臀部を床につけたままバレーボールをすることによって，少なくとも下肢に障害や怪我を負った人と，そうでない人が対等にプレーできるとみなされている」▷2数少ないアダプテッドスポーツであるといわれています。

2 環境問題とフェアプレイ

スポーツパーソンシップに求められる倫理的態度を考える時，環境問題がフェアプレイの内容として浮かび上がってきます。実際に，近藤良享は，フェ

▷1 アダプテッドスポーツ
オリンピック種目などの「近代スポーツ」とは異なり，高齢者や障害をもった人なども参加できる形につくられたスポーツのことをさす。「アダプテッド」とは，「一人ひとりの条件に適応させた」という意味であり，「アダプテッドスポーツ」イコール「障がい者スポーツ」ではない。むしろ健常者も含めて誰もが参加できるという点に特徴があるといえる。

▷2 田中愛（2010）「シッティングバレーボールにおける『身体的可能感』の発達——チームプレーの出発点」『体育・スポーツ哲学研究』32(1)，日本体育・スポーツ哲学会，27-38頁。

アプレイの事象を学習課題とする方法の例で、環境教育について次のように述べています。「特に、スポーツと環境問題との関わりで事例をあげると、使い古して不要となったスポーツ用品はどのように廃棄、処分されているのかを調べることを課題としたり、あるいは自然保護との関わりで、スポーツ活動と動物・植物との共生問題を題材にすれば、総合の学習時間のテーマにもなります。自然に対するフェアを含めたフェアプレイの事象を生徒たちに調べさせることによって、その意味を深く理解させる機会とするのです」。わたしたちは「スポーツは素晴らしい。だからスポーツをすることは善である」と無邪気に考えがちです。しかし、スポーツをすることは環境を破壊することにもつながるわけです。環境問題については、教育の分野でも「持続可能な発展」という概念のもとに様々な取り組みがなされています。対面(対人)におけるフェアプレイを超えて、スポーツパーソンシップとしてのフェアプレイが目指す先に環境問題はあります。フェアプレイはスポーツの価値を守るものです。これからのスポーツは、その価値を守る上で環境への配慮が必要になってきます。

▷3 近藤良享(2012)『スポーツ倫理』不昧堂出版, 175頁。

▷4 Ⅲ-12 を参照。

3 スポーツパーソンシップと責任

先に取りあげた「環境問題」は「自然環境」だけではありません。スポーツ選手は、現役でプレイしている間はスポーツマンシップを求められます。これはプロでもアマチュアでも変わりありません。現役を引退したあと、指導者や競技団体の役員としてスポーツ界や社会、人類に奉仕する時に求められるのがスポーツパーソンシップです。その責任は、ゲーム中にフェアプレイを行うという個人的な道徳責任を超えて、**役割課題責任**や**制度責任**も含みます。

1980年の夏期オリンピック・モスクワ大会の時、日本は当時、ソ連のアフガニスタン侵攻に抗議する西側諸国の一員として、オリンピックへの不参加を決めました。この時、幾人かの代表選手が涙ながらに参加を訴えましたが、政治の力の前にはどうすることもできなかったのです。現実の国際政治の中で、仕方のない面もあったでしょう。しかしながら、そのために選手が犠牲になったり、スポーツを通じた国際交流の機会が失われたりしたことも事実です。また、スポーツだからこそできる国際貢献があったはずです。オリンピックのボイコットを決定した政治家やスポーツ団体の役員は、スポーツマンシップに反するとはいい切れませんが、スポーツパーソンシップに反していたといえそうです。

指導者や役員は、スポーツ界や広く社会のためにスポーツパーソンシップを図ることが求められます。指導者や役員には選手として活躍した人が就く場合が多く、大学でスポーツや体育を専門に学んだ人が就く可能性もあります。対面(対人)倫理としてのスポーツマンシップを選手としてプレイすることで実現すると同時に、広く社会や人類のために、引退後もスポーツパーソンシップを発揮することが求められるのです。

(関根正美)

▷5 役割課題責任
責任の中でも一般的な責任ではなく、特定の役割や課題を担っている人に求められる責任のこと。例えば、野球を例にするならば、監督には監督特有の責任があり、ピッチャーにはピッチャーとして果たすべき責任があるわけである。

▷6 制度責任
個人ではなく、制度として負うべき責任のこと。例えばドーピング問題でいえば、ドーピング違反を行った選手個人の責任とは別に、スポーツ団体や指導者、圧力をかけているスポンサーなどの責任も問われることになる。制度責任の考え方によって、選手個人のみならず、それを取り巻くシステムの責任を問えるようになるのである。

おすすめ文献
†近藤良享(2012)『スポーツ倫理』不昧堂出版。

第Ⅱ部 スタジアムからスポーツを倫理する

4　勝敗の倫理学

 スポーツにおける勝敗の意味

1　勝敗はスポーツにとって自明のものか

　私たちが生活する社会では，いたるところに様々なレベルで競い合いと勝ち負けが確認されます。わたしたちが一般的に親しんでいるスポーツも，その多くが勝敗を競います。スポーツを定義する際に，競争とその結果としての勝敗を本質的な特徴とする見解が多くみられることからも，（競争と）勝敗はスポーツにとって自明のものと考えることができます。

　スポーツにおける勝利と敗北に対してどのような価値を見出し，評価するのか，つまり，勝敗にどのような意味を与えるかによって，わたしたちのスポーツに対する態度も決まってくるといえます。高度化を目指す近代スポーツにおいては，勝利や名誉に多大な利益が見出され，それを得るためにアスリートや関係者，団体や組織の倫理的な逸脱行為がみられるようになり，深刻な問題とされています。このような問題に対処する上で，スポーツにおける勝敗をどのようにとらえるべきか，という議論を深めていくことが肝要です。

　スポーツでは，結果がすべてであるととらえるべきでしょうか，それとも結果ではなく過程を重視すべきでしょうか。そもそも勝敗は，スポーツにおいて自明で，本質的なものでしょうか。ここでは，スポーツにおける勝敗の意味について考えてみます。

2　勝敗というコントラストと社会的意味

　わたしたちが生きる社会の中で，スポーツの勝敗はどのように意味づけられるでしょうか。動物行動学者のデズモンド・モリス（D. Morris）は，サッカーの試合中における勝利および敗北が決定した瞬間の選手の行動を観察し，その検討から勝敗について論じています。モリスによれば，勝利した時の行動は，歓喜，躍動感を表現するものであり，チームメイトと抱き合う，喜びを共有するといった社会的感覚によって集団としてのまとまりを強固にする機能をもつとされます。これには藤原健固も同様に，勝利が共通の経験，情緒的一致を可能にし，共通の価値・信条・目標を確保するひとつの有力な手段になるという仮説を立てています。先のモリスによれば，反対に敗北した時の行動は，動作が緩慢であり，反社会的態度・感覚を表現するもので，集団としてのまとまりを弱くさせると考えられています。

▷1　例えば，国内外の各種目競技連盟や日本体育協会，国際オリンピック委員会（IOC），日本オリンピック委員会（JOC）などが挙げられる。また，総合型地域スポーツクラブをはじめとしたスポーツに関係するクラブ・サークルも該当する。

▷2　コントラスト（contrast）とは対照や対比を意味する。ここでは，表1にみられるように，勝利と敗北が他の項目と合わせて対照的にとらえられ，それが人間という存在のありようを示していると考えられる。

▷3　モリスは，行動観察によって独自の人間像を描いた人物である。スポーツを対象とした著作は少ないが，「スポーツ」という語が頻繁に使用されていることから，モリスのスポーツに対する関心の高さがうかがえる。モリス，D.／白井尚之訳（1983）『サッカー人間学』小学館，164-178頁。

▷4　藤原健固（1979）「集合意識に及ぼすスポーツの機能に関する一考察」『体育学研究』24(1)：39-49頁。

▷5　ノバック，M.／片岡暁夫訳（1979）『スポーツ――その歓喜』不昧堂出版，39-58頁。

▷6　酒井誠（1985）「スポーツ勝敗論の批判的検討」『東京都立大学体育学研究』10：53-58頁。

▷7　（社会）分化論の視点は，近代社会を様々な種

宗教学者のマイケル・ノバック（M. Novak）は，スポーツが宗教的形式によって行われ，宗教的な機能をもつと述べています。酒井誠は，ノバックの考えるスポーツにおける勝敗は，表1のように対照的に（二項対立的に）とらえられ，スポーツにおける結果としての勝敗のコントラストに価値が置かれていると考えます。また，このような勝敗のコントラストそのものが，人間という存在のありようを象徴する点を強調します。

表1 勝敗のコントラスト

勝利（幸運）	敗北（不運）
実在（生）	非存在（死）
若（完成）	老（衰弱）
調和（美）	みだれ（醜）
英雄	臆病
友愛	裏切り

（出所：酒井（1985：55））

二元的（二項対立的）な勝敗の意味づけに関連して，カール・H. ベッテ（K. H. Bette）とウヴェ・シマンク（U. Schimank）は，近代の競技スポーツの構造を分化論的な視点のもとに分析しており，その特質のひとつに勝／敗の二元的コード（規範）を挙げています。ベッテらによれば，勝利コードによって，競技者は個々の動機や状態が異なるものであっても，勝利を追求することを強いられるようになるといいます。特に競技スポーツでは，勝／敗の二元的コードのみをテーマとして純粋化することが極端に進められます。このように，競技スポーツでは勝敗が重要な二元的コードとして特徴化されており，同時に倫理的な諸問題の発生源でもあるといわれます。スポーツ哲学者のジェームズ・W. キーティング（J. W. Keating）は，勝敗という二元的コードをスポーツ全般に当てはめることを批判し，「スポーツ（sports）」と「競技スポーツ（athletics）」とを分けて考えることを主張しています。

3 社会的（教育的）意味を求める勝敗論を超えて

ここまで勝敗の意味について各氏の見解を紹介しましたが，そのいずれも勝敗に対する社会的（または教育的）な意味を見出すものであるといえます。モリスや藤原が述べたことは，結果としての勝敗が個人や集団に与える影響の社会的な効果であり，ノバックが述べたことは，勝敗のコントラストが個人や集団に与える影響の教育的な効果であったといえます。

勝敗そのものを活動の目的とし，結果としての勝敗から意味を見出すというアプローチからは，社会的な効果や機能，人間存在のありようを象徴することができます。他方で，勝敗を目的的にではなく，付随的・手段的にとらえ，論じていくことによって，勝敗をめぐる倫理的な逸脱行為という問題に対処できるような積極的な意味も見出すことができるのではないでしょうか。また，勝敗に対して過度にこだわることで生じる逸脱行為に対処する上で，倫理的な立場から勝敗を考えていくことが求められるといえるでしょう。　　　　（岡部祐介）

類のシステムが併存しているものとしてとらえる。例えば，正／不正のコードを有した法システム，支払い可能／不可能のコードを有した経済システム，権力の所有／喪失のコードを有した政治システム，といった領域が挙げられる。それぞれのシステムにおいて特有のものの見方や考え方，行為の仕方が形成されるように方向づけられている（ベッテ，K. H.／シマンク，U.／木村真知子訳（2001）『ドーピングの社会学——近代競技スポーツの臨界点』不昧堂出版，25-26頁）。

▷8　ベッテ・シマンク（2001：24）。

▷9　キーティングは，「スポーツ」における本来の目的は「楽しみ」であり，「競技スポーツ」が目指す勝利とは相容れないものであると述べている。しかし，競技スポーツにおいても勝利を追求するとともに「楽しさ」を追求することもできるとし，スポーツと競技スポーツとを分けて考えるキーティングの主張への反論もある（Keating, J.W. (1964). "Sportsmanship as a Moral Category", Ethics, 75：25-36）。

おすすめ文献

†K. H. ベッテ・U. シマンク／木村真知子訳（2001）『ドーピングの社会学——近代競技スポーツの臨界点』不昧堂出版。

†酒井誠（1985）「スポーツ勝敗論の批判的検討」『東京都立大学体育学研究』10：53-58頁。

†久保正秋（2010）『体育・スポーツの哲学的な見方』東海大学出版会。

4　勝敗の倫理学

「勝利至上主義」は正しいか

1　勝利至上主義の意味

　高度化，商業化が進むプロスポーツや競技スポーツでは，勝利や名誉に多大な利益が見出され，競技における勝敗と様々な利害が結びつくことで，勝利を最優先し，そのためには手段を選ばない「勝利至上主義」が横行しています。

　学術誌や新聞記事において「勝利至上主義」という言葉自体が一般的に用いられるようになったのは1970年代以降のことです。この言葉は多くの場合，競技スポーツがもたらす弊害としてマイナスイメージでとらえられています。スポーツにおいて「勝利至上主義」という言葉が使用される文脈には，「勝利のためには手段を選ばず，勝利を得ることを最優先させる」という積極的（肯定的）な側面よりも，その弊害や問題性を喚起するという側面を強調した意図を見出すことができます。つまり，「勝利至上主義」という言葉には，常にその弊害を指摘し，抑制しようとするはたらきがあるのではないでしょうか。

2　勝利至上主義という問題性

　競技スポーツでは，勝利を重要視することや，結果としての勝利にこだわることは当然のことであり，競技者は勝利のために尽くさなければ，一流競技者という存在にはなれないという見解があります。この背景には，スポーツが高度化・専門化し，競技者がフルタイムで競技活動に従事しなければ，望ましい結果を残すことができなくなりつつあるという状況が考えられます。

　勝利至上主義の問題性は，トップスポーツに限られたことではありません。学校体育でスポーツをする際に，チームが勝つために下手な生徒にはボールが回ってこなかったり，試合にさしさわりのないポジションにさせられたりすることがあります。運動部活動では，勝つためにしごきや暴力を伴った指導が正当化されたり，試合に出場するために怪我や体調不良を隠す選手がいたり，勝つことで学校の知名度を高めるために優秀な選手を集めるような学校経営が進められたりするなど，教育の場においてもその問題性が指摘されています。スポーツにおける勝利至上主義の問題は，スポーツ実践のあらゆるレベルで生じるといえます。

▷1　過度な勝利の追求による弊害は，1970年より以前から指摘され，議論されてきた。スポーツが日本に紹介され，学校教育を中心として実践されていく明治期において，すでに勝利至上主義の原点をみることができる。

▷2　スポーツを通じ，または活動の結果としてもたらされる価値のことで，体力の向上や健康の増進，金銭的報酬や社会的地位などがその例に挙げられるだろう。外在的な価値は交換可能な価値でもあるといえる。体力はスポーツ以外の方法によって向上するし，金銭的報酬も働くことで得ることができる。

▷3　1960年代半ば以降，スポーツの国際大会は，世界規模のメガイベントとして人々を熱狂させ，人間と社会・経済の開発を促し，世界平和構築のためのツールとしても注目されており，社会的認知を得るようになっている。

3 勝利は至上の価値なのか

　スポーツには様々な価値があると考えられますが，その中のひとつに勝利が挙げられます。競技者が勝利を追求するということ自体は問題にはならないと思います。むしろ問題となるのは，勝利に見出される外在的な価値を至上のものとすることではないでしょうか。スポーツが社会現象であるといわれる今日，勝利には金銭的な報酬や社会的な地位といった外在的な価値が見出され，高度化に拍車をかけているといえます。勝利がスポーツそのものの内在的な価値のひとつではなく，上述のようなスポーツ以外の価値を追求し，至上のものとする時，倫理的な問題が生じるといえます。

　では，勝利至上主義を克服するには，何が勝利に代わる至上の価値と考えられるべきでしょうか。それは例えば，「卓越性の追求」や「スポーツパーソンシップ」「フェアプレイ」「ルールの遵守」など，様々な議論があります。それらの多くは，勝利を至上の価値として位置づけてはいないため，勝利至上主義は本来のスポーツから逸脱したあり方として批判的にとらえられます。

　ところが，実践の場面では，フェアにプレイしていては試合に勝つことはできない，意図的にルール違反（戦術的ファウル）をすることで勝利につながるといった状況が考えられます。この時，上述のフェアプレイやルールの遵守と勝利の追求との間に対立関係が生じ，活動主体は，どのように行動するべきか判断を迫られます。勝利をスポーツにおける至上の価値とした場合，フェアプレイとの共存は困難であるといえます。しかし，勝利追求を他の諸価値のひとつとすれば，両立は可能であると考えられます。むしろ，純粋に勝利を追求する状況においてこそ，フェアプレイは生み出されると考えられます。

　金銭的な報酬や社会的な地位といった外在的な価値を得るために，勝利を唯一の目的とする行為を勝利至上主義とするのであれば，それは批判的にとらえられるべきです。競技者のドーピング行為や，スポーツ指導の場面における暴力行為・シゴキなどがその典型的な例でしょう。一方，勝利がスポーツの本質であるような，高度化した競技スポーツやプロスポーツについては，その他のスポーツと差異化した価値基準を設ければよいという提案がなされています。

　勝利をスポーツの内在的な価値のひとつとして位置づけ，純粋に勝利を追求する行為を「勝利の追求」とし，勝利至上主義とは別のものとしてとらえれば，フェアプレイの精神をはじめとしたスポーツの教育的な価値が損なわれることはないでしょう。

　このように，勝利をどのように位置づけるかということや，勝利至上主義の問題性は，スポーツとは何か，どのようにあるべきかという本質的な問いについて考えることなしに，対処・克服することはできないでしょう。

（岡部祐介）

▷4　スポーツの本質的な特徴や機能といった，スポーツそのものがもっている価値のことをさしている。具体的には，卓越した身体能力や競争，ルールの遵守などが考えられる。

▷5　意図的なルール違反は，試合で勝つために審判を欺いてファウルを隠蔽し，罰則を回避しようとする行為を意味する。他方で，ファウルに対する罰則を甘んじて受け入れる行為によって試合に勝つ場合もある。その典型例が，バスケットボールの「ファウルゲーム」（防御側のプレイヤーが，ボールを保持している（しようとしている）プレイヤーに対して意図的にファウルを行うことでゲームクロックを止めようとする行為）に見出される。意図的ルール違反の是非については，スポーツ倫理研究の主要課題のひとつに挙げられている。

▷6　関根正美（2013）「体罰の温床・勝利至上主義とフェアプレイの狭間」『体育科教育』61(11)：38-41頁。

▷7　レンク，H.・ピルツ，G.／片岡暁夫監訳（2000）『フェアネスの裏と表』不昧堂出版，159-160頁。

（おすすめ文献）

†川谷茂樹（2005）『スポーツ倫理学講義』ナカニシヤ出版。
†H. レンク・G. ピルツ／片岡暁夫監訳（2000）『フェアネスの裏と表』不昧堂出版。
†友添秀則・岡出美則編著（2016）『(新版)教養としての体育原理 現代の体育・スポーツを考えるために』大修館書店。

4 勝敗の倫理学

勝利の倫理的意味

1 勝敗についての3つの立場

Ⅱ-4-1 でふれたように，現代の競技スポーツには「勝敗」が重要な二元的コードとして特徴化されており，同時に倫理的な諸問題の発生源でもあると考えられました。競技スポーツでは，結果としての勝利が重要なのか，あるいは結果に至る過程が重要なのかといった問題が議論されます。

ジャック・スコット（J. Scott）は，スポーツの結果（勝敗）とそこに至る過程について，次のように3つの立場を挙げています。▷1

▷1 Scott, J. (1973). "Sport and the Radical Ethic", *Quest*, 19(1)：71-77.

(1) ロンバルディアンの倫理（Lombardian Ethic）／(2) カウンターカルチャーの倫理（Counter Culture Ethic）／(3) ラディカルな倫理（Radical Ethic）。

(1)の立場における勝敗の考え方には，ヴィンス・ロンバルディの「勝つことはすべてではない。それは唯一のものである（Winning isn't everything, it's the only thing.)」というコメントが引用されます。▷2 つまり，試合の結果としての勝敗が絶対的なものであると考えられ，そこまでの過程や個人的な達成感などは，結果にコミットしないかぎり無意味であるとされます。すべては勝利という結果さえ得られればよいという立場であり，前項で述べた「勝利至上主義」の弊害に結びつけられると批判されます。

▷2 プロフットボールのコーチで神様と呼ばれたロンバルディは，「あなたにとって勝つことはすべてか」という問いに対してこのように述べたといわれている。彼のコーチング哲学に基づいて猛練習を行い，試合に勝利し続けたことから，それを信奉する人々の倫理観が「ロンバルディアンの倫理」といわれる。久保正秋（2010）『体育・スポーツの哲学的な見方』東海大学出版会，214-215頁。

(1)の立場とは対照的な(2)の立場では，「勝敗ではなく，いかにプレイしたか」というコメントが引用されます。つまり，結果としての勝敗よりも，そこまでの過程を重視します。しかし，結果（勝利）を完全に否定してしまうことは，試合の存在や目的を消滅させてしまうことであり，スポーツを成立させている社会の価値を無視していると批判されます。

結果（勝利）か過程かという二項対立的な立場に対して，スコットは(3)の立場を提唱しています。結果に優れることは重要ですが，それが成し遂げられるプロセスも同様に重要だと考えられます。しかし，結果と過程の両方を認めようとすることに対して，現実のスポーツ場面では矛盾した状況が指摘されます。例えば，試合終了間近になると，スコアが優勢なチームは，あえて攻撃をせず，戦略的に時間を稼ぐことがあります。結果だけでなく過程も認めるのであれば，勝利のために最後までプレイすることが重要であるはずです。このように，スポーツにおいて結果か過程かということについては，両方を認めて重要視することで解決されるというような単純な問題ではないといえます。

2 「試合」から考えた勝利の意味

結果か過程かという問題を生み出す場としての「試合」と勝敗に着目してみると，スポーツ哲学者のワーレン・P. フレイリー（W. P. Fraleigh）によれば，勝敗には次の5つの意味が挙げられます。[3]

(1) 試合の終着点としての勝敗：
　試合が終わるという意味での勝敗です。
(2) 試合の特定の終着状況としての勝敗：
　ルールに規定された特定の終着状況への到達を意味する勝敗です。
(3) 試合の中に設定された別のねらいの達成としての勝敗：
　試合の勝敗とは別に，以前の記録を更新することなど，個人的なねらいが達成されるという意味での勝敗です。試合に負けても，記録更新が達成されるというケースもあります。
(4) 試合の勝敗に基づく外在的目的の達成としての勝敗：
　目的が試合の外にあり，試合の結果得られる名誉や賞金を獲得するなどの目的を達成するという意味での勝敗です。
(5) 試合に勝とうと試みる，あるいは負けようと試みるという意味での勝敗：
　相手よりも相対的な優位性（劣悪性）を示そうとすることで，試合前または試合中に，結果はどうあろうと相互に勝とう（負けよう）と「試みる」という意味での勝敗です。

フレイリーは，上記の5つの勝敗の意味の中で，(1)(2)(5)の勝敗がよい試合をする上で規範的であるとし[4]，スポーツにおいて重要な意味をもつと述べています。[5]

3 「勝利」と「勝利の追求（勝とうと試みること）」

スポーツの試合は，同意されたルールのもとで，どちらが優れているかを互いに試し合うための，公平な機会の提供を存在目的とします。「試し合い」という言葉にみられるように，個人あるいはチームが勝利を「追求する」ことによって成り立っているといえます。

フレイリーは，スポーツの勝敗についての議論が混乱する原因が，「勝利」と，「勝利の追求（勝とうと試みること）」という二つの意味を同一のものとして勝利という言葉で表現していることにあるとしています。勝利は，最終的に限られた選手（チーム）のみが得られるものですが，勝利の追求（勝とうと試みること）は，スポーツの試合に参与するすべての人が成し遂げることができます。1回も勝てずに敗退したプレイヤー（チーム）でも，勝利の追求（勝とうと試みること）はできたといえます。結果としての「勝利」と「勝利の追求（勝とうと試みること）」を分けてとらえることによって，勝敗の問題や勝利の意味について考えなおすことができるのではないでしょうか。[6]

（岡部祐介）

[3] フレイリー，W. P. ／近藤良享ほか訳（1989）『スポーツモラル』不昧堂出版，67-70頁。

[4] ここでの「規範的である」とは，道徳的な観点から導き出された原則に基づき，すべての人々にとって最善の行為であると支持されることを意味している。

[5] 試合が存在するための終着点としての勝敗，どちらがより優れているかを決定するための勝敗によって試合が完全なものとなり，勝利を追求する，試し合うという意味での勝敗がよい試合を成り立たせる。(3)については，その別のねらいが試合の参加者によって異なる場合，試合が成立しない。(4)については，その外在的な目的（例えば賞金，選手権の獲得）が達成されなくても，よい試合を行うことはできる。

[6] 勝利を追求し，勝とうと試みなければ，試合は成立しないが，追求し，試みた「結果」は意識するし，追求したから，試みたから，それでよいとはいかないこともまた現実である。

おすすめ文献

†W. P. フレイリー／近藤良享ほか訳（1989）『スポーツモラル』不昧堂出版。
†久保正秋（2010）『体育・スポーツの哲学的な見方』東海大学出版会。
†J. Scott (1973). "Sport and the Radical Ethic", Quest, 19(1): 71-77.

4 勝敗の倫理学

よい競争とは何か

 競争がもたらす社会的意味

　多くのスポーツでは，結果としての勝敗に至る過程として「競争」を位置づけています。競争という行為もまた，勝敗と同様にスポーツを定義する際に不可欠の要素とされることが多く見受けられます。また，「受験競争」や「競争社会」という言葉があるように，社会一般においても自明のものとして認知されているといえます。しかし，競争の過熱化による弊害も指摘されており，社会的にもスポーツにおいて，競争を否定する見解があります。

　競争とは何かということについては，様々な議論や見解がありますが，人間同士の関わり・関係性に着目した哲学者・社会学者のゲオルク・ジンメル（G. Simmel）は，競争（闘争）を積極的な相互作用によって社会関係を形成（社会化）する形式のひとつとしてとらえています。また，社会学者のマックス・ヴェーバー（M. Weber）によれば，競争は「他の人々も同様に得ようとする利益に対して自己の支配権を確立する平和的形式の努力」とされ，平和的な手段を用いることで闘争（戦争）との区別を図っています。スポーツにおける競争も，社会関係を形成するひとつの形式として，ルールによって平和的手段による競い合いとして意味づけることができるでしょう。

　では，スポーツにおける競争は，いつどのように生じたのでしょうか。生産性の低い原始的な社会の中では，競争や闘争が存在しうる社会的あるいは経済的な根拠を欠いており，むしろ協力することが生きる術だったと考えられています。この時代には，のちにスポーツとしてとらえられる身体運動（例えば相撲や重量挙げなど）の存在が認められていますが，それらの多くは宗教的・儀礼的行為であり，身体的な能力を神に提示し承認を得る，といった神に対するプレゼンテーションの意味を示していたのであり，競争や勝敗という意識や感覚，社会的な評価は存在しなかったと考えられます。その後，近代資本主義社会が形成され，その過程で近代スポーツの競争という形式も整備されていったといえるでしょう。

2 スポーツにおける競争の倫理

　スポーツでも社会一般においても自明のものとされている競争について，その問題性をめぐる議論を整理すると，以下のようにまとめることができるでし

▷1　ジンメル，G.／堀喜望・居安正訳（1966）『闘争の社会学』法律文化社，59-98頁。
▷2　ヴェーバー，M.／清水幾太郎訳（1972）『社会学の根本概念』岩波書店，62頁。
▷3　川口智久（1987）「競争とは何か」中村敏雄・高橋健夫編『体育原理講義』大修館書店，86-97頁。
▷4　近代社会は，産業革命を通して近代スポーツの醸成基盤となった資本主義体制を確立し，宗教的な束縛や経済的貧困から解放されたブルジョワジーを中心とした市民階級の生活と関わりながら成立した。担い手の自由や平等，自由競争といった思想の萌芽とともに，勤勉で規範的なプロテスタントの行動規範に支えられた競争秩序によって近代資本主義（競争）社会が形成されていった（西山哲郎（2006）『近代スポーツ文化とはなにか』世界思想社，22-28頁）。

よう。[5]

(1) 競争を肯定・支持する議論

競争に参加した結果，得られる価値，とりわけ「スポーツが人格を形成する」（勇気・専心・鍛錬・忍耐などの性格的特徴の発達）ということに集約されます。

(2) 競争を否定・反対する議論

・競争による結果の否定

敗者の置かれる立場に注目した時に，教育的な視点から，膨大な数の敗者や失敗とその期待を生み出すような状況に対して反対すべきであるという見解や，勝利を過度に追求することによって起こる不正行為，意図的な反則行為などが，その代償として個性や教育，健康を犠牲にすることから，非教育的，排他的な実践であるという見解が挙げられます。

・競争そのものの否定

競争は，その目的の達成において相互に排他的であるという構造に問題があり，1人しか勝利することができないシステムの潜在的な破壊性について，批判的な見解が示されています。競争の特徴として，自己中心的な精神によって他者に不利益を及ぼす可能性があるという点で，道徳的に矛盾があり，社会的理想としての競争は存在しえないということが考えられます。[6]

3 共同の努力としての競争

上述の(1)の立場については，競争的態度が現代社会を生き抜くために必要か，仮に必要だとしても，競争を通じて人格が備わるのは勝ち負けにかかわらず一部の人に限られるのではないか，といったことを検討する必要があります。また，(2)の立場については，競争の弊害や問題性の根拠をスポーツそのものに向けることには問題があると考えられます。むしろ，スポーツや競争を取り巻く社会や環境からの影響・圧力が，競争のあり方を歪めているといえます。

2つの立場に共通することは，試合の相手を敵対関係にあるものとしてとらえ，競争を敵対矛盾と位置づけていることです。競争する相手を敵ととらえるのではなく，相互促進者ととらえるべきでしょう。競争の語源とされるコンペティティオ（competitiō，「共同の努力」という意味）を手がかりとすれば，競争はお互いにとっての共同の問題であり，それを通じて各々の実践者，競技者が一人では達成できない水準の卓越性を追求することで実現しうると考えられます。競争によって自己の技能を確認することができるということ，競争には他者の存在が前提となっていることを理解し，共同の努力によって自発的に目標を追求する時，競争は倫理的に支持されるといえます。

(岡部祐介)

▷5 ドゥルー，S. B.／川谷茂樹訳（2012）『スポーツ哲学の入門——スポーツの本質と倫理的諸問題』ナカニシヤ出版，58-61頁。

▷6 影山らはスポーツの競争性を全面的に否定し，「トロプス」という勝敗のないゲームを提唱している。影山健・岡崎勝編（1984）『みんなでトロプス！ 敗者のないゲーム入門』風媒社。

おすすめ文献

†S. B. ドゥルー／川谷茂樹訳（2012）『スポーツ哲学の入門——スポーツの本質と倫理的諸問題』ナカニシヤ出版。
†G. ジンメル／堀喜望・居安正訳（1966）『闘争の社会学』法律文化社。
†R. L. サイモン／近藤良享・友添秀則訳（1994）『スポーツ倫理学入門』不昧堂出版。

第Ⅱ部　スタジアムからスポーツを倫理する

4　勝敗の倫理学

 ## 敗北の価値をどうとらえるか

1　高貴なる「敗北」は存在するのか

　わが国では，敗北をめぐる文化的・社会的な特性が指摘されており，敗北や失敗の中に高貴なもの・純粋なものがあるという考え方があります。アイヴァン・モリス（I. Morris）は，日本の英雄像とその伝統について考察する中で，日本の歴史（物語）における敗北の特殊な役割を指摘しています。また，勇気ある敗者たちに惹きつけられるという感情を，「国民性の中に深く根をおろしている感情の発露である」と述べています。

▷1　モリス，I.／斎藤和明訳（1981）『高貴なる敗北――日本史の悲劇の英雄たち』中央公論社，7-10頁。

　スポーツでは，フェアプレイやスポーツマンシップに関わって「良き敗者，グッドルーザー（Good Loser）」という言葉が取りあげられ，スポーツの物語には上述の「敗北者の高貴」が語られています。しかし，勝利や成功と比べれば，敗北や敗者，失敗の話が注目されることは少ないといえるでしょう。

2　敗北は勝利と同等か

　近代スポーツの特徴が「ゼロサムゲーム」という言葉で示されるように，スポーツの試合は，最終的な局面において必ず勝者と敗者が生み出されます。その時，勝利と敗北は同じ数だけ存在しますが，勝者と敗者の数は同じではありません。トーナメント方式の試合を例に挙げれば，1回戦では何人かの勝者は出てきますが，勝ち進んでも最終的に勝利するのは1人（1チーム）であり，その他多くの参加者（チーム）は敗者となります。

　社会学者のウィリアム・W. ケリー（W. W. Kelly）によれば，敗北の形態には次の3つが挙げられます。

▷2　ケリー，W.／宮原かおる訳／杉本厚夫監訳（2003）「スポーツにおける敗北――日本のプロ野球は失意をどう意味づけるのか」『スポーツ社会学研究』11：1-12頁。

　(1)　日常的敗北：スポーツの本質に競争をおく上では，勝者と敗者は必ず存在します。そこでは，1人の勝者に対して多数の敗者がいます。また，敗北に至る局面もスポーツの各種目によって様々です。各スポーツの各局面で1人の勝者と多数の敗者がいるということになります。

　(2)　致命的（決定的）敗北：例えば選手生命の終わり，チームの解散，解雇，契約の打ち切り，スポーツそのものの終わりも考えられます。

▷3　成功ではなく失敗への適応過程の重要性に着目したゴフマンの社会学は，信用詐欺に遭うカモ（mark）についての研究から始まる。この種のカモは，自分では抜け目ない人間だと思っているため，騙されることは面目や自尊心の大

　(3)　反復的（慢性的）敗北：(1)と(2)の中間に位置づけられます。常に負け込んだ状態をさします。

　上記のことから，敗北の論理はひとつだけではないということがわかります。

また，どのような敗北においても問題となるのは，競技スポーツやプロスポーツでは勝利に価値がおかれているということです。

3 敗北の価値の再認識

では，敗北には何の価値もないのでしょうか。大村英昭は，失敗の重要性に着目した社会学者のアーヴィング・ゴフマン（E. Goffman）の理論をモデルとして，スポーツの競争による敗北や失敗の新たな視角を提示しています。大村は，人々を競争へと駆り立て，「煽る」という「禁欲的な頑張り主義」がスポーツにおいて前景化されているのに対して，試合や競技を通じて自分の実力の差を納得させ，身の丈を知る（「分」を知る）という「鎮め」の機能が潜在していることを指摘しています。

スポーツ哲学者のポール・ワイス（P. Weiss）は，戦争とスポーツにおける競技や試合との違いを取りあげながら，競技や試合の敗者（負けたチーム）には，以下に示されるような価値があると述べています。

・ゲームそのものに参加できたこと（自己関与）
・自分よりすぐれた技能をもつ人（チーム）に出会えたこと（挑戦対象）
・自分の技能を相手に示すことができたこと（自己顕示）
・自分を限界まで追い込むことができたこと（自己挑戦）
・ひとつのゲーム，試合を存在させたこと（歴史の創造）
・勝者よりも敗者の方が自分自身を知ることができたこと（自己理解）

競技や試合における敗北を上記のように価値づけるためには，対戦相手を「敵」や「障害物」としてとらえるのではなく，「促進者」としてとらえるべきでしょう。「障害物」としての対戦相手とは，基本的に「敵対（否定的）関係」が形成され，「相手を手段化」することとなり，その結果「唯一の卓越者」が存在するにとどまります。しかし，「促進者」としての対戦相手とは，「相互尊敬（肯定的）関係」ができ，相手を手段化するだけでなく「目的」とすることもできます。そして，「相互卓越」の可能性が見出されます。Ⅱ-4-3で勝敗のとらえ方について「ラディカルな倫理」を提唱したジャック・スコットもまた，競技者を「自分自身を表現しようと努力している芸術家」としてとらえた上で，対戦相手は勝利へのプロセスにおける障害物ではなく，個人的な栄光のために利用される道具でもないとし，対戦相手はチャレンジを提供してくれる仲間であると述べています。

ワイスが示したように，勝利・勝者だけでなく敗北・敗者についても，その意味や価値の重要性を理解し，認識を深めていくべきでしょう。また，スポーツがもつ機能としてクローズアップすることで，新たなスポーツ観（スポーツに対する見方・考え方）を養うことができるのではないでしょうか。

（岡部祐介）

きな失墜になる。他方，詐欺師のほうも，まきあげられたカモをそのまま放置すれば，警察に通報されたり，悪い評判を流されたりして，以後の商売がやりにくくなってしまう。そこで詐欺師仲間の１人がカモに近づき，「運が悪かったのだ」と言葉をかけてカモの怒りを静め，失敗をうまく受容し，静かに元の生活に戻るように差し向ける。これが「冷却者（cooler）」であり，面目と自尊心の失墜をミニマムにし，失敗を外傷化（traumatize）しないことが「冷却（coolout）」である。この「冷却」は社会生活において様々なかたちで作動しているという（Goffman, E. (1952). "On cooling the Mark Out : Some Aspects of Adaptation to Failure", *Psychiatry*, 15 : 451-463）。

▷4 大村英昭（2004）「『鎮めの文化』としてのスポーツ」『スポーツ社会学研究』12：1-14頁。

▷5 ワイス，P.／片岡暁夫訳（1985）『スポーツとはなにか』不昧堂出版，191-208頁。

▷6 Scott, J. (1973). "Sport and the Radical Ethic", *Quest*, 19(1) : 71-77.

（おすすめ文献）

†大村英昭（2004）「『鎮めの文化』としてのスポーツ」『スポーツ社会学研究』12：1-14頁。

†久保正秋（2010）『体育・スポーツの哲学的な見方』東海大学出版会。

†P. ワイス／片岡暁夫訳（1985）『スポーツとはなにか』不昧堂出版。

4 勝敗の倫理学

競技者にとっての勝敗

1 競技者という存在

　1981年に公開された映画『炎のランナー』の中で、2人の主人公であるエリック・リデルとハロルド・エイブラハムスは、キリスト教の信仰と布教のため、母国イギリスのユダヤ人への偏見に対する抗議のため、それぞれが勝利を目指して走りました。その他、競技者を取りあげた物語やエピソードは数多くあり、現代のスポーツを語る時に、競技者という存在は不可欠であるといえるでしょう。

　競技者という存在はどのようにとらえることができるでしょうか。スポーツ哲学者のポール・ワイス（P. Weiss）は、競技者を「卓越する存在」と解釈しています。同じくスポーツ哲学者であり、一貫して競技者についての思索を続けているハンス・レンク（H. Lenk）は、競技者をギリシャ神話のヘラクレスとプロメテウスになぞらえて解釈しています。ヘラクレスは強さを象徴し、プロメテウスは知恵を象徴しています。つまり、競技者は単なる肉体的存在ではなく、知的存在でもあると考えられます。

　レンクは、競技者のひとつの理想像として「成熟した競技者」という概念を提起しています。これは、発育発達の観点で測られる競技者ではなく、「自立した」「啓発的な」「独立した」「分別のある一人前の」競技者を示しています。人々の理想を体現する存在であると同時に、そのような存在であり続けるためにも、レンクは競技者が「擁護されるべき存在」であると考えます。

2 競技者にとっての倫理

　上述のようにとらえられる競技者は、勝利の追求という目的への一元化を特徴とする競技スポーツにおいて、ドーピングやルール違反、暴力行為といった倫理的な逸脱現象の当事者にもなりうると考えられます。勝利を追求することで起こりうる倫理的問題について、競技者は何を指針として、どのように解決を図ればよいでしょうか。

　競技者にとって倫理的な問題とされることは、大別すれば(1)スポーツそのもの（本質）を傷つけること、(2)対戦相手など他者を傷つけることに分けられます。また、試合の外におけるドーピングなどの行為と、試合中の悪質なプレイや暴言といった行為という分け方もできますが、いずれにしてもスポーツの本

▷1　監督：ヒュー・ハドソン，製作：デイビッド・プットナム，原作・脚本：コリン・ウェランド，1981年公開。
▷2　ワイス，P.／片岡暁夫訳（1985）『スポーツとはなにか』不昧堂出版，9-24頁。
▷3　関根正美（2015）「スポーツにおける達成の思想」中村敏雄ほか編『21世紀スポーツ大事典』大修館書店，649頁。

▷4　ドゥルー，S. B.／川谷茂樹訳（2012）『スポーツ哲学の入門──スポーツの本質と倫理的諸問題』ナカニシヤ出版，106-113頁。
▷5　義務論の古典的な例に挙げられるイマヌエル・カント（1724-1804）が提唱した理論は，定言命法と呼ばれ，「それが普遍的法則であるべきだと同時に意志しうるような格率にのみ従って行為せよ」（「格率」とは自己のもつ行為規則と定義される。この格率が普遍的であれば道徳的であり，普遍的な格率は法則として成り立ち，誰もが従うことで秩序が形成されると考えられる），「自分自身のものであれ，他人のものであれ，人間性を常に目的として取り扱うように，決して手段としてのみ取り扱わないように行為せよ」という2つの定式で示されている。

質，あるいは他者が傷つけられる可能性があります。

スポーツ哲学者のシェリル・B. ドゥルー（S. B. Drewe）によれば，重要なことは競技者が判断を下す際の理由であり，それは以下のようにまとめられます。

1）自分が人にしてほしいことを人に対して行う，2）公正，3）他者の尊重，4）チームの邪魔をしないこと，5）ゲーム（試合）の尊重，6）不正の発覚の恐れ

ドゥルーは，これらの判断理由を，以下に示す道徳哲学の3つの理論的な枠組みにおいて分類，解釈を試みています。

A）原理をもとにした道徳的思考を重視する「義務論」

どのように判断するべきかを考える場合に，道徳的な義務や動機を基準とし，それに従うことが倫理的に正しい行いであると考えます。ここには1）2）3）の理由が該当すると考えます。

B）目的を重視する「目的論」

正しさや義務よりも，その判断が人間にとって望ましいかどうかを重視する考え方です。義務論が義務に基づいた行為を重視するのに対し，目的論では存在や性格を重視します。ここには4）5）の理由が該当すると考えます。

C）特定の道徳的判断の結果を重視する「結果主義」

「功利主義」とも呼ばれるもので，道徳的な義務を基準とする義務論に対し，判断・行為がもたらす結果によって正しさが決定されるという考え方です。ここには6）の理由が該当すると考えます。

このように，競技者が倫理的な問題に直面し，判断・解決を図った際の理由は，道徳哲学の3つの伝統的な理論のいずれかに該当することがわかります。同時に，ほとんどの競技者がひとつの道徳理論の考え方や立場に基づいた判断をしていたことも指摘されます。異なる立場や考え方があることを知り，議論を深めることは，批判的に思考する力を高めることになり，競技者の道徳的な思考の拡張にもつながると考えられます。

3 「成熟した競技者」として

業績原理が支配し，競争的な社会背景によって高度化が進む競技スポーツでは，勝敗が重要な二元的コードとされ，競技者は勝利や達成のための機械，ロボットのようにとらえられます。しかし，スポーツは人間の本来的な自己を取り戻し，生きる喜びを感じるための有効な媒体にもなるはずです。主体的な試行錯誤を通して独創的に成し遂げる「成熟した競技者」の存在が，人々のスポーツへの関心を高め，スポーツの振興および社会の形成にも貢献するのではないでしょうか。

（岡部祐介）

▷6 理由1）は，カントの義務論における定言命法の第1の定式における重要な実例として考えられ，理由3）は，定言命法第2の定式の重要な実例に該当する。理由2）についても，定言命法に深く関わっているといえる。

▷7 理由4）は，理由3）と同様にとらえることもできるが，ここでは自分のチームに害を与えることが問題になっており，対戦相手やチームへ害を与えることは問題とされていないことから，「忠実」という徳目の実例として考えられ，目的論の一例に該当する。また，目的論の古典的な事例として挙げられるアリストテレス（BC384-BC322）が目的を人間だけでなくすべての存在に適用していることから，理由5）も4）と同様に妥当すると考えられる。

▷8 ある行為が正しいかどうかを判断する際に，その行動がより多くの幸福を生み出すか，あるいは最小の不幸を生み出すかによって判断すべきとする考え方である。

▷9 不正が発覚するということは，自己の最大幸福が促進されない。倫理的利己主義者は発覚の可能性をもたらす選択を控えると考えられることから，理由6）は，結果主義の例に該当すると考えられる。

▷10 関根正美（2015：649）。

おすすめ文献

†関根正美（1999）『スポーツの哲学的研究——ハンス・レンクの達成思想』不昧堂出版。

†I. カント／篠田英雄訳（1976）『道徳形而上学原論』岩波文庫。

4　勝敗の倫理学

手段としてのスポーツと勝利

スポーツと勝利の手段化

　Ⅱ-4-3 で述べたように，勝利そのものよりも，勝利の追求（勝とうと試みること）がすべての参加者に可能なことであり，勝敗に関する倫理的な諸問題に対処する上で重視されるべきです。しかし現実には，スポーツを含めビジネスや政治の世界でも，勝利あるいは勝利者が求められます。

　スポーツ評論家の川本信正は，技術の専門化と高度化を志向するスポーツが「国威発揚のため，学校の名誉のため，企業の宣伝のため，郷土の誇りのため，士気昂揚のためといったぐあいに，常に何かの"手段"にされてしまう」[1]ところに，日本のスポーツの特徴を見出しています。また，このようなスポーツの手段化が勝利至上主義を過熱化させると考えています。

　このようなスポーツの手段化によって，そこでの勝利もまた，目的ではなく手段としてとらえられます。勝利には金銭的な報酬や社会的な地位といった（外在的な）価値が見出され，高度化に拍車をかけていきます。勝利がスポーツそのものの（内在的な）価値のひとつではなく，上述のようにスポーツ以外の価値を追求し，至上のものとするとき，倫理的な問題が生じるといえます。

2　業績主義，市場の原理とスポーツにおける勝利

　1970年代以降の資本主義，商業主義の論理が席捲する社会状況を背景として，近代スポーツにおいて支配的な思想とされてきたアマチュアリズムの崩壊とプロスポーツの隆盛が[2]，スポーツ界に変化をもたらしました。近代社会では国家的公共事業として競技スポーツ振興が企てられ，オリンピックをはじめとした国際大会の開催も国家の主導によって行われてきました。しかし，大会の規模が大きくなるにつれて，このやり方に限界がみえはじめました。オリンピックを例に挙げれば，1976年のモントリオール大会のころには，大会の赤字運営は破綻状況に陥っていたといわれています。そこで方向転換が図られ，1984年のロサンゼルス大会でオリンピックは民営化され，ビジネスとして成功をおさめました。

　G. H. セイジ（G. H. Sage）は，教育機関である大学のスポーツでさえ，その特徴が学生たちの身体的なレクリエーションの充足といった個人的，社会的なニーズに応えるのではなく，市場の原理によって厳密に組織化されている点に

▷1　川本信正（1976）『スポーツの現代史』大修館書店，36頁。

▷2　時代状況の変化に対して従来のアマチュアリズムを堅持することに限界がみえ，1974年のIOC総会を経て，IOC憲章から「アマチュア」の文字が削除された。その後，各競技連盟の規則の範囲内で競技者の金銭授受が認められることになり，プロの選手の参加も認められるようになった。

あるとし，それは資本の蓄積の追求であり，ビジネスであると指摘しています。このような社会状況のもとで，スポーツでは結果や業績，生産物としての勝利が重要視されるようになります。

③ スポーツの政治利用

上述のオリンピック大会や他の国際大会では，国家を単位として成績や順位が示されます。初期のオリンピック大会は個人やクラブごとに参加していましたが，1908年の第4回ロンドン大会からは国単位の参加となりました。以後，参加国が増えていくと同時に，国際政治やナショナリズムを背景として，メダルを獲得するための「代理戦争」ともいわれるような，国同士の争いが生じてきました。また，他の選手というより他国よりも優れた結果を得るために，集団としての「わたしたち」が想定され，自国への帰属意識を強固なものにする（ナショナル・アイデンティティを喚起する）という「スポーツによるナショナリズム，スポーツの政治的な利用」の様相をみることができます。

1936年にドイツのベルリンで開催された第11回オリンピック大会は，初期の典型的な例に挙げられます。ドイツではこの時期，ナチスの台頭とヒトラーの総統就任によって，その宣伝と国威発揚の場としてスポーツ大会が利用されました。オリンピック大会は，このようなスポーツの政治的利用を国際的に展開するための格好の場であると考えられたのです。ヒトラーのオリンピックと称されるように，10万人を収容できる巨大スタジアムの建設，写真判定装置や試験的テレビ中継といった先進技術の導入，全国的な広報活動など，大規模な準備が進められ，ヒトラーによる開会宣言とともに観客はナチス式の敬礼を行い，ナチスドイツを強烈に印象づけることに成功したといえます。

④ オルターナティブ，あるいは多元的なスポーツへ

近代社会における経済的，政治的側面の変化は，確かにスポーツのあり方や勝敗の重要性，競技者の立場も変化させてきたといえます。しかし，これらは表層部分で起きた変化に過ぎず，深層部分ではスポーツに求められているものは変わらないとも考えられます。この深層部分で人々の心をとらえるのは，スポーツのもつ教育性と祝祭性であり，スポーツが人を育むものとして，祝祭的な気分をもたらす文化としてあってほしいという願望ではないかと考えられています。

近代社会と密接に関連した近代（競技）スポーツは，勝敗を重要視し，達成することへと一元的に方向づけられてきました。このような近代スポーツを批判的にとらえることは，近代から現代に至る社会のあり方を批判的にとらえることでもあります。現代およびこれからのスポーツは，近代競技スポーツとは別様の，あるいは多元的なアプローチによって構想される必要があるといえます。

（岡部祐介）

▷3　Sage, G. H. (1990). "High School and College Sports in the United States", *JOPERD*, 61(2): 59-63.

▷4　ナショナリズムは，単に国民や国家を愛する「愛国主義」とは異なり，国民に対して道徳や行為の判断基準を示し，しかるべき方向に仕向けていくような政治的プロジェクトであると考えられる（清水諭（2012）「スポーツとナショナリズム」井上俊・菊幸一編『よくわかるスポーツ文化論』ミネルヴァ書房，40-41頁）。

▷5　木村真知子（2005）「いまアマチュアリズムをどう見るか」中村敏雄編『スポーツ文化論シリーズ14　二十世紀スポーツの実像』創文企画，65頁。

おすすめ文献

†K. H. ペッテ・U. シマンク／木村真知子訳（2001）『ドーピングの社会学──近代競技スポーツの臨界点』不昧堂出版。
†H. アイヒベルグ／清水諭訳（1997）『身体文化のイマジネーション』新評論。
†木村真知子（2005）「いまアマチュアリズムをどう見るか」中村敏雄編『スポーツ文化論シリーズ14　二十世紀スポーツの実像』創文企画，45-68頁。

5 ドーピングの倫理学

1 ドーピングの定義

1 ドーピングという用語について

　古来，競技者は運動能力を向上させようと，様々な試みをしてきました。例えば紀元前3世紀ごろ，古代オリンピック競技において，幻覚作用のあるキノコを利用するなど植物由来の刺激物質の摂取が確認されています[1]。しかし，この時代にはまだドーピングという用語はありませんでした。

　ドーピングという用語が英語の辞書にはじめて収録されたのは，1889年のことです。そこでは，ドーピングとは，競走馬を興奮させるために用いたアヘン含有薬（ドープ）を意味していました。この薬は，ブドウの皮を原料とした蒸留酒であり，アフリカの民族であるズールー族の兵士たちが戦いの際に興奮剤として使用していたことがわかっています[2]。なお，オランダ語やオランダ語から派生したアフリカーンス語では，「doop（ドゥープ）」と呼ばれていたといわれています。この薬をさすドープの語が，「競走馬に違法な薬物を使用すること」という意味をもつようになり，さらに転じて，1900年前後，イギリスにおいて芝生の上で行うスポーツにも適用されるようになりました[3]。

2 近代におけるドーピングの定義

　19世紀以降，スポーツ界は，ドーピング問題を複雑に抱えることになります。医科学技術の発達など時代の変遷とともに，ドーピングの定義もそのつど修正されてきました。

　例えば，1933年の『ベックマンスポーツ事典』においては，「興奮性薬剤を使用すること[4]」という，とてもシンプルな説明がなされていました。その後，1963年の「欧州評議会一般教育（校外学習）委員会」におけるドーピングの定義がよく参照されるようになります。そこでは，「人体にとって異常であるすべてのもの，又は，生理的なものであっても，それが異常に大量に，かつ異常な方法で，もっぱら競技能力を増強することを目的として，健康な人に対し人為的または不正に使用することを指す」と示されます。このように，1933年の定義と比べると，生理的物質であっても「異常な量が見受けられる場合」や，「異常な方法によって用いられた場合」などが加筆され，ドーピングの説明が複雑化したことがわかります。

▷1　Müller, R. K. (2010). "History of Doing and Doping Control". Thieme, D. and Hemmersbach, P. (Eds.), *Doping in Sports, Handbook of Experimental pharmacology*, 195, Springer, p. 3.

▷2　ここまでの説明は，Müller (2010：2) を参照した。なお，ドーピングの用語について，南アフリカ共和国の原住民が飲んでいたドップ（dop）に由来しているという説もある。

▷3　Müller (2010：1).

▷4　Beckmann, O.(1933). *Beckmann's Sport Lexicon A-Z*, S. 709を参照。

▷5　Müller (2010：15) を参照。

3 現在におけるドーピングの定義

現在は，世界アンチ・ドーピング機構（World Anti-Doping Agency：WADA）が発行している「世界アンチ・ドーピング規程」（2015年）において，「ドーピングとは，本規程の第2.1項から第2.10項に定められている一つまたは二つ以上の，アンチ・ドーピング規程に関する違反が発生すること」と，さらに細かく定義されています。その具体的内容は，表1の通りです。

表1 「世界アンチ・ドーピング規程」におけるドーピングの定義

項	内容
2.1	競技者の検体に，禁止物質またはその代謝物もしくはマーカーが存在すること
2.2	競技者が禁止物質もしくは禁止方法を使用すること，またはその使用を企てること
2.3	検体採取の回避，拒否または不履行
2.4	居場所情報関連義務違反
2.5	ドーピング・コントロールの一部に不当な改変を施し，または不当な改変を企てること
2.6	禁止物質または禁止方法を保有すること
2.7	禁止物質もしくは禁止方法の不正取引を実行し，または不正取引を企てること
2.8	競技会において，競技者に対して禁止物質もしくは禁止方法を投与すること，もしくは投与を企てること。また，競技会外において，競技者に対して競技会外で禁止されている禁止物質もしくは禁止方法を投与すること，もしくは投与を企てること
2.9	違反関与
2.10	特定の対象者との関わりの禁止

WADAは，「世界アンチ・ドーピング規程」に付随して「国際基準（International Standard）」を作成しており，その中の「禁止表国際基準（Prohibited List）」の中で，禁止される物質や方法が具体的に示されています。この「禁止表国際基準」は，毎年必ず1回は見直され，改訂されています。 （竹村瑞穂）

▷6 検査対象者登録リストに含まれる競技者は，居場所情報を提出しなければならないが，それに違反すること。
▷7 ドーピング検査のこと。
▷8 ここでいう特定の対象者とは，アンチ・ドーピング機関の管轄に服するサポートスタッフのことなどをさしている。
▷9 「国際基準」には，「禁止表国際基準」「検査およびドーピング捜査に関する国際基準」「治療使用特例に関する国際基準」「プライバシーおよび個人情報の保護に関する国際基準」および，「分析機関に関する国際基準」がある。
▷10 例えば，蛋白同化薬，ベータ2作用薬，ホルモン調節薬や，利尿薬，隠蔽薬などが明記されており，それぞれ具体的な物質名が細かく示されている。具体的な禁止物質や禁止方法について細かく知りたい場合は，世界アンチ・ドーピング機構が発行している「禁止表国際基準」を参照すること。
▷11 なお，日本で適用される規程としては，「世界アンチ・ドーピング規程」に基づき，「日本アンチ・ドーピング規程」が策定されている。

おすすめ文献

†世界アンチ・ドーピング機構（2017）「禁止表国際基準」。
†竹村瑞穂（2016）「スポーツとドーピング」友添秀則・岡出美則編著『新版 教養としての体育原理――現代の体育・スポーツを考えるために』大修館書店，123-125頁。

5 ドーピングの倫理学

② 競技スポーツとドーピング事例

① ドーピングの種類と歴史

前項において，紀元前3世紀には，すでに興奮性物質が使われていたことを確認しました。このように，太古の昔からドーピングと同じような行為が存在していたわけですが，ドーピング問題が社会的に顕在化するようになったのは，19世紀以降といえるでしょう。特に19世紀末から多くのドーピング事例が報告されるようになります。以下，時系列的にみていきたいと思います。

近代スポーツにおける最初のドーピング事例は，1865年に開催されたドーバー海峡横断水泳大会でした。この時期は，アルコール，コカイン，カフェイン，ニトログリセリンなど，興奮剤の使用によるドーピングが多くみられました。

その後，中枢神経系興奮作用のあるアンフェタミンが使用されるようになります。もともとアンフェタミンは，第2次世界大戦中に兵士の疲労回復や恐怖心抑制のために用いられていましたが，次第にスポーツ界に転用されるようになりました。特に，1960年夏季ローマ大会において，デンマークの自転車競技選手であるヌット・イェンセン（K. Jensen）選手がアンフェタミンの使用によって死亡したことを契機に，アンフェタミンに世界的な関心が集まるようになりました。並行して，テストステロンや蛋白同化ステロイドも浸透するようになります。とりわけ，重量挙げ選手や投擲選手などによる使用が確認されています。

1960年代から70年代にかけては，持久力向上を目的とした血液ドーピングに関する実験や研究の成果が報告されるようになります。血液ドーピングとは，競技者の血液をあらかじめ抜き取り，試合直前に再び本人の循環系に戻すことによって競技力を向上させる行為のことをいいます。「世界アンチ・ドーピング規程」には，「自己血，他者血（同種血），異種血またはすべての赤血球製剤をいかなる量でも循環系へ投与したり，再び戻したりすること」などと説明されています。

1980年代以降は，ヒト成長ホルモン（hGH）を用いて筋力を増強したり，持久力向上を目的としてエリスロポエチン（EPO）の使用がみられるようになります。また，21世紀に入ると，遺伝子操作技術を応用して身体能力を向上させようとする，遺伝子ドーピングの存在が指摘されるようになりました。

▷1 Müller, R. K. (2010). "History of Doing and Doping Control". Thieme, D. and Hemmersbach, P. (Eds.), *Doping in Sports, Handbook of Experimental pharmacology*, 195, Springer, p. 2.

▷2 Müller（2010：2-5）を参照。

▷3 Bartkett, R. et al. (Eds.) (2010). *Encyclopedia of international sports studies*, Routledge, pp. 366-369 を参照。

▷4 Bartkett et al. (Eds.) (2010：366-369) を参照。

▷5 World Anti-Doping Agency (2016). *World Anti-Doping Code International Standard*, Prohibited List, p. 5.

▷6 旧東ドイツのドーピング問題は，一般的には，1972年の夏季ミュンヘン大会を契機に表面化したといわれている。詳細は，竹村瑞穂（2009）「『他者による身体所有』としてのドーピング問題──旧東ドイツにおけるドーピング問題の事例から」『体育・スポーツ哲学研究』31(2)：95-107頁を参照。

▷7 1994年4月に出された連邦委託調査報告書

このように，一言でドーピングといってもその種類は多種多様であり，また，年々ドーピング技術も向上していることがわかるかと思います。

2 代表的なドーピング事例

近代スポーツの歴史の中で，注目を集めたドーピング事例がいくつかあります。まず，国家的ドーピングとしてスポーツ界のみならず社会を震撼させた事例として，旧東ドイツによる強制的ドーピング[6]が挙げられます。H．ガイガー（H. Geiger）による連邦委託調査報告書『シュタージと競技スポーツ』[7]においては，国家，特に国家保安省が組織的に関与し，選手へのドーピングを指示していたことが報告されました。また，旧東ドイツのスポーツの成功はドーピングのおかげであること，国家保安省はドーピングに際してその秘密保持に深く関わることなどが当該報告書の中に示されています。選手にはドーピングに関するあらゆる情報が伝えられていなかった点や，対象者に13歳といった未成年者もいたことなど，選手の身体や生命に関わる重大な倫理的問題を含んでいました。

1988年のオリンピック・ソウル大会は，社会が改めてスポーツ界におけるドーピング問題に目を向ける契機となりました。当該大会において，カナダ男子短距離選手であるベン・ジョンソン（B. Johnson）選手が蛋白同化ステロイドの陽性により金メダルを剥奪されたことが，スポーツ界を揺るがす大きな事件となったからです。この事件の報告書である『デュビン・レポート』[9]には，当時のジョンソン選手のコーチや専属医師がドーピングに関与していたこと，ジョンソン選手本人も薬物についての情報を受けていたことなどが記されています。この事件以降，ドーピング検査体制はますます強化されていくのです。

3 様々なドーピング違反

検査体制の強化が進む一方で，ドーピング違反は後を絶ちません。2007年には，アメリカ女子短距離選手であるマリオン・ジョーンズ（M. Jones）選手が薬物摂取を認め，翌2008年には，金メダルを含めた5つのメダルを返還しました。また，2012年には，ツール・ド・フランス7連覇（1999年から2005年）を達成したランス・アームストロング（L. E. Armstrong）選手が，ドーピング違反により，1998年以降に達成したすべてのタイトルを剥奪されました。2015年には，ロシアにおける組織的ドーピングが告発され，世界アンチ・ドーピング機構（WADA）による調査の結果，ロシア陸上競技連盟（Russian Athletics Federations：RusAF）も関与した疑いが生じるなど，スポーツ界の信頼を失う事例が続いています。今後，アンチ・ドーピングへの取り組みにも抜本的な見直しが必要不可欠でしょう。

（竹村瑞穂）

『シュタージと競技スポーツ』をまとめた。当該報告書の第2章第1節「スポーツ政策におけるシュタージの干渉」において，スポーツに対するシュタージ（国家保安機関）の関与を包括的に示した。

▷8 Der Bunderbeauftragen für die Unterlagen des Staatssicherheitsdienstes der ehemaligen Deutschen Demokuratischen Republik, MfS und Leistungssport, Ein Recherchebericht, ReiheA：Nr. 1/1994.

▷9 Dubin, C. L. (1990). Commission of Inquiry into the Use of Drugs and Banned Practices Intended to Increase Athletic Performance, Canadian Government Publishing Center.
ジョンソンのドーピング事件を受け，カナダスポーツ界におけるドーピングの実態調査をするために，「競技力向上目的の薬物使用及び禁止行為に関する調査委員会」が設置された。当該調査委員会の委員長を務めたのがチャールズ・デュビン判事であり，1990年に調査報告書が公表された。この報告書のことを，『デュビン・レポート』『デュビン調査報告書』という。

おすすめ文献

†藤井政則（1998）『スポーツの崩壊──旧東ドイツスポーツの悲劇』不昧堂出版。
†竹村瑞穂（2016）「スポーツとドーピング」友添秀則・岡出美則編著『新版 教養としての体育原理──現代の体育・スポーツを考えるために』大修館書店，123-125頁。

5　ドーピングの倫理学

新たなドーピング技術
――遺伝子ドーピング

1　遺伝子ドーピングとは何か

　遺伝子ドーピングとは，一般的に，スポーツの競技力向上を目的とした，細胞や遺伝子，遺伝子要素の非治療的な使用のことを意味します。つまり，遺伝子操作技術を競技力向上のために利用することといえるでしょう。21世紀に入り，生命医科学や**分子生物学**の進展に伴い登場してきた，新たなドーピング技術です。

　世界アンチ・ドーピング機構（WADA）が制定している，「世界アンチ・ドーピング規程」に記載されている遺伝子ドーピングの説明は，(1)核酸ポリマーまたは核酸類似物質の移入，(2)正常な，あるいは遺伝子を修正した細胞の使用，という2つによっています。しかし，遺伝子ドーピングという用語の複雑さや不明瞭さを指摘する声もあります。例えばA. S. ケクレ（A. S. Kekule）によれば，遺伝子ドーピングは一般的に，「ドーピングを目的とする遺伝子・細胞治療法の使用」という狭義の意味に解釈されており，WADAの公式見解も，基本的に遺伝子ドーピングという用語をこの意味に限定していると述べています。一方で，「世界アンチ・ドーピング規程」による遺伝子ドーピングの説明は，広義の意味を含むものであり，遺伝子活性の直接的または間接的修正も含まれています。したがって，遺伝子ドーピングという用語の定義については，医学や法学など他分野との共同研究や，遺伝子学の専門家を含めた議論を深めた上で，将来的に見直していくことが必要でしょう。

2　4つの遺伝子操作技術

　ところで，C. ムンテ（C. Munthe）は，遺伝子ドーピングに結びつく可能性がある遺伝子操作技術として，(1)スポーツゲノミクス，(2)体細胞操作，(3)生殖細胞操作，(4)遺伝的選択，の4つを挙げています。

　ムンテが指摘する4つの遺伝子操作技術は，いずれも技術的にはすでに可能，もしくは将来的に可能であるといわれています。特に大きな倫理的問題を引き起こすのは，人間が人間を「製作」することにつながる生殖細胞操作でしょう。金メダリストやスーパーアスリートをデザインすることにつながる技術は，個人の欲望に基づく新たな**優生学**の問題としても懸念されています。したがって，遺伝子ドーピングと向き合う際には，「人間の尊厳とは何か」という哲学的問

▷1　**分子生物学**
生命現象，特に遺伝現象について，物質（分子）的視点から読み解いていこうとする学問のこと。

▷2　Kekule, A. S. (2007). *Genedoping-Potenzielle Anbieter und Möglichkeiten der Kontrole*, Halle, S. 6.

▷3　Gerlinger et al.(2008). *Genedoping：Wissenschaftliche Grundlagen-Einfallstore-Kontrole*, S. 37-39. 遺伝子ドーピングに関する狭義，広義の意味については，治療目的ではあるが，結果的に能力向上につながる場合をどのように取り扱うかなど，「治療（treatment）」と「向上（enhancement）」の制度的区別の問題もはらんでいるといえるだろう。

▷4　ゲノミクスとは，生物学の諸問題をゲノムの視点から研究する分野のことである。ゲノムとは，DNA（デオキシリボ核酸）の遺伝情報のことを意味する。また，ゲノム（genome）という用語は，遺伝子（gene）と染色体（chromosome）からできた合成語である。

▷5　Munthe, C. (2000). "Selected champions：making winners in the age of

表2　遺伝子ドーピングに結びつく可能性のある遺伝子操作技術

遺伝子操作技術の種類	具体的な内容
スポーツゲノミクス	遺伝子操作技術を用いた，より効果的な能力向上のための薬物開発など。例えば，エリスロポエチンを人為的に作り出し，酸素運搬能力を高めるような技術など。[8]
体細胞操作	遺伝子改良された赤血球細胞の使用など。
生殖細胞操作	精細胞，卵細胞，受精卵など生殖に関わる細胞が操作の対象となり，スーパーアスリートを製作することにつながる技術。[9]
遺伝的選択	個人の遺伝情報を利用して特定のスポーツに対する適性を判定する。

（出所：Munthe（2000）を参照し，筆者が作成）

題についても考えていかなければなりません。

また，遺伝的選択についても，親やコーチ，国家などの第三者が，強制的に胎児や幼児期に他者の遺伝情報を調べ，子どもを特定のスポーツ種目に選りわけるようなことがなされた場合，プライバシーの問題を含め，スポーツ活動への自由な参加の阻害という倫理的問題が生じてきます。

3　遺伝子ドーピングに対する取り組み

このような状況に対し，スポーツ界も対策を講じつつあります。2002年に開催された，WADA主催の遺伝子ドーピングに関するワークショップ（バンベリー・ワークショップ）では，遺伝子ドーピングに対する決議案が採択されました。そこでは，遺伝子操作技術がスポーツ界にもち込まれ，誤用される現実的な危険性を共有することや，様々な学問分野が協力して防止策を講じる必要性があることなどが示されました。さらに，政府を含めた公的機関の協同の努力が不可欠であるとする，政府レベルの対応の必要性も言及されました。[10]

しかし，遺伝子ドーピングに対する対応は，まだ不十分な状態です。分子レベルでの細胞機能のメカニズムに関する研究は日々進歩しており，今後予測不能な遺伝子ドーピングが出現する可能性もありえます。遺伝子ドーピングが現実に起こりうるという可能性を踏まえ，それに対する検査体制の構築についても考えていかなければなりません。また，遺伝子ドーピングに関する具体的な倫理ガイドラインの策定など課題は山積みであり，質量ともに多角的な研究の深化が望まれています。

（竹村瑞穂）

genetic technology". Tännsjö, T. and Tamburrini, C. (Eds.), *Values in Sports : Elitism, nationalism, gender equality and the scientific manufacture of winners*, Taylor & Francis, pp. 219-220.

▷6　体細胞操作については動物レベルで実験の成功例が報告されている。また，生殖細胞操作については，中国の研究チームがヒト受精卵を編集する実験を行ったという論文が2015年に出されており，遠い未来の話ではなく，現在わたしたちが直面している倫理学的問題であるといえる。

▷7　優生学
F. ゴルトンが提唱者といわれており，優秀な人間を創造するための改良を意味する。

▷8　赤血球の産生を促進する造血因子。持久力の向上を意図して利用される。

▷9　世界選手権やオリンピックなどの国際大会に参加したり，メダルを獲得するような，ハイレベルのスポーツ選手のこと。

▷10　当該ワークショップにおける決議案全文については，Schneider, A. and Friedmann, T. (2006). *Gene doping in sport : The science and ethics of genetically modified athletes*, Elsevier academic press, pp. 74-76を参照。

（おすすめ文献）

†竹村瑞穂（2015）「人間の尊厳を破壊するドーピング——金メダリストをデザインすることの何が問題か？」友添秀則編『現代スポーツ評論』32，創文企画，77-85頁。

5 ドーピングの倫理学

④ アンチ・ドーピング活動

① ドーピング検査の導入

　アンチ・ドーピング活動とは，スポーツ固有の価値を守るために，スポーツの世界からドーピングを撲滅するために行う活動のことです。国際オリンピック委員会（以下，IOC）や世界アンチ・ドーピング機構（以下，WADA）などの組織は，このアンチ・ドーピング活動に非常に力を入れて取り組んでいます。ドーピングの検査は，アンチ・ドーピング活動のうちのひとつの重要な柱となっています。

　紀元前3世紀にすでにドーピング的行為が行われていたことは，本書Ⅱ-5-2で説明しました。そして現代と同様に，古代オリンピック競技においても，ドーピング的行為は規則によって厳しく禁止されていたといわれています。

　競技者に対して公式のドーピング検査を実施するようになったのは，20世紀後半になってからです。IOC は，19世紀より続く多くのドーピング事例報告を背景に，1990年代後半に国際的なアンチ・ドーピング機関設立の必要性を訴え，1999年12月に WADA が設立されました。

　WADA が設立される以前のドーピングの取締りは，各国際競技連盟に依存せざるをえない状態でした。その中ではじめて興奮性物質の使用を禁止したのは，1928年当時の国際アマチュア陸上競技連盟（International Amateur Athletics Federation：IAAF）でした。しかし，検査方法までは確立されておらず，禁止規定を設けただけでは十分な防止効果が認められるには至らなかったのが実情です。国際自転車競技連合（Union Cycliste Internationale：UCI）や，国際サッカー連盟（Fédération Internationale de Football Association：FIFA）は，それぞれ1966年から実施するワールドカップにドーピング検査を導入しました。

　オリンピックではじめてドーピング検査が導入されたのは，1968年の冬季グルノーブル大会および夏季メキシコ大会です。IOC が医事委員会を設立し，1967年に最初の禁止物質リストを作成し，1968年から検査を実施したのです。

　当初，ドーピング検査は競技期間中に行われていましたが，この方法だと，蛋白同化ステロイドなど長期的な効果がある薬剤を適切に検出できないことがわかってきました。大会が始まる前に服用を中止すると，競技会中のドーピング検査では検知できませんが，薬剤が体内から排出された後も効果は持続する

▷1　「世界アンチ・ドーピング規程」では，スポーツ固有の価値として，次の事項を示している。倫理観・フェアプレイと誠意，健康，卓越した競技能力，人格と教育，楽しみと喜び，チームワーク，献身と真摯な取り組み，規則・法を尊重する姿勢，自分自身とその他の参加者を尊重する姿勢，勇気，共同体意識と連帯意識。

▷2　Müller, R. K.(2010). "History of Doing and Doping Control". Thieme, D. and Hemmersbach, P. (Eds.), *Doping in Sports, Handbook of Experimental pharmacology*, 195, Springer, p. 2.

▷3　Müller (2010：3).

▷4　Müller (2010：4).

ため，不正にドーピング検査をすり抜けることが可能となります。そこで，競技期間外における検査の実施が求められるようになります。競技期間外におけるドーピング検査をはじめて導入したのは，イギリスアマチュア陸上競技連盟（British Amateur Athletics Board：BAAB）の1986年であるといわれています。[5]

② WADA 設立以降のアンチ・ドーピング活動

1999年にWADAが設立されて以降，スポーツ界におけるドーピングの取締りは，一元的管理のもとで組織化を目指してきました。WADAの設立以降におけるアンチ・ドーピング活動の強化は，2003年に実施された「世界アンチ・ドーピング規程」の制定にみてとることができます。「世界アンチ・ドーピング規程」は，2004年に発効し，改訂を重ね，現在は，2015年1月1日に発効されたものが最新版となります。WADAは，当該規程に基づき「国際基準」を策定しており，その中のひとつに「禁止表国際基準」があります。この「禁止表国際基準」とは，禁止薬物や禁止方法をひとつの禁止リストとして，明示的にまとめたものです。例えば，「競技中・外にかかわらず常に摂取が禁じられている物質」や「特定の種目において特に禁止されている物質」などが具体的に列挙されています。また，血液ドーピングや遺伝子ドーピングなど，禁止されている方法についても明記されています。[6]

また，はじめてドーピング防止のための世界共通基準が構築されたのは，2005年にユネスコ総会にて採択された，「スポーツにおけるアンチ・ドーピングに関する国際条約」です。この条約は日本も採択しましたが，アンチ・ドーピング分野におけるはじめての世界規模の政府間合意であり，活動の推進，強化が目指されています。

③ 日本におけるアンチ・ドーピング活動

WADA設立を受けて，各国でもアンチ・ドーピング機構が整備されるようになります。日本では，2001年に日本アンチ・ドーピング機構（Japan Anti-Doping Agency：JADA）が設立されました。JADAでは，薬の服用の仕方や医薬品に関する知識提供のほか，スポーツの教育的価値やドーピング禁止理由について学ぶなど，多様な視点からアンチ・ドーピング活動を展開しています。このような活動は，スポーツ文化の継承や競技者の尊厳の保持のためにも，極めて重要なことだといえるでしょう。

（竹村瑞穂）

▷5 Waddington, I. and Smith, A. (2008). *An Introduction to Drugs in Sport : Addicted to winning?*, Taylor & Francis, p. 110.

▷6 このような禁止物質をリストアップするという列挙的ドーピングの定義は，禁止物質と同じ効用があるものの，禁止されていない異なる物質を見出し使用するといった抜け穴を示すことにもつながり，問題がないわけではない。なお，禁止表は，最低でも毎年1回，必要に応じて見直しがなされ，改訂されている。

おすすめ文献

†世界アンチ・ドーピング機構（2015）「世界アンチ・ドーピング規程」。
†世界アンチ・ドーピング機構（2017）「禁止表国際基準」。

5 ドーピング禁止理由をめぐって

1 ドーピング禁止の理由

ドーピングは，なぜスポーツ界で禁止されているのでしょうか。「オリンピック憲章」においては，スポーツ界におけるアンチ・ドーピング活動に努めることが明記されていますが，その目的はアスリートの健康を危険にさらさないためとあります。また，「世界アンチ・ドーピング規程」においては，選手の健康，公平性，平等性を促進すること，またスポーツ固有の価値を保護することが目的として示されています。つまり，(1)選手の健康を危険にさらさないという医学的理由，(2)公平性や平等性を損ねないこと，(3)スポーツ固有の価値を破壊しないことなどを，ドーピング禁止理由として挙げていることがわかります。しかし，ドーピング禁止理由の正当性の検討までには踏み込んでおらず，それは，学術的議論の場に委ねられることになります。

2 ドーピング禁止理由をめぐる学術的議論

スポーツ倫理学というアカデミックな研究の世界では，ドーピング禁止の正当性について様々な議論が展開されています。その理由を大別すると，(1)不正，(2)スポーツの歪曲化，(3)非自然性，(4)有害性（社会悪・身体への影響）に分類できます。各々の立場について順番にみていきましょう。

まず，ドーピングを禁止する道徳的理由として，不正であるとする見方がありますが，これは，ある選手がドーピングをした場合，不正に他の選手よりも有利な状態になりうるからです。しかし，この禁止理由の正当性を考えた場合，問題は，「ある行為が不正となるのは，その行為を禁止する規則がある場合のみ」だという点です。(1)の不正というのは，規則を破ることが不正なのであり，ドーピングが不正であるためには，ドーピングはしてはならないという規則がすでに存在していることが前提となります。したがって，ドーピングは禁止されるべきという判断の直接的な理由を，不正であるという点に見出すことは，じつは困難となります。

次に，(2)のスポーツの歪曲化という理由についてですが，これは，道徳的原理ではなく，形而上学的原理から導かれるものです。わかりやすく述べると，ドーピングはスポーツの本質に反するが故に禁止するべきである，とする立場です。しかし，なぜスポーツがドーピングを含むものとして社会的に構築され

▶1 Schneider, A. (2014). Doping. In : Torres, C. R. (Ed.), *The Bloomsbury companion to the philosophy of sport*, Bloomsbury, pp. 350-352 を参考に筆者が整理した。

▶2 Schneider (2014 : 350).

▶3 形而上学
哲学の分野のひとつであり，ある存在を存在たらしめている原理とは何かを問う学問分野である。

▶4 Schneider (2014 : 351).

▶5 物事の「本質」とは，「ある事物をその事物たらしめるもののこと」を意味する。スポーツであれば，スポーツをスポーツたらしめるもののことを，「スポーツの本質」というわけである。したがって，スポーツの「本質」は，教育としてのスポーツや，ビジネスとしてのスポーツのように，スポーツに認められる教育性や商業性といった「性質」や「価値」とは根本的に区別される。

えないのか，明確な理由を示すまでには至っていません。またそもそも，スポーツの本質とは何か，はたしてスポーツに本質は存するのか，という形而上学的問いについても，現在，学界に客観的，普遍的な答えがあるわけではなく，その解明も課題のひとつです。

(3)の非自然性であるという理由は，文字通り，ドーピングは自然に反するから禁止すべきという意見です。A. シュナイダー（A. Schneider）は，この立場において2つの問題が喚起されると指摘しています。それは，第1に，何がいったい不自然なのかが不明瞭であることです。第2に，改良されたスパイクシューズなどが認められる不自然性がある一方で，テストステロンなど自然界に存在する物質が禁止されているなど，一貫性に欠けているという点です。人間にとって何が自然であり，なぜそれがスポーツ界で奨励されるべきなのか，この問いに対する合意形成が必要不可欠でしょう。

▷6 Schneider（2014：351）．

▷7 Schneider（2014：351）．

最後に，(4)の有害性という禁止理由についてです。有害性という禁止理由には，2つの意味があります。ひとつは，社会にとって有害であるという，社会悪の意味を有する場合です。選手は子どもたちの模範的存在となるべきだという規範は，この立場においてよく指摘されることです。もうひとつは，使用者（選手）にとって有害である場合です。

前者の社会悪の場合ですが，ドーピングが禁止されているからこそ，ドーピングは悪であるという道徳的価値判断が下されます。すなわち，ドーピングは社会にとって有害であるという視点も，ドーピングは禁止されるべきであるという規則や道徳的価値判断の前提のもとに成り立っており，禁止理由の正当性の根拠になりえず，社会的判断以前にそれ自体の判断基準や根拠が求められます。また，後者の場合は，ドーピングが使用者の身体や生命にとって有害であるから禁止するべきとする立場です。この立場においてよく指摘されることは，成人の自己決定による行為の結果を想定し，保護するべきとする見解そのものが**パターナリズム**にすぎない，という指摘です。さらにいえば，個人の私的自由や**愚行権**を侵害する行為であるというもので，ドーピング禁止の根拠を揺るがす見解だといえます。

▷8 パターナリズム
個人の利益保護を目的とし，個人の生活に干渉し，自由や権利を制限すること。温情的介入主義，家父長主義ともいわれる。

▷9 愚行権
他人からみれば愚かな行いであっても，本人が望み，周囲に迷惑をかけないのであれば，邪魔されずに当該行為を行うことができる権利。

3 ドーピング禁止理由をめぐって

このように，学術レベルでは，ドーピング禁止の正当性について幅広い考察がなされてきました。というわけで，ドーピング禁止理由を説明することは，実はそう簡単なことではありません。禁止理由について考える際にまず気をつけるべき点は，ドーピング禁止という前提の範囲内でドーピング禁止理由を述べる場合と，ドーピング禁止という規則そのものの正当性について考察する場合と，しっかり区別をつけて理解を深めていくことです。

（竹村瑞穂）

おすすめ文献

†A. Schneider (2014). Doping. Torres, C. R. (Ed.), *The Bloomsbury companion to the philosophy of sport*, Bloomsbury, pp. 350-352.

5　ドーピングの倫理学

ドーピング容認論の見解

 ドーピング禁止理由の正当性に対する疑義

　前項において，ドーピング禁止理由をめぐる考察について概観してきました。こうして考えてみると，禁止の正当性には揺らぎがあることがみえてきたでしょう。また，世界アンチ・ドーピング機構（WADA）などの当局がドーピング検査体制を確立し，厳しい取締りの努力を惜しまないにもかかわらず，現在もドーピング問題は後を絶ちません。その背景には，スポーツ市場の巨大化や金銭をめぐる問題など種々の理由が想定されますが，確固たるドーピング禁止の根拠を明示しきれないことも原因のひとつです。

　まさにこの，ドーピング禁止の根拠を明示しきれないという点を問題視し，ドーピングの消極的容認論を主張する研究者もいます。消極的容認論というのは，積極的にドーピングを認めていこうとする立場ではなく，論理的，あるいは学術的にドーピングを禁止する根拠がない以上，ドーピング禁止というルールを擁護しえないとする立場のことです。1980年代に入ると，不正の問題や，身体への悪影響という選手に対する有害性の問題が，禁止理由として妥当かどうかを吟味する，論理的な研究がみられるようになります。

② ドーピング容認論の立場

　ドーピング禁止理由について考察する場合，ドーピング禁止という規則が存在するという前提のもとでその禁止理由について問うていく場合と，**メタプロブレム**としてドーピング禁止という規則そのものの正当性を問うていく場合とを，区別して考える必要性を指摘しました。不正や社会に対する有害性といった理由は，前者に属する理由となります。

　ドーピング容認論の立場の主張は，後者のメタプロブレムに考察対象を限定しており，そもそもなぜスポーツ界でドーピングをしてはいけないのか，という倫理学的議論を展開します。その場合，多くの人が共有し，社会において認知されている，「ドーピングはいけないことだ」という道徳的価値判断を，ひとまずリセットして考える必要があります。

　もともと，国際オリンピック委員会（IOC）がオリンピックにドーピング検査を取り入れたきっかけは，1960年夏季ローマ大会において，ドーピングによる死亡事故が生じたことでした。スポーツ界にドーピング禁止という規則を設

▷1　メタプロブレム
ある個別具体的な問題を，その問題を超越してより高次の視点からとらえること。つまり，物事を俯瞰的にとらえることを意味する。

定した背景には、選手の身体や生命を守るという医学上の理由が大きかったことが読み取れます。したがって、選手に対する有害性という理由がドーピング禁止の根拠として妥当かどうかを考察することは、ひとつの大きな論点となるわけです。この問題を論じた代表的な研究者に、スポーツ哲学者のW. M. ブラウン（W. M. Brown）がいます。彼は、ドーピング問題を、脳死判定や遺伝子操作問題のように、身体、生命に関わる倫理学的問題のひとつとしてとらえ、自由概念や自己決定権の立場から論じました。

　論点を少し整理しましょう。ドーピング禁止理由として挙げられる選手への有害性の問題には、2つの側面がある点に注意しなければなりません。ひとつめは、旧東ドイツのドーピング事例のように、国家など第三者が競技者に情報を提示せず強制的にドーピングをさせる場合です。もうひとつは、セルフ・ドーピングとして、少なくとも最終的には自分の自由な意志においてドーピングを行う場合です。前者の強制的ドーピングの場合は、自己決定権の尊重はおろか、本人同意の原則にも反しており、他者が人間の身体や生命に危害を加える可能性があることから、倫理学的のみならず、法的にも問題がある行為として、絶対に認められるものではありません。

　議論が複雑なのは、後者の自己決定に基づく成人によるセルフ・ドーピングの場合であり、ブラウンの考察対象もこの場合に限定されます。ブラウンは、イギリスの哲学者J. S. ミル（J. S. Mill）の『自由論』における、「人の行為のうちで、社会に対して責めを負うべきただひとつの部分は、他人に関係する部分である。もっぱら自分に対してだけ関係している部分については、その独立はまさしく絶対的である」という自由概念の見解を参考にしています。すなわち、判断能力のある成人に限り、競技者が薬物使用の危険性を熟知した上でドーピングをしたとしても、自由主義社会においては、他人はそれを否定することができないとする見解を示しています。この立場から、ドーピングを一律に禁止することはパターナリズムであり、論理的に解釈すれば、正当な理由にはなりえないと主張しているのです。

❸ 個人の身体や生命における自由をめぐる問い

　近年、個人の自由の範囲内であるという理由などでドーピング容認の立場を主張する研究者の一人に、C. タンブリーニ（C. Tamburrini）がいます。ドーピング禁止という規則設定の是非については、個人の身体や生命における自由をめぐる問いは、避けては通れません。根本的には、自分で自分の身体を傷つけたり、生命を絶ったりする行為はなぜ禁止されうるのかという、哲学的議論が横たわっています。この議論の核心については、次項でみていきます。

（竹村瑞穂）

▷2　Mill, J. S. (1986). *On Liberty*, Prometheus book, p. 16.

▷3　Brown, W. M.(1984). "Ethics, drugs and sports". *Journal of the Philosophy of Sport*, V : 15-23.
Brown, W. M. (1984). "Paternalism, Drugs, and the Nature of Sport, *Journal of the Philosophy of Sport*", X : 14-22を参照。

▷4　Tamburrini, C.(2007). "After doping, what? The morality of the genetic engineering of athletes". Miah, A. and Eassom, S. B., *Sport technology : history, philosophy and policy*, 21, Emeraldを参照。

おすすめ文献

†友添秀則・近藤良享 (2000)『スポーツ倫理と問う』大修館書店。

†牧野広義・藤井政則・尼寺義弘 (2007)『現代倫理の危機——倫理学、スポーツ哲学、経済哲学からのアプローチ』文理閣。

5 ドーピングの倫理学

ドーピングはなぜ許されないのか

 ドーピング禁止の再検討

　ドーピング禁止の正当性について，あるいは，ドーピング容認論の立場について，Ⅱ-5-5, 6 において確認してきました。そこでは，「ドーピングはなぜ許されないのか」という問いをめぐり，自身の身体を傷つけたり生命を絶ったりする行為，すなわち，身体や生命をめぐる自由の問題が課題として残っている点を指摘しました。もちろん，真摯に検討すべき課題はそれだけではありません。スポーツはどうあるべきか，というスポーツ倫理学的問いも非常に重要な課題です。そして，両課題は互いに結びついているともいえるでしょう。選手の身体や生命をめぐる自由の問題を検討した上で，スポーツは今後どうあるべきかについて，方向性を見定めることが肝要です。

2　自由をめぐる問い

　まず，自由の問題についてもう少し深く考えてみましょう。W. M. ブラウンやC. タンブリーニが述べるような，「ドーピング禁止規則の設定はパターナリズムである」という主張を支えている自由概念は，J. S. ミルが主張している，私的領域に制約のない権利としての自由概念です。つまり，社会や他者に危害を加えない限り，個人の自由は制限されてはならないのであり，たとえ身体や生命に対する危険が認められたとしても，自分自身の身体である限り何をしても自由とならざるをえないという論理展開です。ドーピング禁止の正当性を訴えるためには，この自由の考え方を乗り越えていかなければなりません。

　それでは，この自由の考え方に対し，どのような批判が可能でしょうか。論点として，ドーピングは本当に私的自由の範囲内に属する行為だろうか，という問題があり，これに対しては議論の余地が残るでしょう。

　このことを考えていく前に，スポーツとは何かということについて，改めて確認したいと思います。Ⅱ-5-2 でドーピングの歴史について学びましたが，ドーピング技術も年々進化してきたことがわかります。高度な身体的パフォーマンスを競い合う競技スポーツには，内在的に競争するという性質があります。それは，同時代における他者との競争であったり，過去の記録や，他者としての自己との競争であったりします。それらと比較してよりよいパフォーマンスや記録を未来に向かって半永久的に追い求めることは，スポーツの内在的性質

▷1　競争（コンペティション）の語源であるコンペティティオは，他者との「共同の努力」を意味していた。つまり，改善や向上とは異なり，競争には他者の存在が必要になるが，過去の自分は他者としてみなしうるのか，ということも，スポーツ哲学の重要なひとつの問いである。ここでは，過去の自分は自己であり，また他者でもあるという考えから，「他者としての自己」と表現している。

でもあり，スポーツの論理であるともいえるでしょう。一方，それを追い求めるのは人間の身体ですが，その身体は半永久的に進化するものではなく，限界に直面した場合，それでも向上させるためには人工的に操作するしかありません。このようにスポーツの論理について考えてみれば，スポーツ界におけるドーピングやドーピング技術の進歩は，ある意味で必然といえます。

　それでは，そのドーピングを，ミルのような自由の考え方から認めることができるのでしょうか。先ほど述べたように，ドーピング技術はどんどん進化していきます。21世紀にはついに遺伝子ドーピングが懸念の対象となり，生殖細胞操作までに行き着くのではないかと恐れられています。ドーピングによる身体操作を，個人の自由という考え方を背景に認めた場合，薬物使用から血液ドーピングへ，体細胞操作から生殖細胞操作へと，どんどん際限なく突き進むことでしょう。なぜならば，それがスポーツの論理と合致する行為だからです。

　しかし，その時考えなければならないことは，自由の主体である個人についてではなく，類概念としての人間存在についてです。なぜなら，細胞や遺伝子を操作して成立する人間とは，はたして人間といえるのか，あるべき人間の姿なのか，ということが問われざるをえないからです。ドーピングに規制をかけなければ，最終的には個人の自由の範囲を超えた，「人間とは何か」という根本問題に私たちは直面します。したがって，自分の身体のことであり，他者にも社会にも迷惑はかけないからといって，ドーピングを個人の自由とすることは，もはや成り立たなくなります。このとき，個人の自由を最大限尊重するという姿勢を肯定しつつも，私的な自由に対して一定の規制をかける，自分自身に対する責務という考え方をもとに，ドーピング禁止の根拠を見出すことが可能でしょう。これは，自律としての自由概念であり，ミルが主張する社会的権利としての自由概念とは異なるものです。

③ スポーツはどうあるべきか

　以上のように，スポーツの論理的側面を理解した上で，スポーツの論理をスポーツの倫理によって規制していくという構造も理解することが大切です。そして，何をどのように規制していくかという点については，スポーツ政策論や制度論の面から具体的に検討していく必要があります。

　ドーピングの問題は，「人間とは何か」「スポーツはどうあるべきか」という，2つの大きな形而上学的課題を抱えています。丁寧に読み解いていくことで解決の糸口を見出せるはずであり，また，そうしていかなければなりません。そして，スポーツ文化をどのような形で将来世代に継承していくべきかを，真剣に考える時代に直面しているといえるでしょう。

（竹村瑞穂）

▷2　「類概念としての人間存在」が意味しているのは，人類という全体としての人間存在のことである。つまり，「この私」といった個人を指し示すものでも，黄色人種としての人間の集合を指し示すものでもなく，人類全体としての人間のことを意味している。

▷3　例えば，ドイツの哲学者イマニュエル・カントの自己義務の概念を応用して考えることができるだろう。詳細については，竹村瑞穂（2015）「人間の尊厳を破壊するドーピング――金メダリストをデザインすることはなぜいけないのか」友添秀則編『現代スポーツ評論』32，創文企画，77-85頁を参照。

おすすめ文献

†S. B. ドゥルー／川谷茂樹訳（2012）『スポーツ哲学の入門――スポーツの本質と倫理的問題』ナカニシヤ出版。

†竹村瑞穂（2015）「人間の尊厳を破壊するドーピング――金メダリストをデザインすることはなぜいけないのか」友添秀則編『現代スポーツ評論』32，創文企画，77-85頁。

6 ゲームの倫理学

ゲームとは何か

1 「ゲーム」という言葉

「ゲーム」という言葉は，日常で使われる言葉です。改めて意味を確認するために，日本語の辞書をみてみますと，「ゲーム」が英語の game と対応する語であることが示され，「勝敗を争う遊戯」という基本的意味をもっていることがわかります。その基本的意味に加えて，「特に，コンピューター技術を利用した遊び」（『明鏡国語辞典』）や「（スポーツの）試合。競技。勝負」（『精選版日本国語大辞典』『明鏡国語辞典』）という意味が指摘されています。また，「テニスの試合で，セットを構成する一区切り」が「ゲーム」と呼ばれていること（『広辞苑』）や，「プロ野球のペナント－レースで，同一リーグの各チームの順位間の差をゲーム数で表したもの」が「ゲーム差」と呼ばれること，そしてその計算方法まで記載している辞書もあります（『広辞苑』）。また，ゲームに関する数学的理論としての「ゲームの理論」についても，簡単な説明があります（『広辞苑』『精選版日本国語大辞典』）。

2 「ゲーム」の構造の基本要素

大学の図書館の文献検索システムで「ゲーム」をキーワードとして入力してみると，たくさんの文献がヒットします。その中に，マーク・プレンスキー（M. Prensky）の『デジタルゲーム学習』といった本があります。この本は，次世代の学習スタイルとして，コンピュータとインターネットを駆使した「デジタルゲーム学習」の可能性を提示するものです。新しい学習方法が「ゲーム」です。「ゲームばかりしていないで勉強しなさい！」などという小言が，これまでよく聞かれたかもしれません。この「デジタルゲーム学習」では，「ゲームをすること」＝「勉強」となってしまうような，斬新な学習方法が考えられているのです。「ゲーム」は，学習者のやる気を喚起し，学習の楽しさを生み出すものととらえられ，その根本的意義についての考察もなされています。それによれば，「遊び」という語と「ゲーム」という語の関係を意識して，「プレイ」が「即興的な遊び」と「体系的な遊び」に分けられ，その「体系的な遊び」が「ゲーム」です。その「ゲーム」は，「競争的でないゲーム」と「競争的なゲーム」に分けられ，「競争的なゲーム」が「コンテスト（競技）」と呼ばれます。「コンテスト」は，「知的なコンテスト」と「身体的なコンテスト」に

▷1 プレンスキー, M.／藤本徹訳（2009）『デジタルゲーム学習』東京電機大学出版局，103-109頁。
▷2 グートマン, A.／清水哲夫訳（1981）『スポーツと現代アメリカ』TBSブリタニカ，19頁。

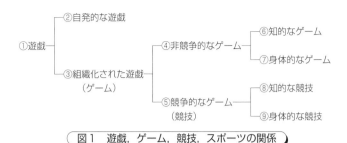

図1　遊戯，ゲーム，競技，スポーツの関係

(出所：樋口（1987：19））

分けられ，その「身体的なコンテスト」が「スポーツ」です。

プレンスキーの本に出てきた遊び，ゲーム，競技（コンテスト），スポーツの関係の整理とまったく同じものが，アレン・グートマン（A. Guttmann）の『スポーツと現代アメリカ』に出てきます。この議論をもとに，スポーツの美学的考察を展開したのが樋口聡の『スポーツの美学』です。その関係図を引用します（図1）。

ここから，遊びにルールによる組織化が図られたものが「ゲーム」であることがわかります。「ルールのある遊び」が「ゲーム」の基本的意味なのです。そのゲームには，「競争」を含むものも含まないものもありますが，「競争」を含んだゲームが「競技（コンテスト）」です。「競技」には，チェスや将棋のようなゲームも含まれますが，その競争が競技者の**身体的卓越性**によってなされるものが，わたしたちの知っている近代「スポーツ」です。

「ゲーム」とは「ルールのある遊び」です。これには広く様々なものが含まれ，先に挙げた学習のための「デジタルゲーム」なども含まれます。この広範囲の「ゲーム」の中で，「競争」の要素が加えられたものが「競技」，さらに「身体性」が加えられたものが「スポーツ」です。この基本要素の広がりを，今，「ゲームの構造」と考えてみることができるでしょう。この広がりが「ゲーム」にはあるので，それゆえに，先にみた辞書における説明の幅が出てくるものと思われます。日本語の辞書は，勝敗を競う競争的なゲームを「ゲーム」の意味の基本としていることもわかります。

「ゲーム」とは「ルールのある遊び」だと述べても，「ゲーム」の実態はつかめません。「ルール」や「遊び」という言葉が，必ずしも明瞭ではないからです。そして「スポーツ」について考えるためには，さらに，「競争（競技）」ということと「身体性」ということも考慮しなければなりません。

このようにして，図1にみられる「遊戯性」「組織性」「競争性」「身体性」が，ゲームの構造の基本要素であると理解できるのです。

（樋口　聡）

▷3　「美学（aesthetics）」という学問の方法を使って，スポーツにみられる美的現象を考察すること。美学の主たる研究対象は芸術であり，美学の実際的な内容は芸術の哲学である。スポーツの美学的考察では，芸術との対比のもとで，スポーツにおける美的現象の哲学的意味が究明されている。

▷4　樋口聡（1987）『スポーツの美学』不昧堂出版。

▷5　身体的卓越性
身体的能力が優れていること。走って速いとか，ボール操作が巧みであるといったことである。

▷6　スポーツという語の定義には注意が必要である。競争を含むものが近代スポーツの基本的な形であるが，それから派生した競争を含まない身体的活動，例えばジョギングなども，一般にスポーツと呼ばれているからである。

▷7　ここでいう「身体性」は，「知的な（intellectual）競技」と対比される「身体的な（physical）競技」を特徴づけるものを意味する。チェスや将棋などの競技とサッカーなどのスポーツ競技の違いとして，競技の勝敗が身体的能力の優劣に大きく依存することを指摘することができるが，そのようなスポーツの特性が，ここでいう身体性である。

おすすめ文献

†A. グートマン／清水哲夫訳（1981）『スポーツと現代アメリカ』TBS ブリタニカ。

†樋口聡（1987）『スポーツの美学』不昧堂出版。

†樋口聡（1994）『遊戯する身体——スポーツ・美批評の諸問題』大学教育出版。

第Ⅱ部　スタジアムからスポーツを倫理する

6　ゲームの倫理学

　ゲームと試合

① 「試合」の一般的意味

日本語の辞書では，「スポーツの試合」という意味を「ゲーム」に含めているものがありました（『精選版日本国語大辞典』『明鏡国語辞典』）が，英英辞典をみてみると，もっとはっきりと，スポーツなどの競争的活動を game と呼んでいます（Oxford Dictionary of English）。それは日本語では「試合」となるでしょう。オリンピックのことを英語で The Olympic Games といいます。様々な競技の集合体を意味しているのですが，さらに具体的には，それぞれの競技の games（試合の集まったもの）ということになるでしょう。

『日本国語大辞典』では，「試合」は「武芸・競技などで技の優劣を競いあうこと。マッチ。ゲーム」と説明されていますが，本来は「為合」で「しあうこと」を意味していたと記されています。マッチ（match）という英語が挙げられているように，競技を構成するひとつのまとまりが「試合」だということです。その「試合」には，勝敗を決するシステムが含まれています。その「まとまり」は，ゲームの時間で規定されたり（サッカーやバスケットボールなど），ある得点への到達（テニスやバドミントンなど）や一定の距離（陸上競技の競走種目や水泳の競泳種目など）の設定など，様々です。

② 「練習」の対照概念

スポーツの競技選手の間では，「ゲーム」という語よりも「試合」という言葉の方が，普段，よく使われているでしょう。「試合」は「公式の競技会」を意味します。その意味では，「試合」は「練習」の対照概念です[▷1]。継続的な練習の中で，「試合」の日にちが設定されます。それを目指して，競技選手は，練習のスケジュールを作成し，トレーニングに励みます。そのトレーニングの中には，「試合」を想定した実戦的な練習も含まれます。そのとき，特に球技種目では「ゲーム」という言葉が使われ，個別的なテクニックの反復練習などと対比して「ゲーム」練習などといわれることがあるでしょう。より公式戦に近いものになると「練習試合」になります。

「試合」の向こうに「練習」の存在があることに気づいてみると，「練習」の重要性がみえてくるでしょう。どんなに優れた競技選手でも，はじめは初心者です。見事なパフォーマンスは，「練習」に支えられているのです。哲学者の

▷1　あることがらが別のことがらとの関係で規定されること。例えば同じバレーボールのゲームを行う場合でも，それが「公式の試合」としてなされるということは，「練習ではない」ということを意味している。同時に，「試合」は，「練習」の積み重ねの先にあることも意味している。

O. F. ボルノウ（O. F. Bollnow）が，「練習」の重要性について，次のように述べています。「練習は……完全な仕事に先行し，それが達成されれば余分なものになる前段階ではなく，完全な仕事はたえず繰りかえされる練習のなかでのみ，達成される。持続される練習は……そのなかで人間の生命が新鮮に保たれる形式であり，それがなければ，生命はすぐに硬化してしまうのである」。近代スポーツに含まれる課題達成のために誰にも求められる「練習」によって，「試合」や「ゲーム」がはじめて成立可能になるという事態は，スポーツ倫理学において，重要な見方となるでしょう。設定した目標のために，自らの生活を節制し，勤勉に精進するという近代的な価値観が，そこにはあります。目標の設定の是非や練習方法の適切さ，さらには「試合」の結果の受け止め方など，スポーツ倫理学が考究すべき問題が，そこにはたくさんあるでしょう。結局，誰のための何のためのスポーツか，といった根本問題に出会うとき，スポーツ倫理学の問題は，上記の「生命を新鮮に保つ形式としての練習」といった「練習」の哲学的意味などを考えることにもつながってきます。

3 競技（試合）を考えるための「ゲーム」

「ゲーム」は「ルールのある遊び」です。それには「競争的なゲーム」もあり，それが「ゲーム」の中心的な意味ととらえられています。「競争的なゲーム」は競技ですので，それに特徴的な「試合」との結びつきもみえてきます。日本語の「試合」は，「本番」や「真剣」といったニュアンスをもちますので，「試合」といった場合，それが，非競争的なゲームなどいろいろありうる「ゲーム」のひとつの形であることが忘れられがちです。

先に参照した *Oxford Dictionary of English* では，game の意味として「スポーツの競争的活動」とともに，「楽しみ（amusement）のために行う活動」を挙げています。日本語では「ゲーム」と「試合」は別の言葉となっていて，「ゲーム」は楽しんでやるけれども，「試合」は真剣に競い合わなければならないと思われがちです。その結果，「ゲーム」が「試合」となることで，勝敗へのこだわりが増して，「ゲーム」の楽しさが犠牲にされてしまう，と思われがちです。しかし，game という英語の基本的意味を考慮すると，それが「試合」となったとしても，その語の意味には「楽しさ」も含まれうると考えてみることができるでしょう。スポーツは勝敗を競うゲームです。そのことは，オリンピックやワールドカップのようなトップレベルのスポーツだけにあてはまることではなく，レクリエーションとして行うスポーツでも，同じことです。競技（試合）を「ゲーム」という視点からみてみると，競技のレベルといったこととは別のところに，競技（試合）の基本的な形があることがわかります。

(樋口　聡)

▷2　ボルノー, O. F./浜田正秀訳 (1973)『哲学的教育学入門』玉川大学出版部, 104頁。

▷3　フランス革命などの市民革命や産業革命などによって, 18世紀の後半にヨーロッパで形をなした「近代」という時代に特徴的な価値観。市民として法的秩序を守り, 産業の隆盛のために自分ができることを自覚し, 自らの目標を立て, 目標達成のために生活を節制し勤勉に精進することが大切なことであるとする考え方。

▷4　ここでいう「レクリエーション」は, 仕事や勉学などの余暇に, 身心の疲れを癒すために行う様々な活動を意味している。したがって, レクリエーションとしてスポーツを行う場合, 身心の疲れを癒すことになるように工夫がなされることがある。例えばサッカーをレクリエーションとして行う場合, 勝敗にこだわらないといった工夫がなされることがあるが, しかし, ボールをうまくコントロールしてゴールを狙うといったゲームの特性は維持されるだろう。そうでなければ, レクリエーションだとしても, サッカーを行うことにはならないからである。

おすすめ文献

†中村敏雄編 (1993)『スポーツ文化論シリーズ②　スポーツのルール・技術・記録』創文企画。

†樋口聡 (1994)『遊戯する身体——スポーツ・美批評の諸問題』大学教育出版。

6 ゲームの倫理学

ゲームを破壊するもの

1 「ゲーム」の基本構造への着目

「ゲーム」を破壊するものについて考察することは、スポーツ倫理学の重要な課題です。「ゲーム」をだめにしてしまうもの、それは「スポーツ」をだめにしてしまうものにつながります。「スポーツ」をだめにし破壊するものは何だ、と考えようとしたとき、論理的な考察のためには、「ゲーム」の基本構造を考える必要があります。

「ゲーム」とは「ルールのある遊び」ですから、「ルール」と「遊び」が、ゲームの基本構造にみられる要素であるといえます。したがって、「ルール」に従わないことが「ゲーム」を破壊することは、容易に理解できます。もうひとつは、「遊び」です。「遊び」でやっていたつもりが、いつのまにかそうでなくなってしまったら、おそらく「ルール」違反も引き起こして、その「ゲーム」は破壊されることになるでしょう。

つまり、「ルール」に従わないことと、「遊び」の基本的意味の破壊が、ゲームを破壊するものです。

2 「ルール」に従わないこと

サッカーやバスケットボールでプレイ中に相手チームの選手を殴ったりとか、禁止されている薬物をわからないように摂取して、筋肉量を増やして競技に臨んだりしたら、誰もが、そういった行為は「ゲーム」を破壊していると思うでしょう。確かに「ルール」違反は、ゲームを破壊するものです。

3 「遊び」の基本的意味（遊戯性）の破壊

もうひとつの要素である「遊び」について、それが破壊されることによって「ゲーム」が破壊されることを考えてみましょう。

まず「遊び」について、具体的な事例を使って考えてみます。きれいに整えられた芝の広場にボールがひとつ。5, 6歳くらいの子どもたちが10人ほど、そこにいます。抜けるような青空で、さわやかな風が吹いています。おそらく元気な子どもたちは、誰にいわれるわけでもなく、芝の上をかけはじめ、ボールをうれしそうに蹴りはじめるでしょう。子どもたちの歓声が響きます。楽しい「遊び」のひとときです。このボール遊びは、子どもたちによって自発的に

▷1　ゲームという事柄に見出すことができる骨組みが、ここでいう基本構造である。その骨組みがくずれると、それはゲームとはならなくなってしまうような条件でもある。「ルールのある遊び」と「ゲーム」をとらえると、「ルール」と「遊び」がその柱である。家の構造にたとえてみれば、実際の具体的なゲームは、この柱に支えられて、様々な壁や床や屋根などをもつ。それらが、ゲームの実際の差を生み出すが、この2つの柱が存在していることは、すべてのゲームにあてはまる。そうした基本的な枠組みが基本構造である。

▷2　ここでは、実際に「サッカー」が歴史上どのように誕生したかということを問題にしているのではない。ここに示されたのは、「ルール」について具体的

始められたものです。それは楽しいものであっても，自然に終了するものです。このボール遊びがさらに継続されていくとき，「遊び」の流れや方法に関わって「合意」や「きまり」が設けられる可能性があります。それが「ルール」の登場です。そこで，自発的な「遊び」は，ルールによって組織化され，「ゲーム」となります。その「ゲーム」のひとつの形が，誰もが知っている「サッカー」です。▶2

「ルール」によって，サッカーという身体的な競争を含んだ「ゲーム」は規定されています。「ルール」によって，ボールのサイズや，ピッチやゴールの大きさが決められ，手でボールを操作してはいけないなどのサッカーの特性も，「ルール」によるものです。この「ルール」がなければ，手でボールを触ってはいけないなどということは意味をもちません。サッカーでは何をしなければならないか，何をすることはできないのか，サッカーというゲームで意味があることは何なのかは，「ルール」によって作り出されているのです。スポーツでは，「ルール」によって，走ることや投げることや跳ぶことなどの行為に意味が与えられます。それは，そのスポーツの中でしか意味をもちません。ボールを手で操作してはいけないということにある意味は，サッカーというスポーツの中だけで通用することであり，バスケットボールという別のスポーツであれば，ボールを手で操作することが主たる行為となりますし，ピッチを離れて日常生活にもどれば，あたりまえのようにボールを手でもつことになるでしょう。どんなに真面目なサッカー選手でも，サッカーボールの後片付けは手で行うのです。そうしたスポーツの世界の中にある独特の意味を，「スポーツの中にある意味のつながり」と呼ぶことができます。

スポーツの中にある意味のつながりは，当該のスポーツの中でしか意味をもちません。したがって，日常的な視点からみれば，スポーツの中にある意味のつながりは，無意味です。ボールを見事にドリブルして相手のディフェンスを抜くことができることは，バスケットボールでは大切なことですが，日常生活ではまったく意味をもたないのです。そうした日常生活では無意味なことに重大な意味を与えているのが，スポーツという「ゲーム」です。日常生活での無意味性ということが，「遊び（遊戯性）」ということの基本的意味です。▶3

この「遊び」の基本的意味を受け入れることができなければ，スポーツという活動が成立しなくなるので，スポーツという「ゲーム」を破壊することになります。「遊び」の基本的意味（遊戯性）の破壊が，「ゲーム」を破壊するものなのです。また，「遊び（遊戯性）」という意味のつながりが，「ゲーム」の中にあるものであることを誤解すると，「ゲーム」の外にまで過剰な意味付与がなされることがあります。「ゲーム」の中の出来事（勝敗）を，社会や人生の問題にまで拡張してしまう過ちです。いわゆる勝利至上主義などがそれです。これもまた「ゲーム」を破壊します。

（樋口　聡）

に考えるための想像的な議論である。こうした試みは，思考の中であたかも実験を行うことであり，「思考実験」と呼ばれる。

▶3　ここで「遊戯性」という言葉を添えるのは，遊びについての哲学的議論からきている。「遊び（遊戯）」の（哲学的）「本質特性」という意味で「遊戯性」という言葉が使われている。ここでいう「遊び」は，「単なる遊びだよ」といわれるような，「真剣」や「真面目」と対立的に使われる一般的な意味の言葉ではない。スポーツはルールによってつくられた「遊び」であるが，スポーツ選手の姿をみてわかるように，「真剣」で「真面目」でありえるのである。「遊び」は教育学や哲学のテーマであり，これまで様々な研究がなされている。決して簡単なテーマではないが，樋口聡・山内規嗣（2012）『教育の思想と原理』（協同出版）の第 7 章（164-196頁）で，「遊び」がわかりやすく論じられている。そこでは，「遊び」の哲学の基本問題が，「仕事」の哲学と結びつけられて考察されており，これをみるだけでも，「遊び」の問題の広さと深さを感じ取ることができるだろう。

おすすめ文献

†中村敏雄編（1993）『スポーツ文化論シリーズ②　スポーツのルール・技術・記録』創文企画。

†樋口聡・山内規嗣（2012）『教育の思想と原理——良き教師を目指すために学ぶ重要なことがら』協同出版。

6 ゲームの倫理学

④ ゲームとルール遵守

1 ルールについて

「ルール」を守らないことが、「ゲーム」を破壊することになるのですが、その場合の「ルール」には注意が必要です。「ゲーム」のひとつである「スポーツ」について、ここでは考えてみましょう。守能信次は、スポーツ・ルールの構造の考察の中で、スポーツ・ルールを、コートの大きさやゲームの時間、ゲームのやり方などといった、スポーツが実際に行われる客観的条件を定めるルールと、行為を規制するルールとに分けています。[1]

▷1　守能信次（1984）『スポーツとルールの社会学』名古屋大学出版会、107-144頁。

2 客観的条件を定めるルールの遵守

コートの大きさやゲームの時間や使用する用具の規格などを定めるものがこのルールですので、これは、ゲームがゲームとして成立するために遵守されなければならないことは、いうまでもありません。公式の競技会では、この遵守は、個々のプレイヤーにではなく、まず、競技会の開催関係者に求められるものです。また、このルールは、ゲームがどのように始まってどのようにして決着するのかも決めるものですので、「遊び（遊戯性）」の「意味のつながり」を生み出すものです。その「意味のつながり」とは、例えばサッカーであれば、チームでうまくボールをコントロールして相手側のゴールにボールを蹴りこむことに専念することといった、ゲームの一連の流れを示すものです。このように、このルールはゲームそのものを構成するものですので、構成的ルールと呼ばれることもあります。ゲームに参加したら、そこに設定されている「意味のつながり」に沿ったプレイをしなければなりません。ゴールを目指さないようなサッカー選手がいたとしたら、それは通常「ルール違反」とはいわれないとしても、この客観的条件を定めた構成的ルールを遵守していないことになるでしょう。

他方、このルールの中には、実際に行われるゲームにおいて、必ずしも一律に遵守されないものもあります。コートの大きさなど、例えば十分にスペースがとれない場所で簡易にゲームがなされるとき、柔軟に変更されることはしばしばあることでしょう。それは、公式の競技会ではなく、そのゲームを簡便に楽しみたいという人々によってです。客観的条件を定めたルールから、何を省き、変更できるか。それはそれを行う人々の都合で決められますが、そのゲー

ムがそのゲームであるための最低限の条件は、自ずと遵守されるでしょう。テニスというスポーツから審判やボールボーイを省いても、レクリエーションとしてのテニスはできるでしょうが、ラケットとボールを使わないというわけにはいかないでしょう。もし、そのようなバリエーションをつくり出せば、それは異なるゲームの創作です。

3 行為を規制するルールの遵守

○ プレイ中に殴るなどの行為を規制するルールの遵守

このルールは、プレイ中に相手選手を殴ったり押し倒したり、といった行為を禁止するルールです。身体接触が起こるスポーツでは、明確に規定されているものですが、守能も指摘するように、どのような行為を規制するかは、スポーツによって異なります。しかし、いずれにしても、このルールは遵守されなければならないものです。そうでなければ、スポーツは暴力行為そのものとなってしまい、何のためのスポーツなのかがわからなくなってしまいます。

○ タッチネットやオフサイドなどを規制するルールの遵守

バレーボールのタッチネット、サッカーのオフサイドを規制するようなルールもまた、プレイ中には遵守が求められるものです。例えば、バレーボールでネットを引っ張って下げることなどが容認されれば、「ネットを下げるテクニック」などが幅を利かせ、勝敗を決する要因が影響を受けて、ゲームの姿は変質してしまうでしょう。しかし、相手に直接危害を加えるような行為とは違い、このルール違反は、多かれ少なかれゲームの中で起こってしまうものです。このルールの場合、より重要なのは、ルール違反した場合に科される罰則をきちんと受け入れるということです。

○ スポーツマンシップやフェアプレイなど道徳的性格をもつルールの遵守

フェアプレイなどの精神は、ゲームをとりまく文化の風土を醸成する上で大切なものではありますが、必ずしも明確に行為の中味を規定するものではありません。「選手は最後まで全力でプレイすべきだ」といったことは規範として間違っているわけではありませんが、陸上競技の200メートル競走の途中で肉離れを起こしてしまった選手が、何が何でもゴールまで、はいつくばってでも（全力で）たどり着くべきだなどとはいえません。

▷2 I-2 を参照。

客観的条件を定めるルール遵守の倫理的意義は、ゲームという場を成立させ、そこに集う人々のゲームの共同体を生み出すことです。そして、行為を規制するルール遵守の倫理的意義は、そのゲームの共同体を安定的に維持し、社会的な承認も得て、ゲームの共同体の発展に寄与することです。　　　　（樋口　聡）

おすすめ文献

†守能信次（1984）『スポーツとルールの社会学』名古屋大学出版会。
†守能信次（2007）『スポーツルールの論理』大修館書店。

6 ゲームの倫理学

5 ゲームにおけるチート行為

1 「チート」とは

「チート」は，英語の cheat をカタカナ表記したものです。「だますこと。ごまかすこと」といった意味です。試験での「チート」がカンニングです。ルールを遵守しない不正行為ですが，明らかに誰の目にもみえてわかるルール違反ではなく，ルール違反であることを意図的に隠す不正行為ということができるでしょう。

2 チート行為の実際

ルールの遵守の仕方を考慮して，チート行為の実際を考えてみましょう。例えば，決められた用具の規格に反していて，それを使うことで，競技で有利になるとか，体重制限がある競技で，自分の有利になるようにその事実を偽るとか，審判の見えない位置を意図的につくって**ハッキング**などの行為を行うとか，審判の目を盗んで**フットフォールト**などを犯し，自分に有利な状況をつくるとか，そういったことが考えられるでしょうか。

用具の規格違反や参加の資格違反などは，基本的には，競技の運営組織によって厳格に管理されるもので，通常は，容易には犯すことができないものでしょう。ゲームの枠を越えて，運営組織のしかるべき担当者を買収するなどといったこともありえるかもしれませんが，それは，まさにゲームの中でのルール違反を越えて，一般的な法律に抵触する行為でしょう。

審判の目を盗む行為などは，ゲームによっては戦術的なふるまいとも接しており，明確に白黒つけることができない場合も多いようです。その白黒をはっきりさせるためにビデオ判定などが導入されたりしていますが，チート行為はいずれにしても不正であるということを理解すれば，プレイヤーのふるまいは，チート行為は行わないという自覚とともに，それのファウルを宣告された時に，反省をこめてそれを受け入れる姿勢が求められるでしょう。グレイなチート行為の可能性はどこにでもあり，それは，プレイヤーの人柄についての試金石のような役割も果たしているといえるのかもしれません。

チート行為は，不正を隠そうとするものですので，通常は，わたしたちの目にふれにくいものです。一例として，2006年のワールドカップ・サッカーの決勝戦で，フランスのジダン選手がイタリアのマテラッツィ選手に頭突きをした

▷1 ハッキング（Hacking）
ハンドボールやバスケットボールなどの球技で，ボールの奪い合いやシュートの阻止などの際，相手の身体をたたく反則。バスケットボールでは，現在，イリーガル・ユース・オブ・ハンズという。

▷2 フットフォールト（Foot fault）
テニスやバレーボールなどの球技で，サービスの際の足の位置に関する反則。サービスの際にラインを踏んだりするとこの反則となる。

という事件を挙げてみましょう。サッカーというゲームの中では，ジダン選手の行為は明らかなルール違反であり，それに対しては，レッドカードによる退場という処分がなされています。しかし，なぜジダン選手がこのような行為に及んだかは，かならずしも明確ではなく，報道によると，ピッチの上で，ジダン選手に対する侮辱的な発言がマテラッツィ選手からなされ，それに怒ったジダン選手が頭突きをしてしまった，といいます。また，そのような侮蔑的発言は日常茶飯事であるともいわれています。もしそれが真実だとすると，審判や観客にも聞こえず，相手に精神的なダメージを与える侮蔑的発言といった行為はチート行為ということができるでしょう。その時の審判には，そのチート行為を取りあげ処罰する術がなかったとすれば，ジダン選手にとっては，サッカーというゲームで通常はありえない頭突きという暴力行為が，チート行為を暴き出すための唯一の直接的な手段だったのかもしれません。ゲームにおけるチート行為は，このような事態を引き起こすこともあり，モラルとはいかなるもので何が倫理的なことなのか，現実においては，けっして単純に扱うことができるものではないことを，この事例は教えます。

3 チート行為の一般例

見つからないようにごまかすチート行為の一般的な例のひとつは，特に競争的なゲームであるトップレベルのスポーツにみられる，いわゆるドーピングでしょう。スポーツ競技において摂取してはいけない禁止薬物がありますが，スポーツの現場ではドーピング検査で禁止薬物の使用を摘発される例が後を絶たず，検査で検出されないような新種の薬物がつくられている，といいます。摂取したことが発覚しないような工作をする，悪質なチート行為です。

ドーピングというチート行為は，スポーツというゲームすなわち「ルールのある遊び」の「遊び（遊戯性）」とからんで，複雑な問題を投げかけています。スポーツは競争を行為の意味の中に含んだゲームですので，競技力の向上という行為が自然に生じます。それが現実的に競技者の心身に深刻な影響を与えていることが，ドーピングの場合は薬物の副作用という医学的根拠で，明らかにされているわけです。そのような行為に関係者が走ってしまうのは，ゲームとしてのスポーツに特徴的な遊び（遊戯性）というスポーツの中の意味のつながりが，スポーツの外の世界に，過剰な名誉や金銭収入といった形で連続してしまっているからです。

もうひとつの例は，いわゆる八百長です。勝敗を決する競争的なゲームでは，深刻な不正行為としてなされることがあります。何らかの理由で，多くの場合は金銭がからんだ理由で，意図的に競技に負けることですが，外見上，ゲームのルールに抵触することがないように，わからないようになされるものですので，チート行為の典型です。

（樋口　聡）

▷3　樋口聡（2009）「多面体としてのスポーツ」友添秀則・清水諭編『現代スポーツ評論』20, 創文企画, 68-69頁。

▷4　道徳のことをモラルというが，規則を守るといったことを越え，人が生きていく上であえてなすべき行為についての考え方や態度をも意味する。

▷5　日本体育学会監修（2006）『最新スポーツ科学事典』平凡社, 23頁。

おすすめ文献

†樋口聡（2009）「多面体としてのスポーツ」友添秀則・清水諭編『現代スポーツ評論』20, 創文企画, 68-79頁。
†有元健ほか編（2005）『サッカーの詩学と政治学』人文書院。

6 ゲーム中の不正行為はなぜ許されないのか

1 ゲーム中の不正行為がもたらすもの

　ゲームの外にも中にも不正行為はありえます。ゲーム中の不正行為に注視してみますと，それは，様々な種類のルール違反です。対戦相手に危害を加えるようなルール違反はいうまでもなく不正行為ですが，むしろ，不正を隠そうとするチート行為が，いっそう深刻な不正行為でしょう。前者であれば，たちどころにゲームは中断され，問題を起こしたプレイヤーはルールに基づいて処分され，しかるべき方法でゲームは再開，続行されます。しかし，後者の不正行為は発覚しないこともあり，ゲームそのものを歪めてしまうおそれがあります。このチート行為も，広い意味でのルール違反であることは当然です。

　守能信次は，スポーツ・ルールの機能として，(1)法的安定性の確保，(2)正義の実現，(3)面白さの保障，を挙げます[1]。ゲーム中の不正行為がもたらすものは，これらの機能が妨げられることである，ということができるでしょう。それゆえに，ゲーム中の不正行為は許されないのです。

▷1　守能信次（1984）『スポーツとルールの社会学』名古屋大学出版会，57-85頁。

2 法的安定性が妨げられるから不正行為は許されない

　法的安定性の確保とは，法によって社会に一定の秩序を打ちたてようとすることです。ゲームの中で，どのような行為は認められ，どのような行為は禁止されているのかが，ルールによって規定され，それによってゲームの一定の秩序が確保されています。ゲーム中の不正行為は，その秩序を乱し，安定的なゲームの続行を阻害します。

3 正義の実現が妨げられるから不正行為は許されない

　守能は，スポーツにおいて問題になる正義として，平均的正義（各個人を形式的に平等の存在として扱うこと）と，配分的正義（能力などに応じて異なる扱いをすることで個人間に実質的平等を実現すること）を挙げます。すべてのプレイヤーがゲームに参加するにあたって平等に扱われることが平均的正義ですし，プレイヤーの能力やプレイのできばえによってそれに見合った報賞（表彰）をプレイヤーが受けることができることが配分的正義です。これらは，ルールによって確保され実現されます。ゲーム中の不正行為は，こうした正義の実現を妨げるのです。

4 面白さを破壊するから不正行為は許されない

　守能が，ルールが担う最終的機能として重要視するのが，面白さの保障です。ルールは，当該のゲームの関係者の合意による宣言であり，それは，そのゲームを面白いものにするためにある，というゲームのルールの本質的理解に立つ考え方です。その「面白さ」というのは，例えば，サッカーというゲームは，公式には1チーム11人以下7人以上のプレイヤーで行うものと規定されていますが，仮に30人で行うサッカーも考えられなくはないとしても，もしそのような「サッカー」にしてしまったとしたら，それはまったく違うゲームになってしまいます。今のサッカーがそんなふうにならないのは，現行の11人サッカーにゲームの「面白さ」が認められているからです。もちろん，新たな「面白さ」が30人サッカーに見出され，人々の合意があれば，サッカーというゲームは変わる可能性があります。この「面白さ」は，実際にプレイするプレイヤーにとっても，それを見る観客にとっても，そのゲームの関係者にとっても，あてはまります。現行の11人サッカーにプレイヤーも観客も関係者も独特の「面白さ（そのゲームの魅力）」を見出しているのであり，それゆえに，その「面白さ」を維持するためにルールが機能するのです。

　この見方は，ゲームのルールの背後に，倫理的・道徳的な理由づけがあるという考え方に対して批判的です。先に挙げた「法的安定性の確保」も「正義の実現」も，最終的にはゲームの「面白さ」を保障するためだというのです。

　ゲームのルールについてのこの理解は，「遊び（遊戯性）」というゲームの本質特性と結びつきます。ゲームは，人為的につくられた意味のつながりをもつものです。その意味のつながりは，ルールによって生み出され，ルールによって守られるものです。守能が指摘するように，そのゲームの「面白さ」を実感・共感できない人は，そのゲームのルールに従わない，という行動をとるのではなく，端的に，そのゲームに参加しない，ということになるだけです。一旦，そのゲームに参加しようとしたならば，プレイヤーは，そのゲームのルールに従わなければなりません。それが，そのゲームに参加する，プレイするということだからです。

　このように考えますと，ゲーム中の不正行為はなぜ許されないのか，それは，「不正行為は道徳に反するから」ではなく，そのゲームの「面白さ」を奪い，そのゲームの存立を危うくするからなのです。時代の流れとともにそのスポーツの「面白さ」に対する人々の感覚が変化すれば，スポーツは変化する可能性があります。その観点では，現在のルールが絶対であるわけではありません。この「面白さ」には，白熱したゲーム展開の可能性の確保とともに，身体接触による怪我人の続出などを避けるといったことも含まれます。怪我人が続出するようなゲームは，誰にとっても面白くないからです。

(樋口　聡)

▷2　ゲームの基本構造から導き出されるゲームの基本特性を本質特性という。当該のゲームがゲームとして成り立つための必要十分条件である。スポーツというゲームでは，「遊戯性」「組織性」「競争性」「身体性」が本質特性である。

おすすめ文献

†中村敏雄編（1993）『スポーツ文化論シリーズ②スポーツのルール・技術・記録』創文企画。
†守能信次（2007）『スポーツルールの論理』大修館書店。

6 ゲームの倫理学

7 ゲームが正しく行われるために

1 ゲームの理解

　ゲームは「ルールのある遊び」であり，ゲームの中にある遊戯性は，人為的に「面白さ」を目指して設定された意味のつながりです。私たちが知っているサッカーやバスケットボールの「面白さ」は，それによって生成，確保されています。そのゲームを実際にやってみようとする人，審判や監督，さらにそのゲームを楽しもうとする観客も，まず，そのゲームがどういったものであるかを理解しなければなりません。その理解は，いきなりルールブックを読んで学習するといったことではなく，経験者に導かれてゲームを行ったり観たりする中で，ルールも学んでいくことになるでしょう。時には，本や資料を使ってのルール学習や戦術学習も必要かもしれません。このゲームの理解がなければ，ゲームを正しく行うことはできません。

2 ゲームへの意欲

　ゲームを適切に理解して正しくゲームが行われるためには，ゲームが中に含んでいる意味のつながりを知的に理解するだけでなく，その意味のつながりが求めることに積極的に答えようとする意欲が，プレイヤーには求められます。陸上競技の100メートル競走というゲームは，公式に設定された100メートルの直線路をできるだけ速く走ることを競うものです。それが陸上競技の100メートル競走というゲームの中にある意味です。したがって，このゲームに参加する人は，100メートルをできるだけ速く走ろうとする意欲をもって，ゲームに臨まなければなりません。自分は勝たなくていいので走らずに歩くとか，隣のレーンの友人に勝たせたいので手加減して走るといったふるまいは，ゲームを正しく行うことにはなりません。前者の場合，そのようにふるまう人は，そのゲームに参加することにならないでしょう。走るのではなく歩くのですから。後者の場合は，状況によってありえそうなケースですが，要するに八百長です[41]。ゲームは正しく行われていない，といわなければならないでしょう。ゲームの観客や関係者も，参加者の意欲を後押しすることが必要でしょう。

3 練習等による準備

　特に競争を含んだゲーム，例えばスポーツに一生懸命取り組むということは，

▷1　Ⅱ-7 を参照。

そのゲームのルールを遵守して勝つことを目指すことです。この場合の「勝つこと」は、ゲームの中にある意味のつながりに含まれた競争性を意味しています。バスケットボールであれば、ボールをキープして、あるいは相手からボールを奪い、自分のチームの中でうまくボールをパスしあい、あるいはドリブルをして、相手側のバスケットにボールを入れることを目指すということです。その結果、ゴール数が多いチームが勝ちとなります。これが、バスケットボールというゲームをプレイするということです。勝敗にはこだわらないとして、勝つのではなく負けるためにプレイするなどということはありえません。ゲームのプレイそのものとは別に、「インカレで優勝する」などといった競争とスポーツはしばしば結びつけられますが、この種の競争はゲームの中にあるものではなく、その意味で外的な競争性で、ここで問題にしている「勝つこと」とは次元が違います。バスケットボールというゲームでは、パスやドリブルやシュートといったことは実際の事柄として見出せますが、そのゲームの中をいくら探しても、「インカレ」は見出せないでしょう。

　ゲームに参加すること、すなわち「勝つこと」を目指すためには、当然のことながら、練習をして技能を向上させ、戦術も磨く、といったことが求められます。コンディションの調整も必要でしょう。このことは、トップレベルのスポーツだけに当てはまることではありません。バスケットボールで、ボールを受け取ることもうまくできない、パスやドリブルもいつも失敗するといった状態では、このゲームを適切に行うことはできません。

4　ゲームに対する相対的な視点を学ぶ

　ゲームの中にある意味のつながりは、そのゲームの中でしか意味をなしません。そのことを適切に理解するためには、ゲームを外から相対的に眺めることができる視点をもたなければなりません。それによって、例えばスポーツというゲームに対しては、「たかがスポーツだ」という分別が得られるとともに、何ゆえにそのスポーツに参加するのか、という自分が立っている状況の理解も可能となるでしょう。そのスポーツで勝ったからといって何の実利も得られないにもかかわらず、また逆に、負けても、負けても、どうしてそのスポーツに一生懸命に打ち込むのか。実際のスポーツの実践は、そうした状況理解における分別のもとで、なされているに違いありません。しかしながら、ゲームの中にある意味のつながりとしての競争性が、ゲームの枠を越えて、外的な競争性へと傾斜していくことが一般的にありえることも現実です。いわゆる勝利至上主義です。それに対抗するために、「スポーツは勝つことがすべてではない」などといわれ、そうした心情が強調されることがしばしばありますが、それによって、ここで指摘されたゲームの中にある競争性まで不確かなことになってしまえば、スポーツというゲームを正しく行うことにはならないのです。　　　（樋口　聡）

▷2　当該のゲームを絶対視しないで、冷静に客観的にみることができる視点が、ここでいう相対的な視点である。

▷3　Ⅱ-4-2 を参照。

おすすめ文献

†守能信次（2007）『スポーツルールの論理』大修館書店。
†樋口聡（1994）『遊戯する身体』大学教育出版。
†中村敏雄編（1993）『スポーツ文化論シリーズ②　スポーツのルール・技術・記録』創文企画。

7 スポーツと八百長の倫理学

八百長とは何か

1 八百長の定義

　八百長は，英語では，Match-fixing と表現されます。ここでは，八百長について3つの定義を確認します。

　第1に，スポーツジャーナリストである D. ヒル（D. Hill）の定義です。ヒルは，八百長を「スポーツの競技で，選手または審判が，チームが試合で負けたり引き分けになるよう意図的に普通よりも悪い動きをすること[1]」と定義しています。そして，彼は，相手のファウルに見せかけるために故意に転倒することや，接触プレイで相手を痛めつけることは，相手を欺く行為ではあるが，勝つためのプレイであって，八百長には含まないと主張します。

　第2に，法律家である山崎卓也の定義です。山崎は，八百長を「試合結果の予測不可能性を侵害する現実的危険性ある行為[2]」と定義しています。これは，八百長が試合結果の予測不可能性を前提とするスポーツ産業に実害をもたらすという法的な観点から導き出されています。そのため，オリンピック・ロンドン大会で問題となったバドミントンの無気力試合は，次の試合での勝利を目指した行為であり，八百長ではなく戦略のひとつであると説明されます。それは，試合日程や対戦カードからパフォーマンスを落として戦うことがある程度予測できるため，試合結果の予測不可能性の侵害には当たらないと理解するからです。

　第3に，倫理学を専門とする川谷茂樹の定義です。川谷は，八百長を「実際の勝敗に先立って，秘密裏に勝敗を決定しておくこと[3]」と定義しています。彼は，八百長が「勝敗の決着による強さの決定」というスポーツの目的の達成を不可能にすると説明しています。川谷の理解によれば，先に示したバドミントンの無気力試合は，試合の未確定性を破壊する行為であり，八百長の範疇ではないかと考えられます。しかし，これに関しては，山崎のように戦略とする理解もあり，現在のところ統一した見解はみられません。

　本章では，八百長を，スポーツの試合において，選手または審判が，意図的にパフォーマンスを落とし，試合結果の未確定性を破る行為であると定義します。ただし，より高次な勝利のために意図的にパフォーマンスを落とす戦略と区別するため，何らかの買収行為が伴うものを八百長とします。

2 八百長の分類

▷1　ヒル, D.／山田敏弘訳（2014）『あなたの見ている多くの試合に台本が存在する』カンゼン, 60頁。

▷2　山崎卓也（2013）「Integrity 問題の法的な論点整理と国際的傾向——Sports Betting に関連する八百長問題，無気力試合・故意的敗退行為，その他」日本スポーツ法学会編『日本スポーツ法学会年報』第20号, 日本スポーツ法学会, 44頁。

▷3　川谷茂樹（2015）「スポーツにおいてなぜ倫理的問題が発生するのか」友添秀則編『現代スポーツ評論』32, 創文企画, 63頁。

▷4　賭博とは，偶然の結果に金品を賭けて勝負する

八百長には，調整型と賭博型の2つのタイプがあります。

調整型とは，チームがリーグ戦やトーナメントにおける優勝，あるいは，下部リーグへの降格を避けるため，試合を操作することです。例えば，対戦チーム同士の談合により，どちらかのチームがパフォーマンスを落とすことです。この場合，優勝などの結果そのものが報酬となったり，談合した相手チームから金銭などの報酬が与えられたりします。

一方，賭博型とは，賭博市場における利益を上げるため，対戦チームのどちらかが負けるか引き分けるように，試合を操作することです。ここでは，賭博での儲けを増やすことが優先され，八百長を実行するチームはどちらでもあまり関係がありません。この場合，主に試合結果を操作して利益を得る反社会的勢力から，金銭などの報酬が与えられます。また，賭博型には，テニスの試合におけるダブルフォールトの数，サッカーの試合におけるフリーキックやコーナーキックの数などを予測する「スポット賭博」が含まれます。それは，試合の勝敗に直接影響はしませんが，賭博市場における利益を上げるため，スポーツの試合において，選手が意図的にパフォーマンスを落とす行為です。

3 スポーツと結果の未確定性

映画化された B. マラマッドの小説 *The Natural*（訳題『汚れた白球』）は，1950年ごろのメジャーリーグが舞台です。原作では，八百長を拒否しながらも三振してしまい，八百長が暴露されて追放されるという暗い結末が描かれています。その最後に登場する "Say it ain't so!!（八百長してないよね!!）"は，1919年のワールドシリーズで起きた八百長事件にまつわるセリフです。スポーツの場合，現実は小説以上に思い通りにはいかないものです。2016年5月の，サッカーのイングランド・プレミアリーグでのレスター・シティの優勝のように，大本命の最有力チームが主力選手の予想外の不振に苦しみ，不安視されていたチームが新戦力の活躍で快進撃をみせることは珍しくありません。スポーツには，こうした結果の未確定性があるからこそ，観客は魅了され，贔屓チームに声援を送るのではないでしょうか。それは，R. カイヨワ（R. Caillois）が遊びの根底には結果の未確定性があると述べたことと相通じます。

このようなスポーツの根底にある未確定性は，賭博が推し進めたと説明されます。社会学者の N. エリアス（N. Elias）は，スポーツを観る楽しみに着目し，かつて，観客は，勝負が決まることに楽しみを味わっていたのが，次第に勝負の成り行きをはらはらどきどきしながら見守ることを楽しむように変化してきたことを指摘しました。そして，その変化が賭博と結びついて，対戦者双方に勝つ可能性を公平に分け与える方向にスポーツを向かわせたと述べました。八百長は，人類が人々を興奮させ，楽しませるために発展させてきた，結果の未確定性を損なう行為なのです。

（梅垣明美）

ことである。賭博市場とは，主催者と賭ける者とが取引を行う場のことであり，そこでの取引金額が多くなるほど，主催者側の利益が多くなる。

▷5 マラマッド，B./鈴木武樹訳（1970）『汚れた白球――自然の大器』角川文庫。

▷6 "Say it ain't so!!"は，1919年にメジャーリーグのワールドシリーズで起きた，ホワイトソックスの8人の選手による八百長事件で，裁判所から出てきたジャクソン選手に少年ファンが投げかけたとされている言葉である。

▷7 R. カイヨワ（1913-78）は，J. ホイジンガの『ホモ・ルーデンス』（中公文庫，1973年）を批判的に継承し，『遊びと人間』を著した。そこでは，遊びをアゴン（競争），アレア（運），ミミクリ（模倣），イリンクス（眩暈）の4つに分類した。
カイヨワ，R./多田道太郎・塚崎幹夫訳（1990）『遊びと人間』講談社。

▷8 エリアス，N./桑田禮彰訳（1986）「スポーツと暴力」栗原彬ほか編『身体の政治技術』新評論，106頁。

おすすめ文献

†N. エリアス／桑田禮彰訳（1986）「スポーツと暴力」栗原彬ほか編『身体の政治技術』新評論，93-130頁。
†小林章夫（1995）『賭けとイギリス人』筑摩書房。
†D. ヒル／山田敏弘訳（2014）『あなたの見ている多くの試合に台本が存在する』カンゼン。

7　スポーツと八百長の倫理学

 スポーツにおける八百長の実態

❶ 八百長はなぜ起きるのか──個人・チームの関与

　八百長は選手一人ひとりだけの問題ではありません。現在でもしばしば言及される野球の八百長事件のひとつに，1919年にアメリカのメジャーリーグワールドシリーズで起きた，ホワイトソックスの選手8人による八百長事件（いわゆるブラックソックス事件）があります。彼らが栄光を捨ててしまった原因には，処遇の悪さへの不満があり，そこに反社会的勢力がつけこんだといわれています。そして最初にリーダー的選手が計画に引き込まれてしまったので，チーム内の人間関係から周囲の選手も八百長や現金の受け取りを拒否できなくなったといいます。このように，チームスポーツでは，往々にして仲間の選手に流されて八百長に加担してしまうという状況が生まれがちです。

▷1　事件の概要は，アジノフ，E.／名谷一郎訳（1989）『エイトメンアウト』文藝春秋，を参照した。

❷ 八百長はなぜ起きるのか──経営陣の関与

　サッカーは，世界で高い人気を誇るスポーツですが，各国で深刻な八百長事件が起きています。そして，その多くに経営陣が関わっています。スペインでは，2010-11年シーズンの八百長疑惑で，日本代表の前監督ハビエル・アギーレが解任されました。1部リーグの残留がかかったレバンテの会長からの八百長依頼を承諾した疑いです。イタリアでは，2006年に1部リーグの名門チームであるユヴェントスの経営陣が八百長を仕組み，組織的にレフェリーに賄賂を贈っていたと告発されました。ユヴェントスは，2005年と2006年のリーグ優勝を取り消された上，セリエBに降格という，前例のない厳しい処罰を受けました。

▷2　安藤悠太（2015）「世界に広がる八百長の現状と対策」友添秀則編『現代スポーツ評論』32, 創文企画，132-141頁。

▷3　ローボトム，M.／岩井木綿子訳（2014）『なぜ，スポーツ選手は不正に手を染めるのか』エクスナレッジ，92-93頁。

　このように経営陣が八百長に関与するのは，リーグ残留と下部リーグ降格との間には天と地ほどの差があるからにほかなりません。毎年行われるリーグ戦は，クラブの経営をかけて戦われるため，降格となりクラブの存続が危うくなるのであれば，八百長も選択肢のひとつになりうるのです。もはや各国の八百長は，選手個人では止められない状況にあります。

❸ 八百長はなぜ起きるのか──観客の期待

　2012年のオリンピック・ロンドン大会では，バドミントン女子のダブルス競技で，負けるためにミスを繰り返すという試合が行われました。全力で戦わな

かったという点では同様のことが，日本女子サッカーでも起きました。1次リーグ第3戦で，決勝トーナメントへの進出を決めていた日本は，1位になり約8時間かけて次の試合会場に移動するよりも，移動しなくてすむ2位通過を選んだといわれています。1次リーグ第3戦を引き分けて終わった後の記者会見で，当時の監督佐々木則夫は，先発メンバーを7名入れ替えたことや，他の試合の様子に合わせて引き分けを明確に指示していたことを語ったと報道されています。一見すると八百長に思えますが，これについては，より高次な勝利を見通して行われる戦略という見方があります。しかし，海外メディアからは，「引き分け狙いなら，ファンは何のためにスタジアムに来たのか」と厳しい声も出ました。最高のパフォーマンスを観戦するためにスタジアムに足を運んだ観客は，日本女子サッカーの試合にがっかりしたのではないでしょうか。より高次な勝利に向けた戦略のためにパフォーマンスを落とすという「する側」からの論理が，観客に支持されるかどうかは難しいところです。

　一方，オリンピックという最高のスポーツ競技大会で，大勢の観客を前にしてわざわざ質の劣るプレイを披露することは，通常では考えられないことです。しかし，最高の大会であるからこそ，指導者や選手は，自分を送り出してくれた母国の支援者の思いを無視できず，絶対にメダルを持ち帰らなければいけないと追い詰められていったように思われます。近代オリンピックは，本来，「参加することに意義がある」スポーツの祭典です。しかし現実には，選手は，個人としてではなく，母国の代表として特別な待遇を与えられ，国費で派遣されています。そして支援者も，やはり本音ではよい色のメダルを熱望しています。勝つことを義務づけられている以上，勝つ確率を高める戦略としてパフォーマンスを落とした戦いが行われる可能性があります。このような意図的にパフォーマンスを落とす行為は，買収が伴う八百長への垣根を低くするように思われます。なぜなら，選手は，パフォーマンスを落とすプレイに抵抗を感じなくなっていくからです。パフォーマンスを落とした戦いを防ぐためには，以下の2点に気をつける必要があります。

　第1は，スポーツ大会を企画，運営する組織は，試合日程や試合方式，選手選抜などを工夫し，選手が最高のパフォーマンスを存分に発揮できるように最大限に配慮することです。日本女子サッカーのような長距離移動や，個人戦のトーナメントにおいてしばしばみられる同国の選手との対戦は，選手にとっては避けたい状況です。

　第2は，観客は，勝利以上にスポーツという文化の価値を認め，たとえ敗れたとしても素晴らしいプレイには声援を送り，それを称賛して語り継ぐことです。これらは，選手を八百長から遠ざける大きな力になるように思われます。まずは，支援者や観客にみられる勝利至上主義が，スポーツを間違った方向へ導いているのではないかと疑ってみることです。

（梅垣明美）

▷4　山崎卓也（2013）「Integrity 問題の法的な論点整理と国際的傾向——Sports Betting に関連する八百長問題，無気力試合・故意的敗退行為，その他」日本スポーツ法学会編『日本スポーツ法学会年報』第20号，日本スポーツ法学会，44頁。

▷5　「次への準備を第一に」『日本経済新聞』（2012年8月1日付夕刊）。

▷6　この言葉は，実際には，1908年の日曜日に行われた選手たちへの礼拝の中で，主教が述べた戒めの言葉だといわれている。それに感動したクーベルタンが語り広めた。『クーベルタンとオリンピズム』日本オリンピック委員会HP。

おすすめ文献

†E.アジノフ／名谷一郎訳（1989）『エイトメンアウト』文藝春秋。

†山崎卓也（2013）「Integrity 問題の法的な論点整理と国際的傾向——Sports Betting に関連する八百長問題，無気力試合・故意的敗退行為，その他」日本スポーツ法学会編『日本スポーツ法学会年報』第20号，日本スポーツ法学会，42-52頁。

†嶋香織（1997）「スポーツファンと賭け——ファンがつくるフェアプレイ」杉本厚夫編『スポーツファンの社会学』世界思想社，91-110頁。

7 スポーツと八百長の倫理学

違法賭博とは何か

1 違法賭博と合法賭博との違い

スポーツにおける違法賭博の問題を理解するために，違法賭博と合法的に行われている公営賭博（公営ギャンブル）とを比較してみましょう。違法賭博と公営賭博の相違点は，主に以下の2点にあります。

第1は，収益金の使い道にみられます。現在，日本で行われているスポーツを対象とした公営賭博は，戦前より続く競馬に，競輪，バイクレース，競艇が順次加わって，4種類が実施されています。また，2001年からサッカーJリーグ（J1・J2）の試合結果を利用し，totoの愛称で知られるスポーツ振興投票券が発売されています。公営賭博の収益は，国や地方自治体の貴重な財源となっており，特にtotoの収益は，スポーツ振興に活用されています。このように公営賭博の大原則は，公共の利益と結びついていることです。逆にいえば，私的な利益追求の手段として，反社会的勢力によって違法に運営されるのが違法賭博といえます。

第2は，公正性の担保にみられます。公営賭博は，法令が定められ，それに則って各省庁の監督指導を受けながら，日本中央競馬会のような特殊法人や地方自治体によって運営されています。健全な娯楽が担保されるように，不正の防止対策がとられています。例えば，それぞれの公営賭博では，運営関係者が賭けに参加することを禁じています。競馬法（1948年）では，競走に関係する調教師や騎手らが勝馬投票券を購入したり，譲り受けたりすることを禁止しています。

▶1　『競馬法（昭和二十三年七月十三日法律第百五十八号）』農林水産省HP。

さらに，調教師や騎手には厳しい審査を要する免許制度が設けられています。また，厩舎への関係者以外の立ち入りが禁止されており，騎手は競争前日から外部との連絡を絶った宿泊施設に隔離され，携帯電話などの使用にも制限が加えられています。他の公営賭博でも同様な規定や資格審査があります。

2 スポーツにおける違法賭博の実態

▶2　1965年に起きた中央競馬の八百長事件については，三木晴男（1994）『競馬社会の戦後史』近代文芸社，を参照した。

先に示したように，騎手の隔離制度は，1965年に起きた中央競馬の八百長事件をきっかけに実施されました。この八百長事件では，首謀者である反社会的勢力の構成員が逮捕され，その自供から，勝利馬の騎手と組んで本命馬の騎手に金品を提供し，不正に敗退させたことが明らかとなりました。競馬関係者も

犯行を認めて処罰され，事件としてはこれで決着しました。しかし，勝利馬とは別の馬に多くの投票が行われたことから，本当に儲かったのかは疑問視されています。このように公営賭博を利用して八百長を行っても，想定通りにはいかないことが多いようです。スポーツの特徴である結果の未確定性が不正防止に活かされているのです。また，公営賭博では，25％と**控除率**が高いことから，賭けた側が儲けることは難しいといえます。もし賭博を主催する側になれば，この25％分を確実に収益として獲得することができます。反社会的勢力にとっては，公営賭博を利用して八百長を仕掛けるよりも，自らが賭博の主催者となる方が巨額の収益を獲得できるということです。しかし，国の許可なく賭博を運営することをノミ行為と呼び，これは法律で厳しく禁じられています。

③ 民間のブックメーカーによる賭博の公認

一方，欧米では，わが国とは比較にならないくらい多くのスポーツの勝敗が，賭け（Betting）の対象となっています。プロスポーツだけでなく，学生スポーツでも賭けが行われています。そして，それを仕切っているのは**ブックメーカー**と呼ばれる，専門の賭博業者です。賭博の本場であるイギリスでは，1960年代に賭博関連法が制定され，「国家は社会的に問題とならない限り，一般国民の楽しみを阻害してはならない」という方針のもと，民間のブックメーカーによる賭博の運営が公認されました。その後，不当な利益搾取やインチキ行為をする業者は淘汰が進み，現在では多くの従業員を雇用して海外にまで事業を拡大するウィリアムヒル（William Hill）やBET365などの大企業が生まれています。スポーツを利用した民営の賭博を合法とするか違法とするかは，わが国でも公共の利益と負の側面をしっかりと見極め，議論していくべき今後の政治課題です。totoの利益が競技組織の貴重な財源となっていることや，健全な娯楽の範囲でファンを獲得していることも事実です。

しかしながら，スポーツを単純に賭けの対象にすることは，勝敗という結果にのみ注目させ，スポーツの価値を歪めてしまうおそれがあります。例えば，フェアで素晴らしいプレイをみせながらも惜敗したチームや選手よりも，悪質なファウルを行いながら勝利したチームや選手が評価される場合が考えられます。スポーツの価値は，素晴らしいパフォーマンスを観る楽しみや，思いやりあふれるフェアなプレイに感動する喜びを分かち合うことにあります。スポーツの勝敗を賭けの対象とした賭博の合法化は，結果だけが焦点化されやすいため，スポーツの価値を普及させる観点からは，十分に注意すべき事柄であると考えられます。賭博の合法化には，スポーツの勝利至上主義を過剰に煽らないような配慮が求められます。

（梅垣明美）

▶3　控除率
賭博を主催する側（胴元）が，賭ける側に配分せずに，自分の取り分とする割合のこと。谷岡一郎（1996）『ギャンブルフィーヴァー』中公新書，を参照した。

▶4　ブックメーカー
賭けを運営する会社のこと。賭博が合法化されている欧米では，免許制が採用されている。スポーツに限らず，天候や政治的な出来事まで，あらゆるものが賭けの対象とされる。

▶5　谷岡一郎（1997）「ギャンブルと法──ギャンブルは原罪か」谷岡一郎・仲村祥一編『ギャンブルの社会学』世界思想社，63-86頁。

おすすめ文献
†佐々木晃彦（1999）『公営競技の文化経済学』芙蓉書房出版。
†三木晴男（1994）『競馬社会の戦後史』近代文芸社。
†谷岡一郎・仲村祥一編（1997）『ギャンブルの社会学』世界思想社。

7 スポーツと八百長の倫理学

4 違法賭博と八百長の関係

1 「賭博は八百長のゆりかご」

「賭博は八百長のゆりかご」とは，阿部珠樹の著書に登場する金言です。八百長とは，何らかの利益供与を受けた代償として，意図的にパフォーマンスを落とし，試合を操作することです。なぜ選手はそのような行為を行うかといえば，試合の操作をしないで勝つことよりも高額の金銭を獲得できる，あるいは，将来自分が勝たなければならない時のための保証になるといった旨みがあるからです。そして金銭のやりとりにおいて，対戦相手となるチームや選手が自己資金を提供する場合には，ある程度の限界が生じます。そこに反社会的勢力が運営する違法賭博が関与すれば，はるかに多額の買収資金が確保でき，計画成功の可能性が高まります。

違法賭博と八百長が強く結びついている第1の理由は，違法賭博の胴元（賭博の主催者）にとって，八百長は必要不可欠な経営手段であるということです。スポーツの根底には，結果の未確定性があります。さらに，賭ける側も戦績など様々な情報をもとに緻密に予想するため，試合を操作しないでいると，胴元が大きく儲けることは難しくなります。胴元は，非合法（賭博罪）という重大なリスクを負うのですから，確実に大きな利益を安定的に確保できなければ，運営するメリットがなくなります。八百長を実行することにより，結果の未確定性や賭ける側の想定を打ち砕く儲けを，確実に手に入れることができます。

違法賭博と八百長が強く結びついている第2の理由は，約束の履行を確実にするために，反社会的勢力の暴力や影響力が有効に働くということです。1965年の中央競馬の八百長事件は，賭けそのものは公営賭博を利用したものでしたが，本命馬の騎手が怖くなってためらったので，実行を促すために恐喝と暴行が加えられたと伝えられています。2015年に発覚した日本プロ野球の名門球団の野球賭博事件でも，関係選手が記者会見の中で，賭博に誘った人物を「怖い人」と呼んで，恐れながら話している姿が印象的でした。もし，スポーツ選手が違法賭博に誘われ犯罪に加担してしまうと，反社会的勢力から八百長話をもちかけられた時に断りにくい状況に陥りやすくなります。負けた金額の相殺として，あるいは違法賭博を行ったことを暴露するという脅迫などによって，一度引き込まれてしまった選手はなかなか抜けられないのではないでしょうか。このように違法賭博は，選手を八百長へ引きずり込んでいくのです。

▷1 阿部珠樹（2010）『野球賭博と八百長はなぜ，なくならないのか』KKベストセラーズ。

▷2 「高木京涙の謝罪」『スポーツ報知』（2016年3月10日付）。

2 日本だけは別であり続けられるか

日本の隣国である韓国では，プロスポーツ界で次々と違法賭博とつながった八百長事件が明らかになり，社会に大きな衝撃を与えています。サッカーKリーグでは2010-11年シーズンの合計21試合で八百長が行われたと発表され，韓国代表経験者を含む多数の選手が永久追放となりました。八百長はKリーグだけにとどまらず，バレーボールやバスケットボール，野球のプロリーグでも確認され，以後も毎年のように摘発が繰り返されています。2016年にも，Kリーグの強豪チームの監督が審判買収問題で辞任しました。こうした事件の背後には，スポーツトトとプロトの2種類の公営の体育振興投票券があり，2012年の総売り上げも2兆8000億ウォン（約2800億円）に及び，スポーツに賭けることが一般化している韓国社会独自の事情があります。八百長に関わった選手たちも，学生時代から賭博に馴染むような環境にありました。

しかし，それより大きな影響を与えているのは，Webを利用して活動する違法賭博業者です。韓国では，違法な射幸産業が横行し，インターネットから24時間365日，不法サイトにアクセスできる状況です。そこで特に問題になっているのが，違法スポーツ賭博です。Webは世界に開かれているので，話は韓国国内だけでは終わりません。違法賭博業者は，韓国のみならず，海外に新たな市場を求め，台湾，中国，やがて日本がターゲットになることも想定されます。実際に，プロトは，海外のプロスポーツを対象とし，過去には日本のプロ野球を利用していました。イギリスのブックメーカーも，アジアで行われる試合を賭けの対象として積極的に利用しています。外国での試合情報はリアルタイムに入手でき，電子マネーの普及で賭け金の決済も容易になった今日の賭けの世界では，もはや国境はないのも同然です。日本国内の反社会的勢力と組んで準備を整えれば，韓国，さらには中国・台湾などの違法賭博業者が明日からでも越境してきて，日本で営業活動を開始することも可能な時代です。こうしたことからも，日本においても対岸の火事ではないのです。

3 今，そこにある危機（clear and present danger）

このような危機的状況に照らせば，わが国でも，スポーツに打ち込んでいる青少年に対する教育指導や監督保護は，まだまだ十分ではないといわざるをえません。2016年の違法カジノ事件でオリンピック出場のチャンスを失った選手の謝罪会見をみていると，違法賭博の実態や反社会的勢力と接触をもつことがスポーツ選手にとっていかに危険な行為であるかということについての知識がまったく欠落しているように思われます。すべてのスポーツ選手に対する，中学校・高等学校段階からの教育の徹底が喫緊の課題です。

（梅垣明美）

▷3 宮下豊大（2014）「韓国の射幸産業について──韓国の競馬，競輪，競艇，闘牛，宝くじ，体育振興投票券，カジノの現状」『CLAIR REPORT』自治体国際化協会，407：1-46頁。

▷4 藤原夏人（2016）「韓国のギャンブル依存症対策」国立国会図書館『外国の立法』269：60-83頁。

▷5 この言葉は，キューバ危機でケネディ大統領が使用し，近年では南米から流入する麻薬が切実な社会問題であることを描いたT.クランシーの小説（1989年）の題名にもなった。問題が現実化してからでは手遅れであり，その前に必要な措置を行うべきだという主張が込められている。

おすすめ文献

†増川宏一（1980）『賭博Ⅰ』法政大学出版局。
†尾佐竹猛（1999）『賭博と掏摸の研究』新泉社。
†小林章夫（2004）『イギリス人は何にでも賭ける』亜紀書房。

7 スポーツと八百長の倫理学

八百長はなぜ許されないのか

1 観客への重大な裏切り

　スポーツで八百長が許されない第1の理由は，それが観客を裏切る行為だからです。観客は，ただ贔屓のチームや選手が勝利することだけを期待して観戦するのではありません。観客は，研ぎ澄まされた肉体と精神を兼ね備えたスポーツ選手が，互いに最高のパフォーマンスを発揮し合うのを期待してスポーツを観戦します。今日では，スポーツにおける勝利がことのほか重要な意味をもちますが，スポーツは，本来，遊びとして楽しまれていた文化です。観客は，日常の煩雑さからの解放を求めて，非日常における心地よい緊張と興奮を味わうためにスポーツを観戦します。その時，試合を行っているチームや選手が，最高のパフォーマンスを発揮することを考えないで試合を行っていたとしたらどうでしょうか。これは，観客を裏切る行為に他なりません。このような裏切り行為を続けていると，観客はやがてスポーツから離れていきます。選手は，八百長をすることによって得るわずかばかりの金銭の代償として，生業を失うことになりかねません。

　日本のプロ野球では，1969年のシーズンオフの八百長事件後，パシフィックリーグは観客の信頼を失い，長く沈滞状況が続きました。しかし近年，観客の目線に立った改革を進めた努力がようやく実りはじめ，経営が回復しました。目先の利益を優先して顧客の信頼を失った企業は衰退するというのは経営学の大原則です。それはスポーツビジネスにも該当します。八百長は，球団やリーグの存続を揺るがす重大な信頼失墜行為です。

行為者であるプロ選手自身への影響

　八百長が許されない第2の理由は，選手自身の競技人生に影響するからです。八百長は，観客にわからなければいいというものではありません。

　スポーツという人間固有の営みは，勝利などに至るまでの過程と結果に大きく分けることができます。例えばヒマラヤの未踏峰に挑戦する場合，事前準備から登頂，そして無事に下山するまでの長い過程があり，その先に登頂の成功に対する社会の承認・称賛という結果が生まれます。他の種目でも同様で，氷山が海水面下に本体のほとんどを隠しているように，表には出にくい苦しい練習や節制が競技人生の多くを占めています。努力してもなかなか報われない

▷1　近年の取り組みは，大坪正則（2011）『パ・リーグがプロ野球を変える——6球団に学ぶ経営戦略』朝日新書を参照した。

日々が続き，その末にようやく試合での華やかな結果を手に入れるというプロセスを踏むのがスポーツ本来の姿です。一方，八百長は，ヘリコプターで山頂まで往復するように，いっさいの過程を無視して結果だけを短時間で確実に手に入れようとするものです。スポーツでこうした手段が容認されてしまえば，過程は結果と切り離され，意味のないものになってしまいます。八百長を行う選手自身は，その競技に人生をささげ，長い過程を踏み越え，その努力が評価されて試合の機会を得たのです。またプロであれば，努力して身につけた競技能力に応じた報酬を手にするようになったのです。八百長が許されるのであれば，今後必要なのは，地道に努力してきた選手ではなく，八百長が上手な選手や審判になります。つまり，地道に努力してきた選手が八百長を行うのは，自分で自分の意味を否定していく自損行為であると考えられます。

このように八百長は，選手自身の価値を貶めるだけでなく，反社会的勢力との関係で取り返しのつかない事態を招きます。反社会勢力は，一度八百長が成功すれば，さらに魔の手を大きく広げてきます。もし八百長に加担している選手がいるならば，発覚していないからよかったと安心するのではなく，犯罪を助けていることへの猛省が必要です。一度八百長に手を染めてしまうと，抜け出すことは難しく，現在，八百長に加担せず利益も得ていない多くの選手まで巻き添えにする可能性があることを自覚する必要があります。

3 スポーツ文化の存続への影響

八百長が許されない第3の理由は，社会のスポーツに対する信頼を失わせるからです。そしてそれは，野球・サッカー・バスケットボールなど現在プロ化されて行われている種目のほぼすべてが，社会の支援なしでは存続できないという事実と関わっています。ここで社会と表現するのは，熱心なサポーターだけでなく，その種目に関心のない人々も含んでいるからです。プロチームの多くは，実際には有利な税制やスタジアムの運営経費などの形で公的支援を受けています。また，プロの所属選手は，学校の運動部や地域のスポーツクラブで育成され，長い間経済的な支援を受けて，技能を伸ばしてきたのです。テニスコートも野球場も，選手自身のお金では整備できません。広く国民が，税金やtotoの収益などで援助しているから，全国各地に巨額の費用をかけた立派な体育館や競技場が整備され，練習や試合で存分に使用できているのです。

国民がスポーツ振興を支持しているのは，スポーツを健康増進に役立てようとする直接的な効果を期待するからだけではありません。仲間との連帯や努力の大切さというスポーツ固有の価値を身につけた選手が，自らをお手本としてその価値を社会に還元してくれるという期待があるからです。選手は文字通り社会の代表であり，社会のお手本となることが要請されています。自らの社会的責任を自覚する者こそが，まさしく選手と呼ばれるのです。 （梅垣明美）

▶2 例えばプロ野球では，親会社との間で特別な会計処理が認められている。「職業野球団に対して支出した広告宣伝費等の取扱について」国税庁HP。

（おすすめ文献）

†R. L. サイモン／近藤良享・友添秀則代表訳（1994）『スポーツ倫理学入門』不昧堂出版。

†望月浩一郎・友添秀則・清水諭（2015）「日本のスポーツ・インテグリティーは危機的状況か」友添秀則編『現代スポーツ評論』32，創文企画，18-41頁。

†近藤良享（2012）『スポーツ倫理』不昧堂出版。

7 スポーツと八百長の倫理学

6 違法賭博はなぜ許されないのか

1 違法賭博はスポーツの価値をゆがめる

　メジャーリーグ記録の4256安打を放ったピート・ローズは，監督時代に違法野球賭博を行ったことで，メジャーリーグから永久追放処分になりました。彼自身，違法賭博に関与したことで，素晴らしい成績も栄誉も，すべてを台無しにしてしまいました。また，違法賭博からの誘惑を拒絶できず，繰り返し賭けていたことは，メジャーリーグのイメージを汚し，信頼を大きく損ないました。一般企業にたとえれば，彼の行為は，独断で違法営業や違法操業を続けていたのと同じことです。製造現場の一部署の安易な判断が原因で企業のブランドイメージが失墜し，経営が傾いたという事例のようなものです。

　近年，スポーツ界に，企業の社会的責任（Corporate Social Responsibility：CSR）の考え方を取り入れ，スポーツ界の不正や腐敗を防止する具体的な方策を提案する研究が進められています。スポーツ振興では，社会全体がステイクホルダー（利害関係者）です。社会の支持を失えばスポーツは存続できないことを考えれば，スポーツ界は企業以上にインテグリティ（高潔さ）を大切にし，自らの価値を高める努力を行うべきです。さらに補足すれば，公営賭博は，射幸心を不当に煽らないように一定の配慮が課され，公的なチェック機能が設定され，公正性が担保されています。また，何よりも公共の利益を目的とし，公営賭博の収益金はスポーツ振興に有効利用されています。違法賭博は，これら公営賭博の重要な要素を欠いており，一般人に被害を及ぼし，公営賭博の公益をも損なわせます。それだけでなく，違法賭博は，選手を八百長に誘い，スポーツ文化そのものの価値を貶めます。選手や社会は，こうした違法賭博の実態を正しく認識することが大切です。

2 違法賭博は選手を奴隷状態にする

　違法賭博業者は，違法賭博という商品を売り込むために，巧妙な勧誘方法を駆使し，選手を誘いこみます。それは，悪質な勧誘販売と同じです。タニマチの接待，チーム内の上下関係のようなスポーツ界特有の交流，さらには友人関係を利用し，表向きは親しい仲間内での遊びのように装いながら，裏では反社会的勢力が操っています。軽い気持ちで違法賭博に付き合えば，脅迫に使える証拠を握られてしまいます。あるいは賭博にのめりこまされて巨額の借金を背

▷1　「ピート・ローズ氏『追放』解除せず」『読売新聞』（2015年12月15日付夕刊）。

▷2　CSR
企業は，利害関係者である株主，消費者，取引先，従業員，地域住民などに配慮する責任を負っているという考え方である。具体的には，情報開示，環境保護，人権尊重，地域貢献などの活動を積極的に行うことである。

▷3　Ⅲ-9-5 を参照。

負う場合も多いのです。そのうち，反社会的勢力が直接関与してきて，さらに重大な行為を強要されることになります。こうなると，反社会的勢力に逆らうことはなかなか難しくなります。

こうした勧誘の発端として，2015年のプロ野球の野球賭博事件，2016年のバドミントンの違法カジノ事件のどちらの場合も，先輩選手が後輩選手を誘っていることが気がかりです。誘った先輩側の軽率さを批判するだけでは不十分です。上下関係を大切にすることはスポーツ界の美徳ですが，それがマイナスに働く場合もあることを，ジュニア段階から正しく指導し，チーム内でノーがいえる環境を整える必要があります。また，直接勧誘しなくても，周囲に違法賭博を行っている指導者や選手が存在していれば，影響されるおそれがあります。

3 違法賭博は八百長を進化させる

違法賭博で買収されるのは，選手だけではありません。サッカーで続発する八百長事件では，その競技特性が悪用されています。打ちやすい球を投げても本塁打になることが難しい野球とは違い，サッカーでは，審判を買収してペナルティーエリアでファウルをとらせるだけで，相手に決勝点を与えることが可能です。2004-05年のドイツ（ブンデスリーガ）のホイツァー事件では，疑惑のペナルティーキックを演出しました。さらにサッカーは，野球と違って退場選手の補充が認められないので，重大な反則に対して適用すべきレッドカードで相手の主力選手を退場させ，さらにダメージを与えました。事件発覚後の調査では，違法賭博業者がほかの試合でも多数の選手を巧みに操り，審判や監督を利用し，八百長で儲けていた様子が明らかになりました。

また，近年の違法賭博業者は，勝負そのものを操作するのではなく，野球の四球やファウルの数のような小さなプレイに賭けさせるスポット賭博を開発し，そこに八百長を仕込んでいます。野球で投手が指示通りに故意に四球を出しても，他を抑えて点を与えなければ，試合の勝利には影響を及ぼしません。スポット賭博は，試合そのものの勝敗に影響を及ぼさないため，実害を少なくしています。そのため，選手は，軽い気持ちで八百長に参加するようになります。ただしこれでも，違法賭博に協力した事実は残ります。発覚すれば，選手生命を左右する重大な犯罪ですから，後はどんどん深い闇に転落していくことになります。まさしく，滅びに至る門は大きく，その道は広いのです。

対症療法的に八百長の個々の技術を禁止することは重要ですが，違法賭博を許している限り，こうした悪意のある技術革新は繰り返されます。禁止や摘発だけで八百長を根絶しようとしたら，永久にモグラたたきを続けなければならなくなります。こうした状況に対抗するには，八百長の成功・不成功，金額の大小といった点ではなく，違法賭博の存在そのものを社会が否定し，根絶することが重要です。

（梅垣明美）

▷4　違法賭博は，文芸作品では，しばしば管理された都市生活から人間を解放する手段として美化される。しかし，その実態は，反社会的勢力によって，入念に設計・管理された荒野にすぎない。

▷5　ローボトム，M．／岩井木綿子訳（2014）『なぜ，アスリート選手は不正に手を染めるのか』エクスナレッジ，94-95頁。

（おすすめ文献）
†田中紀子（2015）『ギャンブル依存症』角川新書。
†渋谷昌三（1996）『ギャンブルの魔力――なぜはまるのか，どうつきあえばいいか』ゴマブックス。
†谷岡一郎『確率・統計であばくギャンブルのからくり「絶対儲かる必勝法」のウソ』講談社ブルーバックス。

第Ⅱ部　スタジアムからスポーツを倫理する

7　スポーツと八百長の倫理学

 IOC，FIFA などの八百長，違法賭博の撲滅

外部からの監視・禁止——IOC・FIFA・各国による取り組み

　国際オリンピック委員会（IOC）は，近年，八百長や違法賭博の対策を強化しています。2014年12月に採択した「オリンピック・アジェンダ2020」では，悪質な違反には永久失格処分を科すことや，「試合の八百長，あらゆる種類の競技結果の操作，関連する不正のリスクについて，健全な教育を施し，問題認識向上プログラムを推進するため1,000万 US ドルを投じる」（提言16）ことを発表しました。違反行為には，情報の隠蔽，調査への協力拒否などを加え，事態を厳しくとらえています。さらに，IOC は，2015年4月に，スポーツの不正な賭けに絡んだ八百長の対策として『内部通報制度』を導入しました。具体的には，国際刑事警察機構（ICPO）と提携して，選手やコーチ，審査員から不正行為の情報提供を受け付けるホットラインを設置しました。

　こうした積極的な取り組みは IOC だけではありません。国際サッカー連盟（FIFA）は，より早くから同様な取り組みを進めています。2007年には，「スポーツの尊厳と高潔性」を守るという信念のもとに八百長問題に対して強い姿勢で臨むことを宣言し，情報技術会社と提携して世界の主要なブックメーカーや賭博業者の賭け率を常時監視する FIFA 早期警告システム（FIFA Early Warning System）を稼働させました。また，最近八百長問題が取りざたされているテニス界でも，国際テニス連盟（ITF）と連携した不正防止機関であるテニス・インテグリティ・ユニット（TIU）が，八百長行為を一切容認せず，テニス腐敗防止プログラムに基づき厳しく制裁することを発表しました。日本サッカー協会（JFA）も，2011年シーズンから FIFA と同様のシステムを導入しました。また2015年には，JFA，J リーグ，FIFA EWS 社の共催で，八百長対策セミナーを開催しました。

2　外部団体との協力

　IOC や FIFA などが ICPO や情報技術会社と積極的に協力しているように，現代の八百長や違法賭博に対して，スポーツ界だけで対応しても，根本的な問題解決は難しいのではないでしょうか。反社会的勢力は，スポーツの試合を操作し，選手をうまく操るように，日々研究を重ね様々な手段をとってきます。各国の公営くじを統括する世界宝くじ協会は，違法賭博の規模を，毎年，サッ

▷1　『オリンピック・アジェンダ2020　20＋20提言』（2014年11月14日），14頁。日本オリンピック委員会 HP。

▷2　「八百長対策で内部通報制度　IOC」『日本経済新聞』（2015年4月14日付夕刊）。

▷3　「違法賭博による『八百長』を防止し，スポーツの尊厳と高潔性を守る！　EWS 社と FIFA Early Warning System（FIFA 早期警告システム）の契約を更新」2013年2月20日。日本サッカー協会 HP。

▷4　「JFA，J リーグ，FIFA EWS 社共催のインテグリティーセミナーを開催」2015年10月8日。日本サッカー協会 HP。
FIFA EWS 社は，各国の試合での賭けの動向を監視し，スポーツ賭博による違法な試合操作の可能性を警告する FIFA の子会社である。

カーの試合を対象に合法的に賭けられる900億ユーロ（10兆円）と同額であると推定しました。違法賭博は、まさしく一大産業となっているのです。しかも違法賭博業者は、国境を越え、対象種目を変え、さらに魔の手を伸ばしてきます。それに対抗するには、外部の知恵や経験を活用し、協力することが不可欠です。

▶5 ローボトム, M./岩井木綿子訳（2014）『なぜ、アスリート選手は不正に手を染めるのか』エクスナレッジ、108頁。

3 選手への教育

もうひとつ、重要な課題となっているのが、選手への教育です。先に述べたように、外部からの監視や禁止を強化することと併せて、八百長や違法賭博の誘惑にのらないように選手自身を教育することが重要です。スポーツの価値をしっかりと理解させることを通して、スポーツの価値に見合った言動を行うという選手としての責任を自覚させ、実行させることです。選手はコミュニティの代表であり、後進の青少年のお手本でなくてはなりません。

IOCは、ロゲ会長時代の2007年に提案されたユースオリンピックを、2010年の夏季（シンガポール大会）、2012年の冬季（インスブルック大会）からスタートし、競技とともに文化・教育プログラム（CEP）を実施しています。そこでは5つの教育テーマのひとつとして、「自身の卓越性を自覚・理解し、ロールモデルとしての役割やコミュニティを代表する責任を学ぶ」という社会的責任を設定しています。わが国では、日本体育協会が管轄してスポーツ指導者の資格制度を設け、スポーツ指導者や選手への教育を行っています。しかし、多くの種目において、八百長や違法賭博への対策は、競技力向上のための取り組みに比べると、まだまだ不十分ではないかと思われます。

▶6 「文化・教育プログラムの概要」日本オリンピック委員会HP。

近年、日本体育協会では、スポーツ庁からの委託事業として、グッドコーチを育成するためのカリキュラムを作成しています。そこでは、「スポーツの意義と価値」や「コーチの倫理観・規範意識」などの設定が検討されています。多くのスポーツ指導者やプロのスポーツ選手を輩出する体育系大学や教員養成系大学がこのカリキュラムを積極的に導入し、スポーツの意義や価値をしっかりと教育すること、倫理観と規範意識をもった指導者や選手を育てることが待望されています。このような教育を早急に始めることが重要です。

八百長や違法賭博は「できない」「やらせない」「やらない」という3つの対応が必要です。「できない」は、運営組織が選手や関係者の管理に責任をもち、「やらせない」は、FIFA早期警告システムなどの外部団体との協力のもとで徹底した取り締まりを行うことです。一方、「やらない」は、選手の自覚を促すことです。「やらない」ための教育は、今始まったばかりかもしれません。古代オリンピックでは、八百長をした者は罰金でゼウス神像を建てさせられ、罪状が刻まれていました。現状では、八百長や違法賭博に対する処分は、選手資格が剥奪される程度ですが、より厳重な処罰も必要になりそうです。スポーツ文化の発展のためにも、さらなる進展が求められます。

（梅垣明美）

（おすすめ文献）

†スポーツにおけるグッドガバナンス研究会（2014）『スポーツガバナンス実践ガイドブック』民事法研究会。
†笹川スポーツ財団編（2014）『入門 スポーツガバナンス——基礎的な知識と考え方』東洋経済新報社。
†桜井万里子・橋場弦編（2004）『古代オリンピック』岩波書店。

第Ⅱ部　スタジアムからスポーツを倫理する

7　スポーツと八百長の倫理学

 8　八百長，違法賭博はスポーツを破壊する

1　八百長，違法賭博はどのようにしてスポーツ文化を破壊するか

　フェアプレイに関して，2011年に採択された「スポーツ宣言日本──21世紀におけるスポーツの使命」では，「スポーツは，その基本的な価値を，自己の尊厳を相手の尊重に委ねるフェアプレーに負う。この相互敬愛を基調とするスポーツは，自己を他者に向けて偽りなく開き，他者を率直に受容する真の親善と友好の基盤を培う」と述べられています。相互尊敬を基調とするからこそ，スポーツは，異なる社会的背景をもった人々が交流する現代社会において，良好な人間関係構築の重要な手がかりになることが期待されているのです。

▷1　日本オリンピック委員会（2011）「スポーツ宣言日本──21世紀におけるスポーツの使命」日本オリンピック委員会HP。

　もし観客を裏切る行為である違法賭博とつながった八百長がはびこれば，スポーツはそうした期待を失うことになります。選手の立場で考えても，八百長は，自分自身と対戦相手の両方から，真剣勝負でこそ発揮される尊厳と尊重を奪うことになります。また，選手の全力を尽くし合う真剣勝負の様子，そして試合後に互いに相手を認め称賛する姿は，観客に大きな感動を与えます。その感動が新たに愛好者を生み出し，スポーツを発展させてきたのではないでしょうか。偽りの演技かもしれないと疑わなければならないとしたら，感動は大きく減じてしまいます。八百長を行う試合にたくさんの観客が詰めかけているのであれば，それは，「『腐った』商品をそれに気が付いていない消費者に売ることと同じ」です。巧みに商品を売りつけて一時的に利益を得ても，消費者の心は離れてしまうので，結局は売る側が大損をすることになります。

▷2　ヒル，D.／山田敏弘訳（2014）『あなたの見ている多くの試合に台本が存在する』カンゼン，302頁。

2　八百長，違法賭博はスポーツ選手の人格を破壊する

　八百長や違法賭博は，スポーツ文化を破壊するだけでなく，スポーツ選手の人格も破壊します。八百長や違法賭博に取り込まれたスポーツ選手は，ナチスドイツの幹部で，ユダヤ人大量虐殺の実施責任者として逮捕され，裁判（1961-62年）にかけられたA. アイヒマンにたとえることができないでしょうか。アイヒマンの裁判を，自らもユダヤ人で収容所体験をもつ政治哲学者のH. アーレントが傍聴しました。彼女はそこで，アイヒマンは主体的に虐殺を計画・実行した冷酷非道な大悪人ではなく，プライドだけが高く，実は小心で，上司や周囲の期待に応えようとしただけの平凡な人物だということに気づきました。彼は自分の思考を停止して，虐殺遂行機械のひとつの歯車になってしまったのです。

▷3　アイヒマンに関する記述は，アーレント，H.／大久保和郎訳（1969）『イェルサレムのアイヒマン──悪の陳腐さについての報告』みすず書房，を参照した。

106

八百長や違法賭博には，金銭的実利が大きく影響していますが，同時にそこには，アイヒマン的な思考停止が起きているように思います。発覚すれば自らのキャリアのすべてを失うことが確実であり，それ以上に自分に対する周囲の信頼や社会の期待を裏切る行為だとわかっていながらのめり込んでいくというのは，通常では考えにくいことです。仲間や反社会的勢力からの誘いに引き込まれた場合，自らの思考を停止して，八百長や違法賭博の歯車となり，与えられた業務をこなしているという状況を読み取ることが可能です。

　このような状況を防ぐためには，自ら考え，善悪を判断し行動できるスポーツ選手を育成することが重要です。日頃の練習から選手自身に，自分で考え，判断させていくことです。指導者の号令に従うだけの操り人形のようになっていたら，アイヒマン状態になるよう訓練するようなものです。またエリート選手は，勝てば周囲から過剰に称賛され，負ければ手のひらを返したように誹謗されるという，ゆがんだ環境の中に置かれていることが少なくありません。そのような状況でも，自分を見失うことなく，正しい判断力を身につけるように教育していかなければなりません。

③ スポーツへのインテグリティ（高潔さ）

　2011年制定の「スポーツ基本法」の前文では，スポーツは，「世界共通の人類の文化」とされ，「国民の心身の健全な発達，明るく豊かな国民生活の形成，活力ある社会の実現及び国際社会の調和ある発展に寄与すること」を目的に掲げています。▷4 その中の「国際社会の調和ある発展」という課題に向けて，本格的に国際社会が成立した近代以降，人類は国際連合や産業技術など様々なものをつくり出してきました。近代スポーツもそのひとつです。ところが今日では，近代スポーツには，様々な問題が露呈しています。私たちは，スポーツをよりよい文化へとつくり替えていく時期にきているのではないでしょうか。

　古代ギリシャ神話に「パンドラの箱」という物語があります。いくつかの異説のうち，後世に生まれた解釈では，神が人類に与えた宝物がつまった箱（実際は壺）のふたを開けてしまったために多くのものが失われてしまったが，最後にひとつ，希望という宝物が残されたという筋書きです。▷5 この話になぞらえれば，スポーツは，人類に残された大切な希望の宝物として守り育てていかなければなりません。八百長は，単なるルール違反，すなわち「スポーツでのインテグリティ」の問題だけにとどまりません。スポーツという文化の可能性そのものを安易に扱って損なうこと，すなわち「スポーツへのインテグリティ」を犯す重大問題です。また，スポーツを利用した違法賭博は，反社会的組織が行い，その資金源であるからという理由だけでなく，大切な希望をほしいままに私的利益の道具に貶めるという点で，絶対に許されてはならない冒涜です。

（梅垣明美）

▷4 『スポーツ基本法』文部科学省HP。
▷5 松島道也・岡部紘三（2002）『図説 ギリシア神話【英雄たちの世界】篇』河出書房新社，42頁。

おすすめ文献

†H. アーレント／大久保和郎訳（1969）『イェルサレムのアイヒマン――悪の陳腐さにつての報告』みすず書房。
†仲正昌樹（2009）『今こそアーレントを読み直す』講談社。
†A. Umegaki (2014). "Current status of physical education and sports coaching in Japan：Focusing on the social development", *Japanese Journal of Sport Education Studies*, 34(1)：45–52.

第Ⅲ部 社会からスポーツを倫理する

8 スポーツと暴力の倫理学

暴力，体罰，ハラスメントと社会

1 暴力と社会

今，手元にある『デジタル大辞泉』という電子辞書をみてみると，「暴力」という語の意味は次のように書かれています。「(1)乱暴な力・行為。不当に使う腕力。～を振るう。(2)合法性や正当性を欠いた物理的な強制力」。

(1)の意味での暴力は，「乱暴」や「不当」なことを行う主体の行為や力の発揮の状況が述べられています。その力のベクトルがどこに向けられているのかはわかりませんが，様子をみていると，ただならぬ，普通ではない状況で暴れている，あるいは腕力を使っている状況です。これに対して，(2)の意味での暴力は，「合法性」「正当性」「強制力」と記されているように，その力のベクトルが相手や社会に明確に向けられ，向けられた相手や社会もそれに対して「いけない」「違反である」という判断を下し，そうさせないような強制力を発揮しています。つまり，一口に「暴力」といっても，人間の内面からほとばしる情熱や強烈な力が，普段の状態以上に感じられる言葉や身体動作として表現されること自体を指している場合と，そのような行為が外側（相手や集団，社会など）からどのように受けとめられるのか，その基準によってその行為が暴力であるのかどうかが判断される場合，あるいは，これを矯正しようとする強制力が発揮される場合とがあるということです。

特に後者の意味での暴力は，これを「暴力」であると認識する判断が相手や社会といった外側から与えられることになるので，相手や社会との関係性（例えば親密さや信頼の程度）によってその判断が異なってきます。総じて，近代以前の社会から近代社会へ，そして現代社会へと推移するにつれ，暴力に対する社会的な感度やセンサーは，より高く，厳しくなる傾向があります。また，これと同時に，究極の暴力である「殺人」が「死刑」という名のもとに国家によって許されるように，国家が暴力を「独占」するということも起きてきます。

このように，暴力というのは，第1に，主体の意のままにならない力のことをさしますが，社会との関係でいえば，そのような主体を意のままに支配する力もまた，「暴力」といわれることになるのです。

2 体罰と社会

「暴力」と「体罰」の違いは，何でしょうか。体罰は明らかに暴力ですが，

▷1　エリアス，N.／波田節夫ほか訳 (1978)『文明化の過程』下，法政大学出版局，331-482頁。
▷2　エリアス，N.・ダニング，E.／大平章訳 (1995)『スポーツと文明化』法政大学出版局，27-88頁。
▷3　上野成利 (2006)『暴力』岩波書店，v頁。
▷4　デュルケーム，E.／麻生誠・山村健訳 (2010)『道徳教育論』講談社学術文庫，313頁。
▷5　加野芳正 (2015)「デュルケームの体罰論に関する考察」亀山佳明（研究代表）『体罰問題の研究』龍谷大学社会学部共生社会研究センター2014年度プロジェクト研究・研究成果報告書，77頁。

それは「学校が出現してはじめて常規となり、訓練法の基礎となったのであって、数世紀にわたって体罰は学校と共に発展していった」といわれています。つまり、学校を成立させる教育制度の発展が、むしろ学校内での暴力（＝体罰）を助長させてきたというのです。これに対して、戦後わが国の学校教育法第11条においては、「校長及び教員は、教育上必要があると認めるときは、文部科学大臣の定めるところにより、児童、生徒及び学生に懲戒を加えることができる。ただし、体罰を加えることはできない」と、明確に体罰を禁止しています。歴史的にみても、わが国では1879（明治12）年に「凡学校ニ於テハ生徒ニ体罰―殴チ或ハ縄スルノ類―ヲ加フヘカラス」とされ、世界的にみても早い時期に体罰禁止の規定が設けられているのです。

それにもかかわらず、2023（令和5）年度を対象にした文部科学省調査によれば、当該年度で472件の体罰が発生し、その約44％が授業中、約20％が部活動中に発生しています。体罰の様態としては、「素手で殴る・叩く」（46.0％）、「投げる・突き飛ばす・転倒させる」（9.7％）や「蹴る・踏みつける」（7.0％）となっており、そのうち約23％の児童・生徒が何らかの傷害を負っています。統計がとられ始めた2012（平成24）年度から体罰は減少傾向にありますが、それでもなお運動部活動で体罰を肯定する風潮は根強く残っているといわれます。ここでは、本来、教育の主体であるはずの児童・生徒を「意のままに支配しようとする力」が、なぜ学校で、しかも部活動という場で起きやすくなるのかを、社会との関係から考えていく必要があります。

3 ハラスメントと社会

ハラスメント（harassment）とは、「嫌がらせ」や「いじめ」といった行為一般のことをさしますが、harass という英語には、相手を「悩ませる」「困らせる」「苦しめる」ことを間断なく続けるといった使役の意味が含まれています。これも先の暴力の定義からいえば、自分以外の他者という「主体を意のままに支配しようとする力」を、何らかの対象や場をきっかけにして発揮し続けることになるので、広い意味では暴力の一種と考えることができます。

そのきっかけになる対象や場としては、性（セクシャリティ）に関わるセクシャル・ハラスメント（セクハラ）、年齢（エイジ）に関わるエイジ・ハラスメント（エイハラ）、学術研究（アカデミー）の場に関わるアカデミック・ハラスメント（アカハラ）、主に上下関係によるパワーの格差に基づくパワー・ハラスメント（パワハラ）など、多様です。このようなハラスメントは、これまで個人や個人間、あるいは集団内部に潜在していましたが、いわゆる社会的弱者の尊重や人権意識の高揚といった社会の変容との関係から大きく取りあげられ、問題視されるようになってきています。

（菊　幸一）

▷6 文部科学省（2024）『体罰等の実態把握について（令和5年度）』による。文部科学省HP。https://www.mext.go.jp/content/20241220-mxt_syoto01-000039268_70.pdf（2025年1月24日閲覧）。

▷7 文部科学省HPに掲載されている『体罰の実態把握について』によれば、発生件数は2013（平成25）年度調査で6721件、2014（平成26）年度調査で4175件と減少し、2015年（平成27）年度調査では前年度の約3分の1まで激減していることになる。

▷8 伊東卓（2013）「運動部活動の指導における体罰に関する報道事例の分析」菅原哲朗・望月浩一郎編集代表『スポーツにおける真の勝利』エイデル研究所、30-40頁。

▷9 例えば、性暴力の加害状況は、日常的な性差別からセクシャル・ハラスメントへ、そして性虐待へとエスカレートし、各カテゴリーは連続しているといわれている（飯田貴子（2020）「セクシャル・ハラスメント」井上俊・菊幸一編著『よくわかるスポーツ文化論［改訂版］』ミネルヴァ書房、174頁、による）。

おすすめ文献

†上野成利（2006）『暴力』岩波書店。
†E. デュルケーム／麻生誠・山村賢訳（2010）『道徳教育論』講談社学術文庫。
†井上俊・菊幸一編著（2020）『よくわかるスポーツ文化論［改訂版］』ミネルヴァ書房。

第Ⅲ部　社会からスポーツを倫理する

8　スポーツと暴力の倫理学

 スポーツにおける暴力

 柔道女子日本代表選手15名の訴え

　2013（平成25）年2月に，当時の柔道女子日本代表選手15名は次のような声明文（抜粋）を発表しました。

　「私たちがJOCに対して…前監督の暴力行為やハラスメントの被害実態を告発した経過について述べさせていただきます。…指導の名の下に，また指導とはほど遠い形で，…前監督によって行われた暴力行為やハラスメントにより，私たちは心身ともに深く傷つきました。人としての誇りをけがされたことに対し，ある者は涙し，ある者は疲れ果て，またチームメートが苦しむ姿を見せつけられることで，監督の存在におびえながら試合や練習をする自分の存在に気付きました。…前監督における暴力行為やハラスメントは，決して許されるものではありません。私たちは，柔道をはじめとする全てのスポーツにおいて，暴力やハラスメントが入り込むことに，断固として反対します」

　この声明文は，柔道女子日本代表の監督が，全日本柔道連盟柔道女子ナショナルチーム国際強化選手に対して行ったとされる暴力行為やハラスメントによって解任されたことを受けて発表されたものです。この事件によって，スポーツ界では日本代表クラスの指導においてさえ，暴力やハラスメントが行われていることに社会は驚かされ，スポーツ界全体の暴力やハラスメントが社会的問題として取りあげられるきっかけをつくりました。その後のJOC（日本オリンピック委員会）による強化指定選手3828名（加盟57競技団体）に対する調査でも，トップアスリートの11.5％が暴力を含むパワー・ハラスメントやセクシャル・ハラスメントを受けていたとの調査結果が出ました。

　トップアスリートでさえこのような状況ですから，日本のスポーツ界全体におけるハラスメントを含む暴力問題は相当に広がっているものと考えられます。また，それを容認する歴史も長かったと思われます。なぜ，スポーツには暴力が伴うのでしょうか。また，それは日本特有の現象なのでしょうか。

 暴力問題が起きないフランス柔道

　先の柔道を例にとると，フランスでは競技人口が日本の約3倍（フランス60万人に対して日本は20万人）であるにもかかわらず，暴力問題は起きていないといわれています。子どもの死亡事故もゼロで，12歳以下の全国大会もありま

▷1　この声明文は，2013年2月4日に出され，同日付で『朝日新聞』『毎日新聞』『読売新聞』などの主要メディアが取りあげたばかりでなく，Yahoo!ニュースをはじめネットニュースでも全文が掲載され，SNS上でも大きな反響を呼んだ。

▷2　『朝日新聞』（2013年3月20日付朝刊）。

▷3　「のびのびフランス柔道——暴力問題おきず日本との違いは」『朝日新聞』（2013年2月20日付朝刊）。フランス柔道の現状については，溝口紀子（2015）『日本の柔道フランスのJUDO』高文研，を参照。

せん。柔道指導者は、他のスポーツ指導者と同様に国家資格とされ、「成熟した」柔道教育が展開されていると評価されています。

この違いは、まずスポーツを支える組織体制によるものと考えられます。日本の青少年期におけるスポーツは、そのほとんどが学校の運動部活動を土台にしていますが、フランス（ヨーロッパ）ではクラブが主流になっています。学校運動部もクラブも任意加入ではありますが、日本の場合、特に中学校では、「全員部活」が奨励されるように、課外スポーツ活動が半ば強制される現状があります。加えて、各校種（小・中学校・高等学校）別の全国大会が複数開催され、そのつど勝利を目指すしくみが出来上がっています。このしくみは、そのスポーツ大会の成績によって、進学（例えば、スポーツ推薦）に有利に働いたり、学校やスポーツ指導者の社会的な評判や名声を高めたりするなど、スポーツの社会的機能（社会的な影響力の大きさ）にもつながっていきます。

スポーツは競争によって成り立っていますから、フランスも日本もスポーツにおいて勝利が目指されることは同じですが、その組織体制の違いは日本のスポーツ指導者によりいっそう勝利至上主義が植えつけられるように仕向けているように思われます。また、フランスでは、保護者が会費を払って子どもたちをクラブに通わせていますから、スポーツ指導者が暴力やハラスメントを行えば、子どもたちはクラブを辞めてしまいます。結果的には、スポーツ指導が行えなくなってしまう事態に陥るのです。

3 スポーツにおける暴力の構造的要因

柔道での暴力問題の事例を参考にして、社会や組織（集団）といった観点から暴力が引き起こされるしくみ（構造的要因）を考えると、次のようにまとめることができます。

1）スポーツ集団内の要因
- 指導者とプレイヤー間の権力関係
- プレイヤー間の厳格な上下関係
- 勝利至上主義による極端な集団主義（自由度のなさ）

2）スポーツ界全体に及ぼす社会的な要因
- 男性中心的な風潮や制度（例えば、女性指導者の少なさ）
- 競技成績が進学や就職に役立つこと
- 社会からみたスポーツの場の閉鎖性（自由度のなさ）

スポーツにおける暴力は、表面的には指導者を含めたスポーツ関係者個々人が抱く勝利至上主義がその引き金になる場合が多いように思われます。しかし、それを引き起こす社会的な要因を考えてみると、いずれもプレイヤーを含む彼らの活動の自由度を低下させる環境（ここでは組織や制度といった社会的環境）が成立することで、より発揮されやすくなることが理解されます。　（菊　幸一）

▶4　日本では1983-2011年までの29年間に学校内で起きた柔道死亡事故が118件、同年から2010年までの28年間での柔道傷害事故が284件に上るといわれる（内田良／学校リスク研究所HP。http://www.dadala.net/statistics/judo.html 2016年12月10日閲覧）

▶5　溝口紀子（2015：127-187）。

▶6　日本体育協会編・発行（2013）『スポーツ指導者のための倫理ガイドライン』13頁。

おすすめ文献

†N. エリアス・E. ダニング／大平章訳（1995）『スポーツと文明化』法政大学出版局。

†溝口紀子（2015）『日本の柔道フランスのJUDO』高文研。

†望月浩一郎（2013）「スポーツでの暴力をなくすための競技団体の課題」菅原哲朗・望月浩一郎編集代表『スポーツにおける真の勝利』エイデル研究所、22-29頁。

第Ⅲ部　社会からスポーツを倫理する

8　スポーツと暴力の倫理学

 スポーツにおける体罰

❶ 「体罰」という名の暴力の容認

　一般社会における暴力は，明らかに刑法が定める刑事罰を伴う犯罪として扱われます。しかし，これと同じ行為をしていると誰もが感じるはずの「体罰」は，なぜ一般社会における暴力と同じようにはみられず，「体罰」と命名されてきたのでしょうか。このことには，「体罰」という言葉を用いることの中に，すでに社会がこれまで「体罰」という名の暴力を容認してきた（あるいは大目にみてきた）という潜在的な社会意識のようなものが垣間みえます。

　ところで，文部科学省の統計によると，2023（令和5）年度に国公私立学校全体で起こった体罰のうち，約2割が部活動時であり，発生場所の25.0％が運動場や体育館であることから，体育授業や運動部活動におけるスポーツ活動時における体罰は，全体の4分の1を占めていることがわかります。部活動がない小学校を除くと，中学校では24.6％，高等学校では35.7％で部活動時に体罰が発生しており，その割合は学年が進むに従って高まっています。高校の部活動における体罰は，授業時全体の割合（28.1％）より高くなっていますから，運動部活動が体罰の温床になっている状況がみえてきます。

　実は，文部科学省がこのような体罰の実態調査を始めたのは，2012（平成24）年12月に大阪市立桜宮高校のバスケットボール部員が，顧問から体罰を受けて自殺した事件がきっかけでした。この事件の加害者とされた顧問教諭は，これまでの判例とは異なり，刑事事件として有罪の判決を受けています。また，事件を調査した大阪市の外部監察チームは，その報告書の中で「体罰」という表現を使わず「暴力」行為だったと結論づけています。つまり，「体罰」という名の暴力は，今日，刑事罰を伴うほど社会の暴力と同等に認知され，絶対に許されなくなっているのです。しかし，このような認識は，「教育」の中でスポーツが扱われる学校ではなかなか浸透していないというのが現実のようです。その原因は，学校（教育）外の社会の側からみてどこにあるのでしょうか。

❷ 体育や運動部活動における体罰のメカニズム

　体育や運動部活動で求められる教育的成果は，身体の動きそのものに求められる傾向があります。ですから，その成果は，他教科や他の教育活動よりもすぐに可視化され，評価される特徴があります。また，体育や運動部活動の一斉

▶1　文部科学省（2024）『体罰等の実態把握について（令和5年度）』。文部科学省HP。http://www.mext.go.jp/content/20241220-mxt_syoto01-000039268_70.pdf（2025年1月24日閲覧）。

▶2　学校運動部における死亡事故を調査してきた内田は，1983-2012年度の30年間における学校管理下の柔道事故死118名のうち「9割は部活動時で，授業時は1割となっている。部活動時の安全対策こそが最優先されなければならない」と指摘している（内田良「9割は部活，実態よく見て」『朝日新聞』2013年8月30日付朝刊）。この記事は体罰と柔道事故死とを直接結びつけて論じているわけではないが，柔道事故死の例から，体罰の場の中心は運動部活動であり，そこではかなり被害が大きくなるような体罰が行われやすいことは容易に推察されよう。

指導では，指示・命令が指導の中心でした。このような指導では，「いうことを聞かせる」強制性が強く働くと同時に，人間の身体が周囲からすぐに評価される対象として可視化されています。このような文脈では，熱心なスポーツ指導者ほど，自分の意にそぐわない動作やパフォーマンスを瞬時に評価したくなりますし，その結果，すぐにこれを矯正する強制性を強く働かそうとします。つまり，スポーツにおける可視化された身体は，指導者に，冷静な言葉を介した説得や納得を導く時間を与えない評価行動，すなわち感情的な言葉や物理的な力の行使といった暴力＝体罰に依存してしまう状況を，つくり出しやすいということになるのではないでしょうか。

他方で，「学校生活がよりいっそう豊かになり，複雑化し，組織化されるにしたがって，体罰の内容はいよいよ豊かになり，それはますますしげく用いられるようになった」といわれるように，時代とともに学校教育のシステムが整備されればされるほど，その維持のための体罰が必要悪としてみられる傾向が強くなっていきます。例えば，わが国では校内暴力が顕在化した1975年前後から，いわゆる「肉体派・体力派」と呼ばれる，体育や運動部活動を担当する教員が意図的に採用されたといわれています。そこでは，学校の保守的なシステムと複雑化する社会システムとのズレを学校（教育）の側から修復させようとするために，体罰が容認され，社会から隠蔽されていくようになったと考えられます。その役割が，体育や運動部活動を担当するスポーツ指導者に潜在的に担わされているとしたら，スポーツにおける体罰の発生は，指導者個人の性格の問題もさることながら，彼らをとりまく学校のしくみや性格と社会との関係にもその要因が求められるということになるのではないでしょうか。

3 体罰のないスポーツに向けて

スポーツにおける体罰は，これまで述べてきたような指導者と被指導者との関係だけでなく，〈先輩―後輩〉間の厳格な上下関係の中でも同様に起きる場合があります。かつて近代スポーツが誕生したイギリスのパブリック・スクールでは，生徒間の「自治」を何よりも重んじた結果，先輩から後輩に対する体罰の温床であったこれまでの野蛮なスポーツが，例えばサッカーやラグビーのようなルールや規律を重んじながらも楽しく，安全に，皆が楽しむことができる非暴力的な今日のスポーツに変貌したといわれています。

成熟した今日の社会では，もはやスポーツにおける体罰は許されない行為です。教育を目的としてスポーツに携わる指導者は，この社会の基準とのズレにことさら自覚的である必要があります。また，そのような自覚を促すためには，常に外部との人的交流やコミュニケーションを図る学習の機会が設けられなければなりません。それは被指導者である子ども同士にもいえることで，社会からみたスポーツの多様な楽しさを共有し，学んでいく必要があります。　　（菊　幸一）

▷3　この事件は，大阪市立桜宮高校バスケットボール部のキャプテンを務めていた生徒が2012年12月23日に自殺したことに端を発し，その原因が顧問教師による度重なる体罰によって精神的に追い詰められたことにあるというもので，その後，体罰に対する世論の厳しい批判を招く発端となった。
▷4　『朝日新聞』（2013年2月11日付朝刊）。
▷5　菊幸一（2008）「スポーツ社会学における身体論」池井望・菊幸一編『からだの社会学』世界思想社，67-94頁。
▷6　デュルケーム，E.／麻生誠・山村健訳（2010）『道徳教育論』講談社学術文庫，313頁。
▷7　菊幸一（2001）「体育と暴力」杉本厚夫編『体育教育を学ぶ人のために』世界思想社，104-122頁。

▷8　菊幸一（2013）「競技スポーツにおけるIntegrityとは何か」『日本スポーツ法学会年報』20：日本スポーツ法学会，6-40頁。

おすすめ文献
†本村清人・三好仁司編著（2013）『体罰ゼロの学校づくり』法政大学出版局。
†内田良（2015）『教育という病』光文社新書。
†菊幸一（2001）「体育と暴力」杉本厚夫編『体育教育を学ぶ人のために』世界思想社，104-122頁。

第Ⅲ部　社会からスポーツを倫理する

8　スポーツと暴力の倫理学

スポーツにおけるハラスメント

スポーツにおけるセクシャル・ハラスメント

一般的にセクシャル・ハラスメント（Sexual Harassment：以下，SH）は，性的な言葉や行為（環境）によって相手の意思に反して不快な気持ちや不安な状態に追い込むことをさします。ここでは，そのような言葉や行為が意図的かどうかにかかわらず，それを受けた相手が性的な嫌がらせと受け止めるのかどうか（個人の主観）が問われることになります。しかしながら，男女共同参画社会の実現を目指す現在では，そのような認識の相違の如何を問わず，お互いが性的な嫌がらせと受け止められないように配慮をすることが社会的に求められています。とりわけ，これまでの社会が男性中心主義的で，**異性愛主義**に基づく**ジェンダー概念**のもとに成立してきたことから，男性から女性への，また同性愛者をはじめとする性的少数者へのSHが問題とされてきました。いずれにしても，このハラスメントには，男性優位や異性愛優位といったこれまでの性的規範に基づく，弱者に対する蔑視や権力（パワー）の行使が伴います。

スポーツにおけるSHでは，主に男性スポーツ指導者による女性競技者へのそれが問題とされてきました。それは，長らくスポーツが一般の社会以上に男性中心主義であり，その結果として女性の性的特徴に配慮した指導スタイルが確立されてこなかったことによるものと考えられます。しかし，それ以上に大きな要因は，競技者の選抜においてスポーツ指導者が大きな権力を握っており，そのため指導者の指示・命令に逆らえないようなしくみにあります。この文脈におけるSHは，男女の性差を問わず行われる可能性があります。たまたま同性愛指向の男性スポーツ指導者が，特に青少年期の同性に対して行うSHは，性的虐待や性的暴力に発展するのは，異性に対するそれと同じです。

このように競技者選抜の決定権がスポーツ指導者に委ねられている場合，明らかにSHを受けている当事者が，それをハラスメントとは受け止めようとしない，あるいは，それをむしろ「愛のムチ」のように肯定的に受け止めようとすることもあります。例えば，トップレベルの女性競技者が，男性指導者が認識する以上に，容姿に関する発言やひわいな発言，あるいは指導における挨拶がわりに体にさわられることを容認しているとするデータは，世間一般のSHの状況とは逆に，女性競技者自身がSHに対して鈍感になっていることに，指導者はよりいっそう注意を払わなければならないことを意味しています。その

▶1　**異性愛主義**
社会における異性愛主義とは，自然の生殖による次世代の再生産によって社会が成立することをテーゼとして，「女」を愛する「男」と，「男」を愛する「女」の関係性のみが，社会的に公認されなければならないとする考え方。したがって，このような考え方からすれば，同性愛は，自然に反した異常な状態であるとして差別されることになる（稲葉佳奈子（2006）「絡み合うジェンダーとセクシャリティ」菊幸一ほか編著『現代スポーツのパースペクティヴ』大修館書店，290-305頁）。

▶2　**ジェンダー概念**
ジェンダー（gender）とは，「性」というものが生物学的にとらえられるセックス（sex）とは異なり，社会や文化のありようによって歴史的に形成される「性」への認識や評価，あるいは考え方のことである。このような概念を，従来の生物学的に認知される「性」と対置することで，異性愛への常識は，社会や文化がつくり出した「性」のありように対するひとつの考え方（＝主義）にすぎないことを導き出すのである。

ような注意を払わなければ，実際にSHを感じている女性競技者に対して配慮を欠く結果となり，大きな問題に発展することになるからです。

❷ スポーツにおけるパワー・ハラスメント

　パワー・ハラスメント（Power Harassment：以下，PH）も，これまで述べてきたSHと似たようなハラスメントの性格をもっていますが，SHとは異なり，性的規範に基づく人格や尊厳の侵害（嫌がらせ）にとどまらないものです。一般社会の企業では，その地位や職位などのパワーを背景にして，本来の適正な業務範囲を超えた業務を強要したり，命令に従わせたりするために継続的に人格や尊厳を傷つける言動や行為を行うことなどがこれにあたります。

　スポーツにおいては，勝利至上主義に陥るあまりに，スポーツ指導者がその地位を利用して自分の意のままにならない選手に暴言を吐いたり，常識の範囲を超えた練習量（時間）を課したり，ときにはレギュラーにさせないなどといった脅しをかけたりする言動や行為などがあてはまります。これは，直接的な物理的暴力を伴うものではありませんが，言葉の暴力や脅迫的な行為を伴っています。その状況は，(1)公開での叱責や人格否定，(2)剝き出しの感情，(3)脅し，(4)無視，(5)わざと過剰なノルマを課すことによる低評価，などの形で現れます。

　また，このようなPHは，学校運動部成員の上下関係（先輩－後輩関係）をきっかけにして行われることは周知の通りです。スポーツの場合に，特に中・高・大といった学齢期における年齢（エージング）によるハラスメントが問題となるのは，各校種別に多くの全国大会が開催され，指導者のみならず部員までもが勝利至上主義に陥りやすいスポーツ環境にいるからだと考えられます。例えば，高校野球では，部員同士のいじめや暴力が2012（平成24）年までの10年間で計1382件にも上ると報告されており，その実態の深刻さをうかがい知ることができます。

❸ ハラスメントのないスポーツに向けて

　暴力や体罰と同様に，ハラスメントにおいても，スポーツ界では一般社会と比べ，問題意識が希薄なように思われます。その要因は，勝利を目指すという明確な目標が，その明確さゆえに，それを達成するためなら多少のハラスメントは許されるとするスポーツ界の雰囲気やしくみにあるようです。

　したがって，特にハラスメントのように受け手側の意識が問題にされる場合には，なぜこれまで意識が希薄であったのかを，その背景を含め考えていく学習の機会が必要です。また，そのための条件整備や防止策は，個人や個人間の注意や配慮だけでは限界があり，その環境を形成している学校や競技団体が積極的に問題に対処するしくみを考えていくことが求められます。　（菊　幸一）

▷3　例えば，「挨拶でさわる」ことを実際に経験した者は63％であったが，そのうち50％の者がこれを「受け入れられる」とし，44.2％の者が「適切である」と評価しているという（熊安貴美江（2013）「スポーツにおける暴力／ハラスメント──見えにくいハラスメントの現状と課題」『大阪府立大学女性学研究センター第17期女性学講演会　女性学・ジェンダー研究の現在』141頁）。

▷4　高峰修（2016）「暴力とセクシャル・ハラスメント」日本スポーツとジェンダー学会編『データでみるスポーツとジェンダー』八千代出版，130-149頁。

▷5　『朝日新聞』（2013年7月2日付朝刊）。記事の見出しには「部員間上下関係，悪循環に懸念」とある。

おすすめ文献

†飯田貴子・井谷恵子編著（2004）『スポーツ・ジェンダー学への招待』明石書店。
†日本スポーツとジェンダー学会編（2016）『データでみるスポーツとジェンダー』八千代出版。
†井上俊・菊幸一編著（2020）『よくわかるスポーツ文化論［改訂版］』ミネルヴァ書房。

8 スポーツと暴力の倫理学

5 社会の歴史からみたスポーツと暴力の関係論

1 スポーツと暴力の蜜月関係？

これまでの社会の歴史からスポーツと暴力の関係を辿ってみると，意外なことに近代以前のスポーツは，ヨーロッパにおいて4-18世紀までの間にたびたび禁止令が出されており，とても暴力的であったといわれています。例えば，サッカーやラグビーの原型は「モブ・フットボール」と呼ばれ，数百人の群衆がひとつのボールを街中で追いかけ回して相手を殴ったり，蹴ったり，時には死人も出るようなものだったと記録されています。わたしたちが現在経験している「スポーツ」とは，実は人類がかかわってきた長いスポーツの歴史からみれば，非暴力性をことさら強調する特殊なゲーム形式を伴う身体運動文化として発明されたとさえいえるのです。

では，暴力的なスポーツが，なぜ一転して，今日のような暴力のないスポーツに変貌し，さらには現代社会において，暴力や体罰，ハラスメントのような社会悪とはむしろ無縁な文化であるとみなされるようになったのでしょうか。少なくとも近代以降の社会では，暴力と手を切らなければ，見知らぬ人同士が出会う（移動する）ことすらできません。暴力に対する嫌悪感をこれまで以上に高めていかなければ，現代社会は成り立たないのです。これに対して，近代以前の社会では，ほとんどの人々が顔見知りの共同体の中で生活して親密な関係でいられますから，（外からみると）多少暴力的な言葉や行為も許される特徴があります。現代スポーツは，このような社会の変化に従って，絶対的なまでの非暴力性を強調する方向へと性格を変化させていかなければ，生き残る（身体運動文化として継承される）ことができなかったのです。

しかし，今日のわたしたちの感覚からすると，現代社会においても暴力は，依然として社会に蔓延しているように思われます。だからこそ，スポーツの社会的受容の正当性は，ますますその非暴力的性格への「信頼」を高めることにこそあるということになります。少なくとも今日の社会では，暴力のない理想社会のひとつのモデルとしてスポーツを承認し，その再生産を担う教育としてのスポーツや体育に，大きな期待がかけられているといえるでしょう。ですから，スポーツにおける暴力や体罰，ハラスメントの問題は，歴史社会的な文脈からみると，このようなスポーツや体育に対する社会的信頼や期待を裏切ることを意味し，その社会的な存在価値すら危うくすることにつながっていくのです。

▶1　フットボールのほかに，トーナメント（馬上槍試合）やジュー・ド・ポーム（現在のテニスの原型となったもの），あるいは鷹狩りやゴルフも禁止の対象となった時代があった（池田勝・守能信次編（1999）『スポーツの政治学』杏林書院，16-17頁）。

▶2　現在でもイギリスでは，民俗フットボールがスコットランドに7カ所，イングランドに10カ所残存している（吉田文久（2014）『フットボールの原点』創文企画）。

▶3　スポーツが人々に共有される営み（文化）となり，また社会のしくみ（制度）として成立するためには，スポーツの意味や価値とその機能が，当該社会の人々に支持され，広く社会的に承認されなければならない（佐伯年詩雄（2005）「スポーツの歴史と発展」日本体育協会編・発行『公認スポーツ指導者養成テキスト共通科目Ⅰ』38-43頁）。

▶4　菊幸一（2010）「暴力の抑制——N. エリアス／E. ダニング『スポーツと文明化』」井上俊・伊藤公雄編『社会学ベーシックス 8　身体・セクシャリティ・スポーツ』世界思想社，219-228頁。

❷ 現代スポーツにおける暴力への回帰

　残念ながら，これまで人間の歴史の中で，暴力が根絶された社会は実現できていません。なぜなら，社会がどのように発展しても，人間が暴力をふるう存在であることに変わりがないからでしょう。ですから，近代以降の社会では，「暴力根絶」を倫理的に求めながらも，その現実的対応としては人間のもつ暴力性を飼い慣らす文化的工夫をしてきました。例えば，スポーツは人間の感情的興奮を一方である程度認めつつ，他方ではこれをルールなどで抑制して，その微妙なバランスを保つことにより暴力をコントロールするという，文化的工夫のわかりやすいモデルのひとつなのです。

　ところが，その微妙なバランスは，スポーツが教育目的の一環として手段的に扱われると，その「罰」の行き過ぎである一方的な「体」罰によって崩されていきます。また，スポーツによる競争の結果は，今日ますます国家や学校など組織や集団にとっての名誉や生徒にとっての進学保障につながったり，指導者にとっての名声や称賛につながったりするなど，様々な現実的利益（メリトクラシー）をもたらすようになっています。そうなると，そこで発揮される暴力や体罰は，一時的な感情による短期的な「感情的暴力」から，あらかじめ計算された長期的な「理性的暴力」といった傾向をもつことにもなってきます。

　加えて，そのような意味での暴力や体罰，あるいはハラスメントの正当化は，それを受ける本来なら被害者であるはずの生徒や選手に，その過剰性と継続性ゆえに，この圧力を内部で軽減し昇華しようとするような異常な「愛着」と「信頼」を伴う場合がでてきています。このことは，暴力や体罰，ハラスメントの行使を潜在的に支え，全体としてはそれらの再生産に手を貸してしまうという意味で，さらに根の深い問題を提起することになります。

❸ スポーツの楽しさは暴力を超えられるか

　スポーツは本来，誰からも強制されずに自発的な楽しさを追求するプレイ文化のひとつです。その歴史の大半は，これまでみてきたように，社会の歴史と同様に暴力を比較的許容する特徴をもっていました。しかし，近代以降，スポーツはまさに「近代スポーツ」として生まれ変わり，ルールによってうまく感情的興奮のバランスをとりながら暴力を飼い慣らす「楽しさ」を発見し，その関係性において社会に受け入れられ，発展してきたのです。

　したがって，スポーツと暴力の関係性を考えた時，社会の中でスポーツが成立しているスポーツの楽しさの原点をどのように保障するのかはとても大切なことになります。そこには，スポーツ指導の楽しさとスポーツを文化的に享受する楽しさとの一致が必ず求められるはずです。

（菊　幸一）

▷5　ダニング，E.／大平章訳（1995）「スポーツにおける社会的結合と暴力」エリアス，N.・ダニング，E.『スポーツと文明化──興奮の探求』法政大学出版局，328-357頁。

▷6　朝日新聞社が関東，関西の3つの私立大学運動部員510名（男子427名，女子83名）に調査したところ，約6割が信頼関係の上での体罰を容認し，体罰を受けてもこれを肯定的にみる「負の連鎖」の傾向の一端がみえたという（『朝日新聞』2013年5月12日付朝刊）。

▷7　菊幸一（2015）「暴力」中村敏雄ほか編『21世紀スポーツ大事典』大修館書店，828-830頁。

▷8　スポーツは，主に「競争」というプレイ（遊び）の要素から発展してきた身体運動文化としてとらえられている（例えば，カイヨワ，R.／多田道太郎・塚崎幹夫訳（1990）『遊びと人間』講談社，などを参照）。

▷9　菊幸一（2013）「体育・スポーツと暴力──体育指導者は暴力「問題」とどう向き合うべきか」『学研・教科の研究　保健体育ジャーナル』99，学研教育みらい，1-2頁。

【おすすめ文献】

†菊幸一（2013）「スポーツと暴力の関係──スポーツは極めて暴力的だった!?」菅原哲朗・望月浩一郎編集代表『スポーツにおける真の勝利』エイデル研究所，41-47頁。

†菊幸一（2015）「暴力」中村敏雄ほか編『21世紀スポーツ大事典』大修館書店，828-830頁。

†奥村隆（2001）『エリアス・暴力への問い』勁草書房。

第Ⅲ部　社会からスポーツを倫理する

8　スポーツと暴力の倫理学

暴力，体罰，ハラスメントを克服するために

1　嘉納治五郎による柔道の発明から学ぶ

　社会とスポーツとの関係から暴力，体罰，ハラスメントなどを解決し，克服していくためには，このような倫理的な問題は，当事者への注意喚起や意識の改善だけに注目するだけでは不十分であるということがわかります。この問題を根本的に解決していくためには，当事者がそのような問題を引き起こしていく環境やしくみを十分に理解し，スポーツの歴史社会的な性格と，それが社会的に存在し受け入れられる理由や背景をよく知っておく必要があるからです。

　例えば，柔道女子代表選手への暴力事件が問題となった「柔道」というスポーツは，その祖である嘉納治五郎によってどのように発明され，社会に受け入れられていったのでしょうか。嘉納は，投げる，倒す，絞めるなど，そのことだけを取り出せば単なる「暴力」としか受けとめられない行為に，「背負投」「大外刈」「送襟絞」などの名称（ラベル）を付与し，これを「技」化しました。言い換えれば，身体の暴力的なエネルギーを，スポーツとしての柔道の目的のために合理的にコントロールして発揮すること，すなわち精力を善く使用すること（精力善用）ことで，互いが仲良く尊重（自他共栄）され，よりよい平和な社会が実現されることを目指したのです。

　しかし，彼が生きている間にも柔道は急速にスポーツ化し，今日と同じように勝敗のみにこだわるようになります。中には，試合の勝敗に役立つ乱取りや寝技だけを行う柔道が，次第に指導者や選手同士の暴力や体罰，ハラスメントを引き起こす場面もみられるようになってきました。そこで，嘉納は，非暴力的で合理的な柔道の技の原理を体得するために，型の重要性を強調するとともに，その自由な実践である乱取りの後に必ず言葉を介した指導者の「講義」と，被指導者からの問いを引き出し，これに答える「問答」を重視しました。

　つまり，スポーツとしての柔道が勝利至上主義に陥ることを防ぐために，その技術の合理性を非暴力的な性格として学ぶための「型」を重んじ，それを自由に実戦的に発揮する乱取りにおいても，必ず講義や問答による言葉を介した冷静な指導の必要性を説いたのです。このような嘉納による柔道の発明と発展から学べることは，スポーツの非暴力性を関係者の努力によって意図的，組織的に高めていくことが必要であること，そしてそれを実現していくためには言葉による表現力とコミュニケーションが重要であるということなのです。

▷1　Ⅳ-13-2 を参照。
▷2　菊幸一（2016）「嘉納治五郎がめざした柔道とオリンピック」『柔道』87(7)，講道館，1-4頁。
▷3　村田直樹・菊幸一（2014）「現代スポーツを考えるために――嘉納治五郎の成果と課題から」日本体育協会監修／菊幸一編著『現代スポーツは嘉納治五郎から何を学ぶのか』ミネルヴァ書房，277-300頁。
▷4　全日本柔道連盟では，一連の暴力事件等の不祥事を受けて2013年から連盟内に「暴力の根絶」プロジェクト会議を発足させたが，2014年にはこれを発展させて「柔道MINDプロジェクト特別委員会」を立ちあげた。
▷5　公益財団法人5団体とは，日本体育協会（現日本スポーツ協会），日本オリンピック委員会，日本障害者スポーツ協会，全国高等学校体育連盟，日本中学校体育連盟のことである。
▷6　原文は，日本体育協会による以下のHPや同協会のガイドブックや手帳，その他暴力問題等を扱った書籍などに掲載されている。日本体育協会HP。http://www.japan-sports.or.jp/Portals/0/data/koho_kyan

❷ 「スポーツ界における暴力行為根絶宣言」の意義

 2012-13年にかけてメディアに取りあげられた大阪市立桜宮高校バスケットボール部体罰事件や,柔道女子代表選手への代表監督による暴力事件を受ける形で,体育やスポーツに関連する公益財団法人5団体が,2013（平成25）年4月25日付で「スポーツ界における暴力行為根絶宣言」を公表しました。この宣言では,「私たちの愛するスポーツを守り,これからのスポーツのあるべき姿を構築していくためには,スポーツ界における暴力行為を根絶しなければならない」とし,具体的には「指導者」「スポーツを行う者」「スポーツ団体及び組織」が,それぞれの役割に応じて一体となって暴力根絶に取り組む必要性を謳うとともに,そのための具体的な計画の立案を自主的に行うようスポーツ団体や組織に求めるものとなっています。

 これに遅れて同年5月27日には,文部科学省による「運動部活動での指導のガイドライン」が公表され,(1)学校組織全体での取り組みの重要性,(2)適切な指導体制の整備,(3)指導の目標や内容を明確にした計画の策定,(4)生徒の意欲や自主的・自発的な活動の促進,(5)肉体的・精神的な負荷や,厳しい指導と体罰等の許されない指導との区別,(6)最新の研究成果等を踏まえた科学的な指導内容や方法の採用,(7)指導力の継続的な資質能力の向上,といった7つの事項を指摘しました。特に,(5)の厳しい指導と体罰等の許されない指導との区別は,例示によって具体化されていますが,例えば「反復練習」や「特別練習」の類が体罰等にならないためには,生徒に対する十分な説明と理解が必要なことが示されています。

 このような動きで重要なのは,国の指針に先んじて,民間スポーツ組織が自主的に,スポーツにおける暴力等の問題に対して,これを根絶する宣言を出したことです。そこには,自分たちの問題を自分たちで解決しようとする積極的な姿勢がみられます。この姿勢は,スポーツにおける暴力等の問題に向き合い,これを克服していこうとする基本的なスタンスとして重要だと思われます。

❸ 「根絶」から「飼い慣らし」へ

 しかし,これまで述べてきたように,今日までの社会の歴史の中で,暴力等が「根絶」されたためしはありません。ですから,人間は,常に暴力等の問題と向き合い,これをコントロールする努力をしてきました。人間が暴力をふるう存在であることを自覚することは,これを具体的にどのようにコントロールし飼い慣らしていくのかを,常に考える出発点になります。

 ただ単に「禁止」を叫び,これを監視するだけでは,根本的な解決には結びつきません。スポーツという楽しい文化を成立させるため,暴力根絶に向けた個人や集団,組織による努力への自発性を引き出すことが大切です。 （菊 幸一）

---

pen/news/bouryokukonzetsusengen (yoko). pdf（2016年12月12日閲覧）

▷7 原文は,「運動部活動の在り方に関する調査研究報告書――一人一人の生徒が輝く運動部活動を目指して」と題して,以下の文部科学省HPに掲載されている。http://www.mext.go. jp/a_menu/sports/jyujitsu/__icsFiles/afieldfile/2013/05/27/1335529_1. pdf（2016年12月12日閲覧）

▷8 ガイドラインでは,「通常のスポーツ指導による肉体的,精神的負荷として考えられるものの例」「有形力の行使であるが正当な行為（通常,正当防衛,正当行為と判断される行為）として考えられるものの例」など,詳細な事例が示されている。

▷9 かつてわが国では,1937（昭和12）年に野球統制令によって学生野球界が国（文部省）の政治的なコントロールを受け,スポーツ（界）の自浄能力を失うという苦い経験があった（1947年廃止）。

おすすめ文献

†日本体育協会監修／菊幸一編著（2014）『現代スポーツは嘉納治五郎から何を学ぶのか』ミネルヴァ書房。
†高井和夫（2013）「『体罰・暴力』に頼らない,スポーツ指導者養成のために」菅原哲朗・望月浩一郎編集代表『スポーツにおける真の勝利』エイデル研究所,48-54頁。
†菊幸一（2013）「スポーツにおける『新しい公共』の原点と可能性」日本スポーツ社会学会編『21世紀のスポーツ社会学』創文企画。

第Ⅲ部　社会からスポーツを倫理する

9　スポーツ組織の倫理学

 スポーツ組織とは何か

1　プロとアマチュア

　日本におけるスポーツ組織の形態は、大きく2つに区分して考えることができます。アマチュア・スポーツの組織とプロスポーツの組織です。基本的に利益の追求を目的としない前者の組織には、例えば学校の運動部活動や地域のスポーツクラブなどが含まれます。また、それらを統括する立場にある全国高等学校体育連盟や日本体育協会などもアマチュアの組織に含まれるでしょう。[1]

　営利を目的とするプロの代表例としては、プロ野球の球団やJリーグのクラブを挙げることができます。日本のプロ・スポーツには、アメリカ型（プロ野球）とヨーロッパ型（Jリーグ）の2つの運営方式が共存しています。図式的に対比させれば、アメリカ型の特徴には、「クローズドリーグ（リーグ間で球団の入れ替えがない）」「フランチャイズ制（特定球団が地域の独占営業権をもつ）」「シングルエンティティ（リーグをひとつの企業体とみなす）」などが挙げられます。逆にヨーロッパ型には、「オープンリーグ（リーグ間でチームの入れ替えがある）」「ホームタウン制（特定クラブが地域の独占営業権をもたない）」「クラブ制度（各クラブがリーグから独立している）」などの特徴があります。これら2つのシステムの共存は世界でも稀有な例といわれていますが、近年ではさらに、日本プロ野球機構とは別に、地方にプロ球団を設立し、地域に野球を普及させる核になろうとする独立リーグが誕生するなど、日本のスポーツ組織は独自の発展をみせているといえるでしょう。[2]

2　スポーツ組織の分類

　このように日本には、実に多様なスポーツ組織とその統括システムが存在しています。しかし、その一方で、スポーツ組織の全体に責任をもつような統一的な組織が不在であるばかりではなく、「スポーツ組織とは何か」に答えうるような研究も進んでいないのが現状です。こうした現状は、スポーツの発展に責任をもつ主体としてスポーツ組織を位置づけることを困難にしています。例えば張寿山は、法人格をもつスポーツ組織の分類を図1のようにまとめています。[3] 縦軸はスポーツ活動への関わり方の区分です。横軸には経営形態の区分が示されています。この分類図から張は、法人概念には収まりきらないスポーツに固有の組織があることを指摘しています。[4] ひとつは国際サッカー連盟（以

▷1　全国高等学校体育連盟（高体連）は、日本の高校スポーツを統括し、各大会の開催・運営に携わっている公益財団法人。日本体育協会（体協：JASA）は、日本のスポーツ競技連盟を統括している公益財団法人である。日本のスポーツ組織の特徴として、これら中央の組織が形成された後に地方の組織が形成されたという、欧米とは異なる歴史的な背景がある。

▷2　平田竹男（2012）『スポーツビジネス最強の教科書』東洋経済新報社。

▷3　張寿山（2015）「法人格概念によるスポーツ組織研究の枠組み――クラブ、連盟、行政、企業、NPO、NGO、スポーツに固有な法人組織」『スポーツ社会学研究』23(2)：61-78頁。

▷4　法人とは、法的行為の主体となりうる（法で定められた）団体のことであり、営利を目的とする「営利法人」、非営利を目的として慈善事業や学術事業などを行う「公益法人」、財産の所有が認められる「財団法人」、認められない「社団法人」などに分類される。しかし、民法で定められた公益法人として認められるためには、行政機関の許可や主務官庁による指導などの制限が多く、必ずしも市民の自発的な活動を促すのに適したものではな

下，FIFA）や国際オリンピック委員会（IOC）など，営利要素をもつ競技団体です。これらの競技団体は非営利法人として登録され，スポーツ実践者が中心に存在しないにもかかわらず，当該競技の要の位置にあるという特徴を有しています。ふたつめがコミュニティ型のスポーツクラブです。例えば，ドイツのFCバイエルン・ミュンヒェンは，サッカーだけではなく，バスケットボールなど複数のプロチームをもち，ハンドボールや卓球など7つの部門において子どもからお年寄りまでが活動を楽しんでいます。会員数は27万人に上りますが，その多くはスポーツ活動を行わない支援会員です。つまり，FCバイエルン・ミュンヒェンは，登録フェライン（登録制クラブ）というドイツ独自の組織形態（サッカーのプロチームは登録フェラインのFCバイエルン・ミュンヒェンを筆頭株主とする株式会社，バスケットのプロチームは登録フェラインの中の有限会社）をとることで，全象限を網羅する活動を行っているのです。それゆえ，張の分類に従えば，スポーツ組織は，「第1象限型（プロスポーツ中心の営利法人）」「第2象限型（アマチュアのトップアスリート中心の非営利法人）」「第3象限型（アマチュアの競技・余暇を支援する非営利法人）」「第4象限型（サービスを中心とする営利法人）」「営利要素をもつ競技団体（FIFAなど）」「コミュニティ型（欧州のスポーツクラブなど）」の6つに分類されることになります。

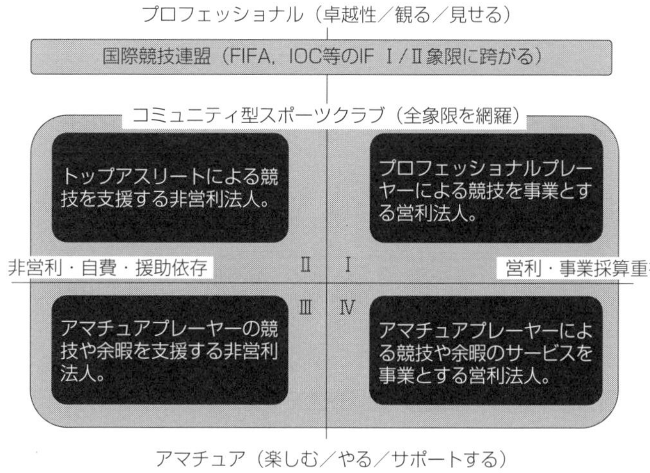

プロフェッショナル（卓越性／観る／見せる）
国際競技連盟（FIFA，IOC等のIF Ⅰ/Ⅱ象限に跨がる）
コミュニティ型スポーツクラブ（全象限を網羅）

	Ⅱ トップアスリートによる競技を支援する非営利法人。	Ⅰ プロフェッショナルプレーヤーによる競技を事業とする営利法人。
非営利・自費・援助依存		営利・事業採算重視
	Ⅲ アマチュアプレーヤーの競技や余暇を支援する非営利法人。	Ⅳ アマチュアプレーヤーによる競技や余暇のサービスを事業とする営利法人。

アマチュア（楽しむ／やる／サポートする）

図1 スポーツ組織の分類図

(出所：張（2015：71））

かった。そのため，1998年に施行された特定非営利活動促進法において，「許可」から「認証」へと簡易化された特定非営利活動法人，すなわちNPO法人（Non-profit Organization）が認められることになったのである。

▶5 オリンピック大会の開催を主な活動内容とする国際オリンピック委員会は，非政府組織（NGO）の非営利法人である。各国・地域のサッカー連盟を統括する国際サッカー連盟も，同様に非営利法人である。

3 スポーツ組織研究の課題

張は，スポーツ組織の現状を分析しながら，すべてのスポーツ組織の活動をスポーツが生み出した資金により支えることができるようになれば，スポーツ組織が自立したといえるのだから，それを可能にするような社会制度づくりが必要だと訴えています。張が主張するような経済的な自立が，スポーツ組織の主体的な活動にとって重要であることは事実でしょう。しかし，スポーツ組織の自立のためには，理念や倫理といった精神的な問題に目を向けていく必要があります。例えば，世界最大のスポーツ組織として多くの資金を得てきたFIFAの会長が，185億円超もの資金を不正に流用していたことが報道されました。スポーツによって得られた資金を小さなスポーツ組織にまで分配することひとつをとっても，理念や倫理の問題を無視することはできないのです。

（釜崎 太）

おすすめ文献

†平田竹男（2012）『スポーツビジネス最強の教科書』東洋経済新報社。
†A.トムリンソン／阿部生雄ほか訳（2012）『スポーツの世界地図』丸善出版。
†石原豊一（2015）『もうひとつのプロ野球』白水社。

9 スポーツ組織の倫理学

② スポーツ組織のアンガバナンスの実態

❶ スポーツ組織の機能不全

　近年，スポーツ組織における倫理的問題への取り組みは，「ガバナンス（＝統治）」の視点から議論されています。スポーツに限らず多くの分野でガバナンスが重視されるようになっている背景には，国家が主体となって統治する「ガバメント」ではとらえきれない課題が数多く生じるようになったためであるといわれています。つまり，公的機関だけではなく，民間組織や団体も統治の主体となるべき時代を迎えているのです。しかし，日本のスポーツ組織のガバナンスの意識は低いといわざるをえません。

　例えば，2007年6月，急性心不全で17歳の力士が稽古中に急死するという出来事がありました。これについて日本相撲協会（以下，相撲協会）が対応を表明したのは9月になってからのことです。さらに独自調査を行わなかった日本相撲協会に対して，文部科学省が「協会独自の真相究明」と「それに基づく処分」を進めるよう指導して，ようやく日本相撲協会は当該親方の解雇処分を決定したのです。2012年には，柔道女子日本代表における体罰問題が発覚しています。代表合宿中に監督が選手たちに暴力を加えたという情報が全日本柔道連盟に届き，代表監督もその事実を認めたにもかかわらず，それを公表せず，代表監督の続投を決定していたのです。15人の女子選手たちが日本オリンピック委員会に事態を告発し，一連の事件が報道された後に，代表監督が処分されるに至るのです。さらに，教育の場であるはずの運動部活動においても，例えば2014年に，バスケットボールの練習試合でミスをしたとして顧問の教師から体罰を受け，翌日に高校生が自殺するという事件が起きています。

　こうした問題の背後には，「体育関係の師弟関係」「特異な世界の悪しき慣行」「一般社会との意識のずれ」といった日本スポーツ界の特異な体質と同時に，それらの問題をチェックすべきスポーツ組織の機能不全が大きな課題として存在しているのです。

❷ 深層に潜むスポーツ組織のアンガバナンス

　スポーツ組織のアンガバナンスの実態は，マスコミで騒がれているような一連の不祥事にとどまるものではありません。より深いところでアンガバナンスの弊害がスポーツを蝕んでいる，その事実にも注意を喚起しておきましょう。

▷1 「ガバメント（government）」が政府などの上位組織が行う統治システムであるのに対して，「ガバナンス（governance）」は組織のメンバーが主体的に関与する意思決定システムである。

▷2 高峰修（2014）「スポーツ統括組織のガバナンスと倫理的問題への対応」笹川スポーツ財団編『入門 スポーツガバナンス――基本的な知識と考え方』東洋経済新報社，53-70頁。

▷3 落合博（2014）「スポーツガバナンスの行方――全日本柔道連盟の一連の不祥事を中心に」笹川スポーツ財団編『入門 スポーツガバナンス――基本的な知識と考え方』東洋経済新報社，13-31頁。Ⅲ-8-2，3を参照。

例えば，甲子園野球に代表されるメディア・イベントに顕著な問題です。甲子園野球は，高校野球の指導者と阪急電鉄（後に阪神電鉄）が朝日新聞社にその開催を申し込むことで成立したイベント，つまりスポーツ組織／メディア／スポンサーの関係性の中で生み出され発展してきたメディア・イベントです。このメディア・イベントとしての大会運営の中で利益の獲得が求められ，何よりも盛り上がりが重視されたことで，勝利を目指すあまり，投手の「投げ過ぎ」といった問題が引き起こされてきたのです。700球超もの投球数がアメリカで批判的に報道されたことは記憶に新しいところですが，かつては，才能あふれる高校生の投手生命が失われることさえ少なくなかったのです。

3 消費社会におけるスポーツ組織とスポーツの文化性

同じような問題は，箱根駅伝や全国高校サッカー選手権などのメディア・イベントにもみられるものです。例えば，日本の多くの大学陸上部では，駅伝に資金や人材が集中する一方で，マラソンの指導がおろそかにされ，マラソンの世界大会で活躍できる日本人選手が少なくなっているといわれます。高校サッカー部出身の大学選手やプロ選手の中には，入部一年目は故障からの回復に多くの時間を費やさなければならないような状態の選手が少なくないとも聞きます。それらの問題の要因は複合的であるとしても，経済的な利益やメディアの普及による大衆参加の効果（文化の進路を決めることに大衆が参与する）に意義が見出される思潮の中で，大会の「盛り上がり」や「見る面白さ」に関心が集まり，スポーツを文化として発展させるというスポーツ組織の重要な使命が忘れられがちであることは否めないように思います。

例えば，次のように想像してみてほしいのです。もしベートーヴェンが音楽のメディア・イベントに心を奪われ，若くしてその才能あふれる能力を消費し，第九がこの世に生まれていなかったとしたら，どうであったかと。スポーツの国際大会という最高の舞台で発揮される最高のパフォーマンスには，クラシック音楽に劣らない文化性があるとは考えられないでしょうか。あらゆるスポーツ大会が市場経済の影響を受けざるをえない現在，スポーツ組織にはスポーツの文化性を守るべき責務があり，その責務を果たすために，メディアや大衆との関係の中で，スポーツの大会をきちんと統治していかなければならないのです。

（釜崎 太）

▷4 「メディア」とは，直接的には「媒介・媒体」を意味し，現在では，新聞，ラジオ，テレビ，インターネットなどの伝達媒体をさす言葉として使われている。「メディア・イベント」とは，新聞社やテレビ局などが直接その主催者となって開催・運営するイベントである。

おすすめ文献
†笹川スポーツ財団（2014）『入門 スポーツガバナンス——基本的な知識と考え方』東洋経済新報社。
†吉見俊哉（1994）『メディア時代の文化社会学』新曜社。
†玉木正之（2003）『スポーツ・ジャーナリズムを語る』アイオーエム。

9 スポーツ組織の倫理学

スポーツ組織とガバナンスの必要性

1 チェック＆モニタリング・システム

　スポーツの倫理的問題の多くは，例えば奥島孝康が，相撲関係者たちが相撲の文化性を磨くべき義務を忘れたために，大相撲界に数多くの不祥事が起こったのだと批判しているような事態とつながっています[1]。奥島は法学者でありながら，日本高等学校野球連盟（以下，高野連）の会長を務めた人物です。その奥島が高野連の中で「高校生は学校の生徒である以上勉強しなければならないのは当然で，野球は教育の一環でなければならない」と主張したところ，スポーツ界の有名人たちからは，「金を貰ってもいいじゃないか」「勉強しなくてもいいじゃないか」といった発言が相次いだといいます。奥島は，役員の多くが無給の名誉職によって運営されているアマチュアのスポーツ組織においては，役員の「誇り」が「驕り」に転じる危険性があることに加えて，役員の不正を見逃しがちになるという問題点があると指摘しています。その奥島がスポーツ組織に必要なガバナンスのシステムとして提案しているのが「**チェック＆モニタリング・システム**」です[2]。

　仲間意識が強く，従来の慣行が大きな意味をもってきたスポーツ組織には，第三者性への意識は希薄であったといわざるをえません。もちろん，一般社会の常識がすべて正しいというわけではありませんし，流行に左右される世論に「盛り上がり」を重視する風潮があることも否定できません。スポーツ組織は，一方では「世論に迎合しやすい」，他方では「独善性に陥りやすい」両面の危険にさらされているのです。それゆえにこそ，第三者機関をもつ「チェック＆モニタリング・システム」を取り入れ，一般社会の常識と対話しようとする姿勢が求められているといえるでしょう。

2 日本スポーツ仲裁機構

　もうひとつ，ガバナンスのためのシステムとして奥島が提案しているのが，不服申し立てをする制度，すなわち救済措置のためのシステムです。スポーツ組織と選手のあいだ，あるいは指導者と選手のあいだで起こった紛争に関して，これまでは選手個人に泣き寝入りが強いられるケースがほとんどでした。奥島は，当事者間で解決困難な問題が起こった場合は，日本スポーツ仲裁機構で解決してもらうことを，高校野球憲章に盛り込むように提案しています。

▶1　奥島孝康（2011）「スポーツ団体の自立・自律とガバナンスをめぐる法的考え方」『日本スポーツ法学会年報』18号：6-21頁。

▶2　**チェック＆モニタリング・システム**
スポーツ組織に携わっている当事者以外による第三者機関を設け，当該組織の運営の適切性について監視するシステム。

日本スポーツ仲裁機構は，スポーツ界の紛争を解決する裁判所の役割を担う機関として，日本オリンピック委員会や日本体育協会などの総意に基づき2003年に設立された機関です。その設立は，スポーツ界の「自主的な取り組み」として評価されています。しかし，代表選考などで不利益を被った選手の申し立てには応じない競技団体が数多くあるため，仲裁・調停の申し立ての受理件数は多くないのが現状です。無条件で仲裁に応じる自動受諾条項を採択している組織は，日本オリンピック委員会や日本体育協会など，加盟団体の約6割にとどまっています。

3 スポーツ組織の財務問題とガバナンス

財務に関するガバナンスの問題も重要です。例えば，2013年には，次のような競技団体における決算と役員などの任免が報道されています。「日本ラグビー協会12年度4億3,286万円の赤字。11年度の約3億5千万円に続く赤字。日本バスケットボール協会12年度2億1,351万円の赤字。専務理事が辞任。日本水泳連盟12年度1億5,126万円の赤字。新会長の下で事業を見直す」。

ここに報道されているいずれの団体も公益法人ですが，公益法人には「収支同額」と「予算準拠」の原則があります。収支同額とは，収入と支出を同じ額にするのが望ましいという考え方です。しかし，実際には予算計画通りにはなりませんから，ある年度の収支が黒字になった場合，残額は繰越金として翌年にもちこしになります。予算準拠とは，予算通りに事業を実施することが望ましいという考え方です。つまり，民間企業とは異なり，公益法人にとっては，利益＝剰余は目的として得られたものではない，たまたまの産物ということになるのです。

にもかかわらず，スポーツの場合，オリンピックの強化費や代表選手の派遣費用が年度毎に異なるなど支出の変動が大きく，勝敗の結果などといった不確定要素も多いため，リスク管理のために多くの余剰を備蓄する必要が生じます。また，予算の執行状況に応じて計画に変動が生じた場合は，補正予算を組むことになりますが，そのような予算措置に対して，公益法人には情報公開に関する統一的なルールがありません。武藤泰明が提案するように，各々の組織が過去の収支変動や将来の計画に応じて備蓄目標をもち，これについて公表・合意することが必要でしょうし，補正予算に関しては，組織間で統一的なルールを作成し，情報公開と財務評価の条件や基準を整備していくことが必要になるでしょう。

(釜崎　太)

▷3　武藤泰明（2014）「中央競技団体の財務をどう評価するか──評価基準と評価体制・手続きについて」笹川スポーツ財団編『入門 スポーツガバナンス──基本的な知識と考え方』東洋経済新報社，34頁の抜粋。

▷4　武藤（2014）。

おすすめ文献

†奥島孝康（2011）「スポーツ団体の自立・自律とガバナンスをめぐる法的考え方」『日本スポーツ法学会年報』18号。
†笹川スポーツ財団編（2014）『入門 スポーツガバナンス──基本的な知識と考え方』東洋経済新報社。
†M. ベビア／野田牧人訳（2013）『ガバナンスとは何か』NTT出版。

9 スポーツ組織の倫理学

 スポーツ組織の健全性

 スポーツ組織とガバナンスの基本精神

　憲法において「ガバナンス」と「基本的人権」がセットでとらえられているように，ガバナンスとは，統治によって基本的人権を確保しようとする考え方であるといわれています。つまり，ガバナンスには，憲法が要求するような「三権分立の構造」と同時に，「主体（主権者）」の存在が前提になっているのです。憲法の場合は，国民が主体者です。株式会社では，株主や従業員が主体者ということになるでしょう。主体者が主権をもつからこそ，あらゆる権力についてチェックし，モニタリングできるシステムをつくらなければならないのです。このように考えるならば，ガバナンスとは，主体者が自律的に判断し，自らの行動を律することのできるような団体として組織を運営していくために必要なものといえるのです。

　日本のスポーツ組織の場合，この主体が誰なのか，まったくもって不明確であるという基本的な問題を有しています。例えば，「古いスポーツ界の体質を変える」という時，それを変える具体的な主体は誰なのか。倫理的な問題があった時，それを統制していくのは誰なのか。運動部活動の場合，運動部，学校，文部科学省，高体連のいずれであるのか。そして，もっとも大きな問題は，どの組織も明確な主体意識をもっておらず，その主体意識の欠如が，主体が本来もつべき「権利と義務の原則」をも不透明にしているという事態なのです。法学者の奥島孝康は，スポーツ組織のガバナンスを考える際，近代スポーツを育んだ欧州貴族の「ノーブレス・オブリージュ」の精神が重要であると指摘しています。ノーブレス・オブリージュとは，「自分たちの利益のためにのみ行動するのではなく，他者の利益，社会の利益のために行動する」という精神です。この精神をもっていたからこそ，欧州の民主主義が多数決による愚者の楽園に陥らずにすんだというのです。▶1

2 ドイツのスポーツ「フェライン」にみる主体者意識

　このような意味において，現在，もっとも健全性を保持しえているスポーツ組織は，ドイツの「フェライン」であるように思います。フェラインとは，Jリーグの百年構想や文部科学省の総合型地域スポーツクラブの理念が模範としてきたコミュニティ型のスポーツクラブ▶2のことです。18世紀のドイツには，市

▶1　奥島孝康（2011）「スポーツ団体の自立・自律とガバナンスをめぐる法的考え方」『日本スポーツ法学会年報』18号，6-21頁。
▶2　「コミュニティ型」の分類については Ⅲ-9-1 を参照のこと。「コミュニティ型のスポーツクラブ」は，本項で詳述しているフェラインに象徴されるような，非営利目的で地域住民が運営参加するスポーツ組織のこと。営利目的の民間フィットネス・クラブとは区別される。

民たちによって多様なフェラインが組織され，それらのフェラインが国家に基本的人権を認めさせ，近代国家を形成する大きな原動力になってきたのです。例えば，当時まだ希少であった書物を輪読するために，自らの力でつくりあげた読書クラブにおいて，市民たちは自由や平等といった言葉の意味を学び，自律的な個人による読書という（聖書の朗読などとは異なる）新しい行動様式を身につけ，強烈な主体意識のもとで「集団結社の自由」を封建国家に認めさせたのです。

このフェラインに体操をはじめとするスポーツが根づく過程にも，近代国家建設のための政治的な運動が不可分なものとして結びついていました（ドイツの政治的挫折の問題とも結びついています）。このような主体意識は，現在でもスポーツフェラインの権利と義務の意識として受け継がれています。例えば，フェラインとしての登録手続きの利便性（誰でも設立可能），「市民運動（ブュルガー・イニシアチブ）」という合言葉のもとでの地域的政治参加の促進，ボランティアによる自主運営などです。ドイツのフェラインは，いわば「ボランタリー・アソシエイション（自由意思的な個人の権利と義務の意識に基づく組織）」と表現できる組織なのです。

❸ ドイツのスポーツ「フェライン」にみる社交性

もうひとつ，ドイツのスポーツフェラインを支える「社交性」の精神にもふれておきましょう。ドイツ国内には，スポーツよりも社交性の方がスポーツフェラインの中心にあるという研究者さえいるほど，社交性がスポーツフェラインの大きな目的となっているのです。例えばクラブハウスでは，スポーツ活動の後に必ずといっていいほど頻繁に飲食が楽しまれます。成人式や結婚式もクラブハウスで行われ，時にはフェスティバルなどの催しまで開かれます。さらに，ドイツのスポーツフェラインには，活動会員と支援会員という区分があります。前者はアクティヴにスポーツを楽しむ会員です。後者は，例えば高齢のためにスポーツから引退した後も会費を払い続け，ボランティアとして運営を支える会員です。フェラインの催し物に参加するため，つまり社交を楽しむために支援会員となっている市民も少なくありません。

M. ウェーバー（M. Weber）やF. テンニース（F. Tönnies）といった有名なドイツの社会学者は，家族や村落共同体にみられる人格的なつながりを基盤とする社会を「ゲマインシャフト」，市場経済にみられるような非人格的なつながりを基盤とする社会を「ゲゼルシャフト」として区分しましたが，ドイツの社会学者が自国のスポーツフェラインをゲマインシャフト（人格的つながり）の代表例に位置づけるのも，そうした理由からなのです。　　　（釜崎 太）

おすすめ文献

†C. ブロイアー／黒須充訳（2010）『ドイツに学ぶ──スポーツクラブの発展と社会公益性』創文企画。
†C. ブロイアー／黒須充訳（2014）『ドイツに学ぶ──地方自治体のスポーツ政策とクラブ』創文企画。
†佐藤由夫（2001）「ドイツにおけるスポーツクラブ支援事業」日本スポーツクラブ協会編『スポーツクラブ白書2000 生涯スポーツ社会の実現に向けて』厚有出版，169-176頁。

9 スポーツ組織の倫理学

5 スポーツ組織のインテグリティ

1 インテグリティという言葉

ガバナンスと並んで，近年のスポーツ組織の倫理的な取り組みを象徴的に示している言葉に「インテグリティ（integrity）」があります。あまり聞きなれない言葉だと思いますが，日本語への翻訳が困難な言葉であるため，「インテグリティ」というカタカナ表記がそのまま使用されています。勝田隆によれば，インテグリティの語源の意味は「ふれられていない」「無傷な」に求められ，現在では「高潔さ」「誠実さ」と訳されるのが一般的です。しかし，例えば情報技術の分野においては，「システムやデータの整合性，一貫性」などの意味で使用され，マネジメント領域では「言動の一致」「もともともっていなければならない資質」などの意味で使用されるなど，多義的な概念として流通しています。勝田はそうした用例をまとめながら，インテグリティの意味を「人間の人格や行動の根幹を成す重要な資質」と「組織の機能やあり方が健全に保たれている状態」に集約させています。[1]

▷1 勝田隆（2015）「「スポーツ・インテグリティ」とは何か」友添秀則編『現代スポーツ評論』32号，創文企画，42-55頁。

図1 スポーツ・インテグリティの考え方
（出所：日本スポーツ振興センターHP。2016年2月19日閲覧）

2 スポーツ組織の取り組み

スポーツ組織においては，例えば日本オリンピック委員会が倫理規定の中にインテグリティという項目を設け，オリンピック関係者に対して求められる倫理規定を記載しています。また，日本国内では日本スポーツ振興センターが2014年に「アンチ・ドーピング（ドーピング問題）」「スポーツ相談（暴力問題）」「ガバナンス（スポーツ団体ガバナンス強化支援等）」「くじ調査（違法賭博・八百長行為等）」の4グループからなるスポーツ・インテグリティ・ユニットを設置しています（図1）。このユニット設置の背景に，2013年に施行されたスポーツ基本法の成立があったことも特筆しておくべきでしょう。スポーツ基本法には，「スポーツに関するあらゆる活動を公正かつ適切に実施する」「ドーピングの防止の重要性に対する国民の認識を深める」ことが定められ，「ドーピング防止活動の推進」「スポーツ団体のガバナンス強化と透明性の向上に向けた取組み推進」が国の政策目標に掲げられています。日本スポーツ振興センターは，それらの条文に依拠しながらスポーツ・インテグリティの推進に努めているのです。[2]

▷2 日本スポーツ振興センターHP。http://www.jpnsport.go.jp/corp/gyoumu/tabid/516/Default.aspx（2016年4月13日閲覧）。

❸ ドイツ・サッカー連盟のインテグリティ

　健全にプロのサッカーリーグ（ブンデスリーガ）を運営していると評価されているドイツ・サッカー連盟においても，「インテグリティ」の概念は重視されています。連盟の規約の第4章には，「スポーツの競争のインテグリティを守り，そのために必要な競争の保護のためのあらゆる方策を講じる」という課題が掲げられています。この「競争のインテグリティ」を守るための具体的な方策のひとつとして知られているのが，クラブライセンス制度です。

　この制度はドイツの取り組みに端を発して，世界中のサッカーリーグに広まりました。すでに日本のJリーグにも導入されていますので，ご存じの方も少なくないと思いますが，ドイツのライセンス制度には，日本とは少し違うところがあります。そのひとつが組織的な違いです。

　90年代までのドイツでは，連盟の規約で「公益目的のフェライン」だけがプロ・サッカーリーグの参加資格をもつと定められていました。ところが，欧州サッカーの急激なビジネス化（特に移籍ビジネスの肥大化）の中で，1998年の連盟の理事会において企業化の一部が承認されたのです。これに伴って，各フェライン（サッカークラブ）の保護と「競争のインテグリティ」を守る目的で，「リーグ連盟」と「ドイツ・サッカーリーグ」のふたつが設立されました。「リーグ連盟」はブンデスリーガに所属するフェラインの代表者たちによって構成された公益法人です（正確には「リーグ連盟」自体もひとつのフェラインです）。ドイツ・サッカーリーグは放映権の販売などによって利益を得る有限会社です。非営利組織であるリーグ連盟には，営利組織であるドイツ・サッカーリーグの運営を監視する役割と同時に，ドイツ・サッカーリーグと共同で，各フェラインの財務状況などをチェックし，リーグへの参加資格（ライセンス）を付与する役割が与えられました。

　もうひとつの違いがライセンスの条件です。ドイツには「50＋1ルール」として知られる独自の規定があります。これは議決権をもつ選挙権者の過半数を企業ではなくフェラインの側から出さなければならないという規定です。つまり，ひとつの企業がフェラインの決定権を握ってはならないのです。これはⅢ-9-4で紹介したフェラインの自立性を守るという意味だけではなく，企業の投資額がスポーツの競争を過度に歪めないようにするねらいがあります。つまり，ドイツ・サッカー連盟の「インテグリティ」の概念には，企業の外的影響力をできるだけ小さくしようとする考え方が含まれているのです。

（釜崎　太）

▷3　Ⅲ-9-4を参照。

おすすめ文献

†川谷茂樹（2005）『スポーツ倫理学講義』ナカニシヤ出版。
†S. B. ドゥルー／川谷茂樹訳（2012）『スポーツ哲学の入門——スポーツの本質と倫理的諸問題』ナカニシヤ出版。
†友添秀則・清水諭編（2015）「特集：スポーツ・インテグリティーを考える」『現代スポーツ評論』32号，創文企画。

9 スポーツ組織の倫理学

6 スポーツ組織の倫理

1 見田宗介の社会類型図

スポーツ組織に求められる倫理の問題を考えるために,「スポーツ組織とは何か」の項目で掲げたスポーツ組織の分類図を,社会学者の分類図に差し戻してみましょう。図1は見田宗介による社会（複数の人々の集合体）の分類図です[1]。縦軸は,社会が個々人の自由な意思的な（ボランタリー）関係として存立しているか,個々人の意思とは関わりのない意思以前的な（プレ・ボランタリー）関係として存立しているかの区分です。横軸は,個々人の人格的な関係として存立（ゲマインシャフト）しているか,非人格的な関係として存立（ゲゼルシャフト）しているかの区分です。これらの軸にしたがって社会を分類すると,図1のような4つの異なる存在様態が導き出されます。(1)共同体（左下）とは,個々人が自由な選択意思による以前に,宿命的に全人格的に結ばれている社会です。例えば,家族や村落共同体です。(2)集列体（右下）とは,個々人の自由な選択意思が互いにせめぎ合い干渉しあうことの帰結として,当事者に疎遠な社会法則（市場法則など）を存立させてしまう社会です。例えば,市場経済です。(3)連合体（右上）とは,個々人が自由な意思によって特定の利害や関心の共通性などによって結ばれた,規約やルールをもつ社会です。例えば,会社や協会です。(4)交響体（左上）とは,個々人が自由な意思において人格的に呼応しあう社会です。例えば,コミューン的な関係性です[2]。

▶1 見田宗介（2012）「「社会」のコンセプトと基本のタイプ」『定本見田宗介著作集Ⅷ』岩波書店,14-19頁。

図1 社会の存立の4つの形式

（出所：見田（2012：16））

▶2 コミューン
「連帯」を重視する小さな共同社会を意味している（もとはフランスの自治区）。以下に述べるように,見田は「自由」を重視するコミューンを提唱している。

2 社会類型図とスポーツ組織

この分類にしたがえば,スポーツ組織は基本的に(3)の連合体に属するものといえるでしょう。しかし,この図で分類されている社会は,複数の人々の「関係」として存立しているのです。ですから,スポーツ組織を連合体という単一の機制に位置づけることは適切ではありません。見田が近代社会を「諸連合体・の・集列体」と表現しているように,それらの機制は重層的なものなのです。したがって,近代の市場経済のただなかに存在しているスポーツ組織は,「諸連合体・の・集列体」の中に存在するひとつの連合体なのです。しかし,この集列体（市場経済）という機制は,自己が生きることにとっての困難と,制約の源泉として他者が立ち現れるという側面をもっています。哲学者のJ.-P. サルトル（J.-P. Sartre）は,バス停に並ぶ人の列を用いてこれを説明していま

す。バス停では見知らぬ人々がバスを待つという共通の目的で結ばれているわけですが、バスの座席には限りがあり、常に全員が座席を確保できるわけではありません。スポーツ組織の場合、例えば、国際サッカー連盟が得た富を、サッカーの振興や実践という共通の目的をもつすべての加盟組織に、誰もが満足するかたちで分配することは不可能です。こうした「諸連合体・の・集列体」という様態を乗り越えるために見田が提起しているのが、「交響体・の・連合体」という存在様態なのです。

3 「交響体・の・連合体」としてのスポーツ組織

　交響体とは、多様な楽器を演奏する交響楽団の音楽のように、他者の**他者性**が響き合い、自己が生きることの喜びの源泉として他者が現れるような社会のことです。他者は、人間にとって生きることの感覚と、あらゆる歓びや感動の源泉でもあるのです。もちろん、それはひとつのユートピアではありますが、現実に何の足がかりもないわけではありません。関係性の楽しさや卓越性（スポーツの楽しさや卓越性の源泉には、自然も含めた競争相手という他者の存在がある）、異質なものとの接触や共生の楽しさ（スポーツ大会の交流の輪は、選手だけではなくボランティア参加者にまで広がっている）を起点としながら、他者の喜びを自己の喜びと感じるような組織づくりを目指そうとする構想は、決して空論ではないでしょう。

　ですが、このような交響体の圏域（交響圏）が社会の全域に広がりうると考えるのは危険です。圏域の必要以上の拡大は、集団の内外に危険な結果を招きます。例えば、サッカーの振興を目的とする組織であっても、同じ目的がすべての人々や他の組織にも共感されるはずだと考えるべきではないのです。平和主義を掲げる社会運動団体であっても、その理想を他の人々にまで強いようとすると争いが起こるのと同じです。むしろ必要なことは、各組織間に相互の生き方の自由を尊重し合うための、最小限度に必要な相互制約のルールを明確化することです。つまり、スポーツ組織に求められているのは、〈交歓する他者と自己〉and/or〈尊重する他者と自己〉の理念であり、それを尊重するためのルールなのです（図2）。この非現実的にもみえる社会理論がスポーツ組織にとって重要なのは、それが、スポーツ組織の原理を経済的な富（選手の人気、視聴率等々も含め）に還元してしまうような、市場経済化された思考様式と手を切るすべを教えてくれるからなのです。

（釜崎　太）

▷3　他者性
「私（自己）」とは異なる考え方、感じ方、所作、能力などをもった他者の特質のことである。

▷4　ゲマインシャフトとしてのスポーツフェラインについてはⅢ-9-4を参照。

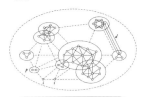

図2　交響圏とルール圏

（出所：「交響圏とルール圏」『定本見田宗介著作集Ⅶ』190頁）

おすすめ文献

†見田宗介（2006）『社会学入門』岩波書店。
†真木悠介（2003）『気流の鳴る音――交響するコミューン』ちくま学芸文庫。
†真木悠介・大澤真幸（2014）『現代社会の存立構造／『現代社会の存立構造』を読む』朝日出版社。

10 オリンピックの倫理学

1 オリンピックと国際政治

1 オリンピックの影としての国際政治

▷1 Ⅵ-13-1 を参照。

近代オリンピックは，フランス人のピエール・ド・クーベルタン（P. de Coubertin）によって，スポーツを通した人間形成と世界平和を願って生み出されました。しかし，オリンピックの歩みをみると，大会の華やかさの陰で，常に国際政治との緊張関係があり，それが時に大会の存在をも脅かしてきました。戦争による大会の中止や，大戦後は敗戦国の不招待，ボイコット（集団不参加），アパルトヘイトを行った国への参加拒否などが繰り返され，政治の動向がオリンピックの開催や選手団の参加に大きな影を落としてきたのです（表1）。

▷2 アパルトヘイト
南アフリカ共和国で白人支配者層によってとられた有色人種に対する人種差別・隔離政策のことで，1948年から1991年まで法的に行われていた。

2 戦争によって返上された日本のオリンピック

戦争によって失われた三度の大会のひとつは，日本で開催が予定されていた1940年の東京大会でした。1940年は，当時の日本では皇紀2600年という特別な

表1　オリンピック大会に影響を及ぼした主な国際政治問題

オリンピック大会	事　項
1916年ベルリン	第1次世界大戦により中止
1920年アントワープ	第1次世界大戦敗戦国のドイツ，オーストリア，ハンガリー，トルコ，また新生ソビエトの参加不承認
1936年ベルリン	ナチによるユダヤ人迫害が国際世論の反発を受け，大会のボイコット運動に展開
1940年東京，ヘルシンキ，ガルミッシュ・パルテンキルヘン（冬季）	日中戦争の影響で東京大会を返上（1938年7月）。代替地のヘルシンキ大会もソビエトのフィンランド侵攻（第2次世界大戦）により中止。冬季大会はドイツのポーランド侵攻（第2次世界大戦）により中止
1944年ロンドン，コルチナ・ダンペッツォ（冬季）	第2次世界大戦により中止
1948年ロンドン	第2次世界大戦の敗戦国，日本とドイツが参加不承認
1952年ヘルシンキ	台湾はNOCの承認を受けていない中国の参加承認に抗議して選手団を引き上げ
1956年メルボルン	台湾のNOC承認継続に抗議して中国選手団が引き上げ。旧ソビエト連邦のハンガリー侵攻に抗議して，スペイン，スイス，オランダが大会をボイコット。イギリスとフランスによるスエズ運河の押収に抗議して，エジプト，レバノン，イラクが大会をボイコット
1964年東京	アフリカ・スポーツ最高会議が，アパルトヘイトを行っている南アフリカ共和国をオリンピック大会から除外するようIOCに強く要請し，IOCが同国の招待を取り消し
1968年メキシコ	南アフリカは前大会に続き，アパルトヘイトのために参加不承認
1972年ミュンヘン	パレスチナ・ゲリラが選手村を襲撃し，9人のイスラエル選手が死亡
1976年モントリオール	アフリカ諸国が南アフリカのアパルトヘイトに抗議して大会をボイコットし，南アフリカにラグビーチームを派遣したニュージーランドを大会から追放するよう要求
1980年モスクワ	旧ソビエト連邦のアフガニスタン侵攻に抗議して，アメリカ大統領の呼びかけに応じた日本を含む西側諸国が大会をボイコット
1984年ロサンゼルス	1980年のボイコットの報復としてセキュリティー問題を理由に旧ソビエト連邦と15の共産圏の国々が大会をボイコット

（出所：バリー，J.・ギルギノフ，V.・舛本直文訳著（2008）『オリンピックのすべて』大修館書店，川本信正監修（1984）『オリンピックの事典』三省堂より作成・加筆）

年に当たっていました。幾多の努力が実り，1936年7月，東京は開催権を獲得しました。ところが，翌1937年7月に日中戦争が勃発し，日本軍による中国の都市空爆に対して，国際連盟をはじめ，諸外国から非難が高まります。国際世論は，交戦状態にある日本での大会開催は中止すべきか，それともあくまで開催すべきかに分かれました。前者は，オリンピックは世界平和を実現する場であり，戦争とは無縁の平和国家で開催すべきであると主張し，後者は，オリンピックは政治から独立するべきで，開催国の政治的立場にかかわらず，オリンピックを開催し参加することによって国際親善を図るべきだと主張しました。事態を重くみた当時のIOC会長バイエ＝ラトゥール（H. de Baillet-Latour）は，日本側に再三にわたり大会の早期返上を促しました。日本政府は，当初，オリンピックへの積極的な支援を約束していましたが，戦局が悪化してくると，政府の約束は実質的な意味を失っていきました。そして1938年7月，ついに東京オリンピックは中止されたのです。

▶3 田原淳子（1999）「オリンピックと政治」池田勝・守能信次編『スポーツの政治学』杏林書院。

3 冷戦時代における大会ボイコットの応酬

1980年のモスクワ大会は，国際政治に翻弄された大会としてよく知られています。大会の前年末にソビエト連邦（当時）がアフガニスタンに侵攻したため，アメリカを中心とした西側諸国がこれに反発しました。アメリカの大統領ジミー・カーター（J. Carter）（当時）は，モスクワで行われる大会をボイコットするよう自国のオリンピック委員会に圧力をかけ，他国にも同調を呼びかけました。当時，日本オリンピック委員会（JOC）の上部団体であった日本体育協会は，年間予算総額の50％以上を国庫補助でまかなっていました。日本政府は，モスクワ大会の政府派遣補助金約6000万円を見合わせることや，公務員のオリンピック参加禁止によってJOCに圧力をかけました。結局，日本を含む西側の63カ国が大会参加を見合わせたのです。

続く1984年のロサンゼルス大会で，今度はソビエト連邦のチェルネンコ（K. C. Chernenko）首相が社会主義国家群に同大会へのボイコットを呼びかけました。同国のオリンピック委員会は，選手や役員のセキュリティが保証されないことを理由に大会への不参加を発表し，14カ国の東欧諸国がこれに同調しました。

歴代IOC会長は，難しい国際関係の中で大会の存続と多数の国々の参加を維持するために，数多くの外交努力をしてきました。今日では，オリンピック大会の招致・開催には政府による財政面の保証が必要ですし，オリンピックと政治を完全に切り離すことはもはや現実的とはいえません。それでも，政治に翻弄されることのないオリンピックの姿は，いつの時代にも求められています。

（田原淳子）

▶4 坂上康博（2001）『スポーツと政治』山川出版社，90-93頁。

おすすめ文献

†池井優（1992）『オリンピックの政治学』丸善。
†松瀬学（2008）『五輪ボイコット——幻のモスクワ，28年目の証言』新潮社。

10 オリンピックの倫理学

オリンピズムの倫理性

1 オリンピズムの成立

　オリンピック競技大会は1896年にアテネで第1回大会が開催されました。その創始者であるピエール・ド・クーベルタンは，オリンピックを開催することによって，ある理想を世界に具現したいと考えていました。その理想のことをオリンピズム（Olympism）といい，オリンピックの理念として今日まで伝えられています。

　クーベルタンはフランスの貴族で，スポーツ好きの教育者であり，ジャーナリストでもありました。子ども時代に普仏戦争を経験し，当時の貴族が受けていた教育と同様にラテン語などの古典語を習得し，古代ギリシャやローマの文化・歴史に深い造詣がありました。クーベルタンは，4年毎に古代ギリシャのオリンピアで開催されていた競技会，すなわち古代オリンピック（紀元前776-紀元後393年）に強い関心をもちました。古代ギリシャでは，戦火が絶えなかった都市国家が協定を結び，オリンピック大会の前後を含む期間は，人々の安全を確保するため休戦制度（エケケイリア）が設けられていました。クーベルタンは，人間の意思の力が戦争を停止させ，約1200年の長きにわたり大会を維持してきたことに注目しました。また，古代ギリシャにおける人間の理想が，善（高潔・品格）と美（身体的な美）の両方を兼ね備えた調和的な人間（カロカガティア：Kalokagatia）であったことも，クーベルタンの考える理想的な人間像と一致していました。

　教育に高い関心をもっていたクーベルタンは，20歳の時にイギリスに渡り，パブリック・スクールを視察しました。そこでは，自分で選択した運動競技に参加し，責任感をもって自己をコントロールする力を身につける教育が行われていました。やがてクーベルタンは，古代ギリシャで行われていたオリンピックの制度を今の時代に合った形で復活させることを思いつき，スポーツによる教育を世界に広めたいと考えました。若者がスポーツをすることによって身心をバランスよく高めることが社会の発展を促すこと，世界から集う優れたアスリートが大会を通じて交流することによって，文化や言語，国などの違いを超え，相手の国などに対する偏見を減らして互いを理解し，それがやがて世界の平和につながっていくと考えたのです。クーベルタンは，オリンピックの復興に込めたこの願いを「オリンピズム」と名づけました。

▷1 Ⅳ-13-1 を参照。

▷2 Ⅲ-10-6 Ⅳ-13-1 を参照。

▷3 Girginov, V. and Parry, J. (2005). *The Olympic Games Explained : A Student Guide to the Evolution of the Modern Olympic Games*, Routledge. 10, 216（＝パリー, J.・ギルギノフ, V., 舛本直文訳著(2008)『オリンピックのすべて——古代の理想から現代の諸問題まで』大修館書店）.

▷4 Müller, N. (ed.) (2000). *Pierre de Coubertin 1863-1937 Olympism Selected Writings*, International Olympic Committee, pp. 28-29.

2 オリンピック・ムーブメントの推進を目指して

　オリンピズムを実際の社会に推し進める運動のことを，オリンピック・ムーブメントといいます。それは，「フェアプレイの精神と友情・連帯を大切にしながら平和な社会を築き，人類の調和の取れた進歩を導くことを理想」としています。そして，国際オリンピック委員会（IOC）はこのオリンピック・ムーブメントを世界中で推進し，オリンピック・ムーブメントを主導することを使命としています。したがって，IOC の役割は非常に多岐にわたります。オリンピック競技大会の開催は，このオリンピック・ムーブメントの中の代表的な活動のひとつに位置づけられます。

　クーベルタンは，オリンピズムを人々にわかりやすく伝え，普及していくために，様々なことを考案しました。例えば，オリンピック・シンボルである五輪旗は，青・黄・黒・緑・赤の輪から成りますが，この5色に背景の白を加えた6色で世界のほとんどの国旗が描けたことから，世界はひとつという意味を込めてこれらの色が選ばれました。このシンボルは，5大陸の団結と，オリンピック競技大会に世界中から選手が集うことを表現しています。また，「より速く，より高く，より強く」という言葉は，アンリ・ディドン神父が競技会で生徒に語った言葉をクーベルタンがオリンピックのモットーに採用したものです。そこには，これまでの自分から少しでも前進するよう努力し，競技力を高める中で人間として日々成長していくことを目指す考え方が込められています。

　IOC では，オリンピックの本質的な価値をエクセレンス（Excellence：卓越）・リスペクト（Respect：尊重）・フレンドシップ（Friendship：友情）という3つのキーワードで表現し，単なる競技大会を超えたオリンピックの特徴と意義を明確にしました。さらに，オリンピズムの教育的テーマとして，努力する喜び（Joy of Effort）・フェアプレイ（Fair Play）・リスペクトの実践（Practicing Respect）・向上心（Pursuit of Excellence）・体と意志と心のバランス（Balance between Body, Will and Mind）の5項目を定め，学校やスポーツの現場で役立てることができる教育プログラムの開発も行っています。

3 オリンピック競技大会の存在意義

　このようにみていくと，オリンピック競技大会は古代にまで遡る歴史と理念をもち，他の競技大会とは一線を画したムーブメントの一環であることがわかるでしょう。しかしながら，現実のオリンピックには，ドーピングや商業主義，国際政治，差別などの社会問題が影を落としてきたことも事実です。それでも，オリンピズムを掲げ，それを維持し続けることで，IOC は様々な問題に対処し，現実と理想とのはざまで人類とスポーツの発展を模索してきました。

（田原淳子）

▷5　日本オリンピック委員会（2014）『JOC の進めるオリンピック・ムーブメント』2 頁。http://www.joc.or.jp/movement/bookdata/index.html#page=1（2016年9月1日閲覧）

▷6　国際オリンピック委員会（2016）『オリンピック憲章』〔和訳 日本オリンピック委員会〕13頁。

▷7　International Olympic Committee (2016). The Fundamentals of Olimpic Values Education, 2nd ed., pp. 17-18. http://www.Olympic.org/OVEP（2016年12月1日閲覧）

おすすめ文献

†国際オリンピック委員会（2016）『オリンピック憲章』〔和訳 日本オリンピック委員会〕http://www.joc.or.jp/olympism/charter/
†高峰修編著（2010）『スポーツ教養入門』岩波書店。
†J. パリー・V. ギルギノフ，舛本直文訳著（2008）『オリンピックのすべて——古代の理想から現代の諸問題まで』大修館書店。

第Ⅲ部　社会からスポーツを倫理する

10　オリンピックの倫理学

オリンピックと商業主義

1　オリンピックにおける商業化の歩み

　オリンピックとお金の問題は，近代オリンピック誕生の時点ですでに議論になっていました。オリンピックの復興と国際オリンピック委員会（IOC）の設立を決めた1894年のパリ・アスレチック会議は，選手のアマチュアとプロの問題を話し合う名目で召集されたからです。IOCは当初から，オリンピックが商業化されることに慎重であったといえるでしょう。今日でもオリンピック競技場内での広告が禁止されているのはその現れです。しかし，オリンピックにおける商業化は，選手から大会，そして招致へと拡大していきました。

　1956年のメルボルン大会で，スポーツメーカーのアディダスが陸上競技のトップアスリートに自社のシューズを無料で大量に配布し，選手がオリンピックの場で商品の広告塔の役割を果たすようになりました。1972年札幌冬季大会では，オーストリアのスキー選手カール・シュランツが，スキー用品メーカーとの結託を理由にIOCによって追放されるという事件が起きました。しかし，ブランデージ（A. Brundage）会長が退任すると，IOCは徐々に選手のプロ化を容認していきました。

　大会組織委員会がオリンピックの商業的な価値に着目するようになったのは，1972年ミュンヘン大会からです。この大会で，大会エンブレムの商業的活用や大会マスコットの販売が行われ，テレビ放映権料が収入源として重要度を増しました。1984年ロサンゼルス大会では，この大会の手法をヒントに完全民営化を行い，支出を抑えることで空前の黒字を生み出しました。

　大会の招致の仕方に変革をもたらしたのは，2002年ソルトレークシティ冬季大会の招致を巡るIOC委員のスキャンダルでした。その後，委員による招致都市の個別訪問が禁止されると，候補都市のPR合戦の重要性が増していき，今日では，招致側が数千万円ともいわれる高額な契約で招致専門コンサルタントを雇うケースも少なくないといわれています。

2　オリンピックにおける商業主義とその弊害

　オリンピックにおけるお金の流れで，倫理的に問題になるのはどのような場合でしょうか。小川勝は，商業主義とは「価値や質よりも，利益を優先すること」であるとし，オリンピックが商業主義に陥るのは，オリンピックの開催に

▷1　小川勝（2012）『オリンピックと商業主義』集英社，53頁。

▷2　小川（2012：98-99）。
▷3　結城和香子（2014）『オリンピックの光と影——東京招致の勝利とスポーツの力』中央公論新社，148頁。
▷4　小川（2012：22）。
▷5　小川（2012：27）。
▷6　小川（2012：27）。
▷7　シムソン，V.・ジェニングズ，A./広瀬隆監訳（1992）『黒い輪　権力，金，クスリ——オリンピックの内幕』光文社，243-244頁。
▷8　小川（2012：173）。
▷9　小川（2012：179-180）。
▷10　TOP The Olympic Partnerの略。1985年に発足し，シンボルやモットーなどを一括管理し，1業種1社に限定したスポンサーに商業利用

企業の金が大きく入り込んだ結果，企業がオリンピックの運営に介入し，オリンピックの価値や質が損なわれることであると述べています。

オリンピック大会を開催するための資金は，次の3つに分類されます。「税金」（国や地方政府からの補助金），「企業の金」（テレビ放送権料，スポンサー企業によるスポンサー料など），「個人の金」（入場料，記念コイン，寄付など）。企業からの資金の最たるものが，テレビ放送権料です。

テレビ放映権料に絡んで商業主義の弊害が最初に現れたのは，1988年ソウル大会です。陸上競技男子100m決勝の競技時間が，通常とは大きく異なり，アメリカのゴールデンタイムに合わせた時間に変更されたのです。その背景には，組織委員会がアメリカのテレビ局NBCに便宜を図るために，決勝時間の繰り上げを国際陸上競技連盟（国際陸連）のネビオロ会長と交渉し，最終的に韓国のスポーツウェア企業が国際陸連と2000万ドル（約26億円）のスポンサー契約を交わすことで，ネビオロが決勝時間の繰り上げに同意したと伝えられています。こうしたことは，2008年北京大会でも繰り返されました。水泳の全種目と体操の団体・個人総合の決勝が，従来の大会スケジュールとは異なる午前中に行われたのです。IOCや国際競技連盟は，アスリートが最高のパフォーマンスを発揮できる環境をつくる立場にありながら，NBCから最大の放映権料を引き出すために，競技時間の変更を承認し，選手の競技環境を犠牲にしたのです。

この他にも，数多くの競技でテレビ中継に迎合した競技ルールの改正が行われてきました。それらはいずれも，競技の進行を早めるためのテレビ向きのルール改正です。競技連盟にとって，オリンピック競技であることは，資金面において2つの利点があるといわれています。ひとつは，各国の国内オリンピック委員会から強化費が提供されることであり，もうひとつは，IOCから当該競技の国際競技連盟にオリンピックのテレビ放映権料が分配されることです。

3 商業主義は克服できるのか

IOCはテレビ放送権料やTOPスポンサーから巨額の収入を得ていますが，それはどのように使用されているのでしょうか。IOCは収入の50％を大会組織委員会に配分し，それ以外は，IOCと各国・地域のオリンピック委員会，国際競技連盟（IF）に配分しています。IOCは1971年にオリンピック・ソリダリティ委員会を設立し，援助を必要とするNOCを対象に様々な支援プログラムを実施するなど，多数のNOCがこのシステムの恩恵にあずかっています。

IOCは最大限に収入を増やし，それを自らが掲げた使命と役割を果たすために再配分しているということになるでしょう。その一方で，オリンピックは段階的に商業化され，変化してきました。その変化が誰にとって好ましいもので，誰にとって不利益となっているのか，守らなければならないものは何かを問いかけ，注視していかなければならないでしょう。

（田原淳子）

を許可する。契約期間は4年で世界展開を許可し，協賛金はIOCに入る。日本オリンピック・アカデミー編著（2016）『JOAオリンピック小事典』メディアパル，72-73頁。
▷11 日本オリンピック・アカデミー編著（2016：73）。
▷12 オリンピック・ソリダリティの支援プログラム
①世界プログラム（アスリート支援，NOCのマネジメント支援，コーチ教育やオリンピックの価値教育）
②大陸プログラム（大陸毎のNOC連合の運営や会議，NOCの国内の活動に関する支援）
③オリンピック競技会助成プログラム（大会前の打合せの渡航費，大会への選手や役員の渡航費など）
④表敬プログラム（地域フォーラムの開催やNOC訪問，ソリダリティ資料センターの運営など）
（日本オリンピック・アカデミー編著（2016：60））
▷13 日本オリンピック・アカデミー編著（2016：60）。
▷14 『オリンピック憲章』第1章オリンピック・ムーブメント「2 IOCの使命と役割」（2015年8月2日から有効）参照。

おすすめ文献

†小川勝（2012）『オリンピックと商業主義』集英社。
†V. シムソン・A. ジェニングズ／広瀬隆監訳（1992）『黒い輪 権力，金，クスリ――オリンピックの内幕』光文社。
†結城和香子（2014）『オリンピックの光と影――東京招致の勝利とスポーツの力』中央公論新社。

第Ⅲ部　社会からスポーツを倫理する

10　オリンピックの倫理学

❹ オリンピックと国威発揚

❶ 国威発揚とナショナリズム

　Ⅲ-10-1でみてきたように，オリンピックは国際政治にたびたび影響を受けてきました。その背景には，オリンピックが世界的に注目される世界最大規模の国際総合スポーツ大会に成長し，国家や国際社会に大きな影響力をもつことと無関係ではないでしょう。国家がもつ対外的な威力を盛んにすることを国威発揚といい，そうした政治的な目的のためにオリンピックが利用されるケースが少なくありません。オリンピックをはじめて開催する国にとっては，大会の開催が先進国の仲間入りを果たしたというアピールになるという見方もあり，また2回目以降の開催であっても，国際社会における自国の存在感を高めるのに格好の場であると考える人が少なくないからです。

　国威発揚と類似した用語にナショナリズムがありますが，ナショナリズムは，国家主義・民族主義・国民主義などと訳され，国家や民族内部の統一を目指そうとする動きや，他国・他民族に対する自国・自民族の優位性を示そうとする動きや意思の表出としてとらえることができます。その意味で，国威発揚はナショナリズムの対外的な面を意味しているといえるでしょう。

❷ ナチ政権の威力を世界に示そうとした1936年ドイツの大会

　オリンピックの歴史は，しばしば国際社会の動きを反映してきました。第2次世界大戦に向かう1930年代は国威発揚が高まった一時代であり，その顕著な例を1936年にドイツで開催されたオリンピックにみることができます。アドルフ・ヒトラー（A. Hitler）率いるナチ党は，1933年に政権の座につくと，オリンピックを政治的に利用することを考え始めます。ドイツは1936年2月にガルミッシュ・パルテンキルヘンで冬季大会を，同年8月にベルリンで夏季大会を開催することになり，ヒトラーの決断によって，両大会の準備は国家的な事業となりました。ヒトラーは，全世界の隅々からドイツにやってくる人々がはじめて**国家社会主義**に接し，帰国後にヒトラーの宣伝をすることを期待したのです。

　オリンピックの宣伝には，オリンピック史上類のない入念な広報が国内外で行われました。国外40カ国，44カ所に事務所が設置され，オリンピック用のポスターは19カ国語，オリンピック宣伝用パンフレットは13カ国語で印刷され，

▷1　**国家社会主義**（ドイツ語：Nationalsozialismus）国家主義を基調とし，経済・政治に対する全面的な統制を主張する思想のことで，略して「ナチズム（英語：Nazism）」とも呼ばれる。ヒトラー率いるナチ党の思想・主義・支配体制を意味し，全体主義や偏狭な民族主義を特徴とする。

▷2　ラージ，D. C.／高儀進訳（2008）『ベルリン・オリンピック1936──ナチの競技』白水社，206-207頁。

図1　開会式でヒトラーを迎えた10万の観衆は，右手を挙げて「ハイル・ヒトラー」

（出所：武田薫（2008）「ベルリン・オリンピック開会式でヒトラーを迎える観衆」『オリンピック全大会──人と時代と夢の物語』朝日新聞出版，132頁）

世界中に配られました。また，数種類の宣伝映画が41カ国で上映され，観客総数は推定5億4000万人に及んだといわれます。▷3

大会の2カ月前になると，宣伝省の職員は全国を回り，**美化運動，衛生促進運動**▷4が完全に行われ，何もかもが外国人訪問者に好印象を与えるようになっているかどうかを確認しました。▷5

IOCの規程により，組織委員会には，以前から記録映画をつくることが義務づけられていました。記録映画は，世界にナチ党の威力を示す格好の媒体であるとして，その制作には特に力が注がれました。新進女流芸術家であったレニ・リーフェンシュタールが監督を務めたベルリン大会の記録映画『民族の祭典』『美の祭典』(Olympische Spiele, 1936)は，その芸術性において世界的に高い評価を得ました。▷6

ベルリン大会では，10万人収容の大スタジアム，1万6000人の観客席をもつ水泳競技場，2万人収容のホッケー競技場など，オリンピック史上最大かつ最も技術的に進んだ競技施設が建設され，新たな器具・機材なども登場しました。男性選手のためには万事行き届いた選手村が用意され，選手が自分の目でドイツの宿舎がいかに優れているかを確認できるように，敷地内に前回のロサンゼルス大会（1932年）の時の選手村宿舎のモデルが展示されました。一方，女性選手は，ロサンゼルス大会の時とは逆に，男性選手よりもかなり落ちるところに宿泊することになりました。▷7

国家社会主義国が民主主義国より優れていることを示すためには，立派な建造物だけでは不十分であり，国家が競技においても偉業を達成する必要があるとして，政府はスポーツ選手の強化にも力を注ぎました。▷8 結果としてドイツは大会の競技成績において圧勝しました。しかし，それ以上に重要であったのは，多くの外国人が開催国の歓待に気分をよくし，ヒトラー・ドイツでの見聞に感銘を受けて帰国することだったのです。▷9

③ オリンピックの招致・開催と国威発揚

オリンピックの開催国になることは，国際社会において自国の存在感を高めることにつながります。1936年のオリンピック・ドイツ大会のように，開催国にとっての国威発揚は，外国からの参加者にとっては快適な環境の提供や手厚い歓待として現れることがあります。それ自体は好意的に受け入れられるかもしれません。しかし，開催国が自国のアピールにばかり執着するのではなく，「オリンピズムの根本原則」に掲げられている理念に根ざした場の提供という視点に軸足を置いて大会をホストすることが求められるといえるでしょう。

(田原淳子)

▷3 池井優（1992）『オリンピックの政治学』丸善，46-47頁。

▷4 **美化運動，衛生促進運動**
例えば，空き家になっている商店には，繁盛しているように見せかけるために補助を受けた借家人を入れ，市の主要幹線道路沿いの個人住宅は，政府の命令で小綺麗にされた。地方の当局者は道路端のゴミと廃屋を片づけ，政府は大会の前後を含む期間は，道路や鉄道での囚人労働を禁じた（ラージ（2008：246））。

▷5 ラージ（2008：247）。

▷6 日本オリンピック委員会 企画・監修（1994）『近代オリンピック100年の歩み』ベースボール・マガジン社，126-131頁。

▷7 ラージ（2008：242, 245）。

▷8 ラージ（2008：252）。

▷9 トーランド, J.／永井淳訳／綜合社編（1990）『アドルフ・ヒトラー2』集英社，308頁。

おすすめ文献

†D. C. ラージ／高儀進訳（2008）『ベルリン・オリンピック1936——ナチの競技』白水社。

†池井優（1992）『オリンピックの政治学』丸善。

10 オリンピックの倫理学

5 冷戦後のオリンピック

1 オリンピックにみられた民族問題の明暗

1990年12月，第2次世界大戦後40年余り続いた米ソの二極体制による冷戦が終結すると，今度は民族紛争が多発するようになりました。イデオロギー紛争から**民族紛争**に転換し，封印されていた民族問題が国際問題に浮上したのです。

2008年オリンピック・北京大会では，前回のアテネ大会と同様に，聖火リレーは五大陸を回るルートをとっていました。ところが，リレーが通過する多くの国々で，中華人民共和国の領土・人権問題に絡めた抗議行動が起きました。チベットなどの支援者によるデモやリレーの走路妨害，中国の応援団との衝突が多発したため，この大会以降，平和のメッセージを伝える聖火リレーは五大陸を回るルートを取りやめ，限定的なものになっています。

オーストラリアでは，1788年にイギリスによって植民地化されて以来，先住民アボリジニに対する惨劇が繰り返され，20世紀前半には**白豪主義**による徹底的な人種隔離政策や弾圧政策がとられていました。アボリジニの権利の回復がなされたのは1967年になってからで（市民権），先住権が認められたのは1993年のことでした。この年は，ちょうど2000年のオリンピック大会の開催地がシドニーに決定した年でもありました。

そのシドニー大会では，オーストラリアの先住民アボリジニと白人社会との和解がテーマに掲げられました。その象徴的な存在として，最終聖火ランナーに選ばれたのは，アボリジニと白人の混血選手，キャシー・フリーマンでした。フリーマンは陸上競技女子400メートルで優勝し，オーストラリア国旗とアボリジニ旗を掲げてウイニングランをしました。世界が注目するオリンピックの開催が，開催国における民族の和解を促進させる役割を果たしたのです。

2 自然環境問題への取り組みからオリンピックのレガシー創出へ

オリンピックに関わって自然環境保護の問題が注目されるようになったのは，1972年札幌冬季大会からであると考えられます。恵庭岳に建設された同大会のスキーの滑降競技場は，国立公園特別地域内であったため，大会終了後は15年の歳月をかけて復元工事が行われました。この大会以降，冬季大会における自然環境保全の問題は，IOCにとって避けては通れない重要課題になりました。

1970-80年代に，自然環境問題についてのとらえ方は大きく転換していきま

▷1 **民族紛争**
民族が異なるとする人々の間で起こる紛争のことで，その要因には，民族間における宗教，政治，歴史，経済的な対立などの複雑な背景がある。複数の民族間の武力抗争（スリランカ，ルワンダなど），少数民族の政治化した紛争（東ティモール，チベットなど），複数国家に分離させられた民族間の対立（クルド人，バスク人など）などに区別される。

▷2 **白豪主義**
オーストラリアにおける白人最優先主義のことで，非白人（先住民アボリジニやタスマニア州のオーストラロイド系住民など）が排除・迫害の対象となった。

▷3 日本オリンピック・アカデミー編著（2016）『JOAオリンピック小事典』メディアパル，56頁．

した。局所的な公害の発生や自然破壊をどのように食い止めるかという観点から，自然環境保全は全世界が共同して取り組む課題であるとの認識が急速に広がったのです。この時期の国際連合や先進国首脳会議などが地球環境問題を取り上げ，「持続可能な開発」という環境思想を提唱したことから，環境への取り組みは新たな段階へと進展することになります。

　1990年代になって，IOCは本格的に自然環境問題に取り組むようになりました。その詳細は，（Ⅲ-12-3）に譲りますが，環境問題と持続可能性という国際的な共通認識が，その後のオリンピック・ムーブメントにも大きな影響を与えていきます。例えば，IOCが2014年に採択した「オリンピック・アジェンダ2020」には，既存施設の活用を奨励し，開催都市（国）以外でも競技の実施を検討できるとし，経費の削減と大会後の有効利用が期待できない競技施設の新築を抑制する方針が打ち出されたのです。

　また，IOCは，オリンピックの招致・開催によってもたらされる長期的な恩恵のことを「オリンピック・レガシー」という言葉で表現し，大会の開催がそれを希望する都市や国，国際スポーツ界にとって有益なものになるように，あらかじめ計画することを求めていきました。レガシーは，5つに分類され（スポーツ，社会，環境，都市，経済），それらには有形のものと無形のものが含まれます。オリンピック・レガシーの考え方は，オリンピックがオリンピズムという理念を体現するムーブメントのひとつであることを，ある側面において言語化し，行動への道筋をつけたものといえるでしょう。

３　ユース世代へのアプローチ──ユースオリンピックの創設

　クーベルタンは，世界の若者がスポーツを通じて交流し，世界の平和につながる友好の場になるようにと願ってオリンピックを復興しました。しかし，近年ではゲームやスマートホンなど娯楽が多様化し，特に先進国では若者のスポーツ離れや肥満が顕著になってきました。そこでIOCは，若者に人気のある比較的新しいスポーツをオリンピックの競技種目に採用したり，ユースオリンピックの創設などの教育的な取り組みを行っています。

　ユースオリンピックは，オリンピックの復興の時からすでにクーベルタンのアイデアにあったといわれていますが，当時のIOC会長のジャック・ロゲが2007年に提案し，2010年にシンガポールで第1回大会が開催されました。この大会のひとつの特徴は，選手が大会の全期間を通じて選手村に滞在し，競技とは別に文化・教育プログラムにも参加する点です。また，競技内容や団体戦も通常のオリンピックとは異なり，1チーム3人制のバスケットボールや，異なる国の選手がミックスダブルスを組んだり，大陸別の団体戦が行われるなど，大会全体を通して様々な国の選手との交流を促進し，**オリンピックの本質的な価値**に基づいたプログラムが組まれています。

（田原淳子）

▷4　林英彰（2995）「スポーツと環境」友添秀則・岡出美則編『教養としての体育原理――現代の体育・スポーツを考えるために』大修館書店，107-109頁。

▷5　日本オリンピック・アカデミー編著（2016：69）。

▷6　日本オリンピック・アカデミー編著（2016：66）。

▷7　レガシーの具体的内容（日本オリンピック・アカデミー編著（2016：66））
・スポーツ（競技会場の建設，スポーツに対する関心の高まり等）
・社会（異文化理解の促進，組織連携の推進等）
・環境（地域再生，新エネルギーの利用等）
・都市（都市景観の改善，交通インフラの整備等）
・経済（経済活動の活性化等）

▷8　国際ピエール・ド・クーベルタン委員会制作・日本オリンピック・アカデミー日本語版DVD制作（2013）『ピエール・ド・クーベルタン――過去，そして現在』ピエール・ド・クーベルタン（1863-1937）生誕150周年記念改訂版，監督ミヒャエル・ディットリッヒ。

▷9　**オリンピックの本質的な価値**
エクセレンス（Excellence：卓越），リスペクト（Respect：尊重），フレンドシップ（Friendship：友情）

▷10　日本オリンピック・アカデミー編著（2016：90-91）。

おすすめ文献

†日本オリンピック・アカデミー編著（2016）『JOAオリンピック小事典』メディアパル。

10 オリンピックの倫理学

 6 オリンピック休戦と平和への取り組み

1 古代におけるオリンピック休戦

オリンピックは「平和の祭典」といわれますが、その由来はどこにあるのでしょうか。それは古代オリンピックの起源にまで遡ります。

古代オリンピックの始まりは、紀元前776年とされていますが、非公式な競技会はそのはるか前から行われていました。ギリシャの都市国家エリスの王イフィトスは、ギリシャの地を荒廃させつつあった内戦とペストを憂い、デルフィの神託（神のお告げ）を求めました。その時、巫女は、競技会を復活し、その間は停戦を布告するように告げたといわれています。そこでイフィトスは、スパルタのリュクルゴス、ピサのクレオステネスとの間で「聖なる休戦（エケケイリア）」に関する条約を締結し、オリンピック競技会を開始しました。

それ以来、オリンピック競技会の前になると、「オリンピックの平和」が宣せられ、都市国家エリスの自由民から選ばれた三人の伝令使が、オリーブの冠をかぶり、ギリシャのすべての都市国家を歩いて休戦を知らせました。彼らは「停戦を運ぶ人」（スポンドフォロイ）と呼ばれ、競技会の日程を通知し、訪れた都市国家の人たちを招待しました。また、休戦の布告とともに、それが完全に履行されているかどうかも特権的に監視したのです。

この休戦制度によって、オリンピック競技会はその前後を含む期間、戦争を中止して開催されました。その間、大会に参加する都市国家や個人は武器をとってはならず、訴訟や死刑の執行も禁じられました。オリンピアに続く主要道路の通行の安全はエリスによって保証され、選手や人々の旅の安全が確保されたのです。この協定に違反すると、オリンピック競技会への参加資格が剥奪され、巨額の罰金が科せられました。その決定は、軍事力では他のポリスをはるかに凌いでいたスパルタでも、服従せざるをえなかったほどの強制力をもっていました。

オリンピック休戦は一時的な平和ではありましたが、約1200年もの長きにわたる古代オリンピックの歴史において、ほぼ維持されてきました。この期間中、エリスがオリンピック競技会に対して常に安定した支配権を行使できたことが、オリンピックの平和を支えていました。このことは、当時、内戦状態にあったギリシャの各都市国家間にも有効に作用し、ギリシャの都市国家と植民地を統一するもっとも有効な手段になったといわれています。

▷1 スワドリング，J.／穂積八洲雄訳（1994）『古代オリンピック』日本放送出版協会，14-15頁。
▷2 西川亮・後藤淳（1988）『古代オリンピックの旅』協同出版，69-70頁。
▷3 西川・後藤（1988：69）。
▷4 スワドリング（1994：15）。
▷5 西川・後藤（1988：69-70）。
▷6 西川・後藤（1988：69）。
▷7 スワドリング（1994：14）。
▷8 Ⅲ-10-1 の表1参照。
▷9 ディーム，C.編／大島鎌吉訳（1976）『ピエール・ドクベルタン──オリンピックの回想』ベースボール・マガジン社，201-207頁；Coubertin, P. de (2000). *Olympism Selected Writings*, International Olympic Committee, pp. 580-583.
▷10 International Olympic Truce Centre（発行年記載なし）．*Olympic Truce ─ Peace inspired by sport*.
▷11 1994年のリレハンメル冬季大会開催国のノルウェーが、当時のボスニア・ヘルツェゴビナの紛争停止を国連総会で提案し、決議されたのが始まり。

2 近代オリンピックにおける休戦の試み

「エケケイリア」は、クーベルタンが近代にオリンピックを復興した時に、オリンピックの平和思想として伝えられました。この伝統に従えば、あらゆる戦闘はオリンピック大会の期間中、停止されることになるはずです。しかし実際には、戦争によって大会の方が中止されたことが3回ありました（1916年、1940年、1944年）。

クーベルタンは、オリンピック大会でアスリートを祝福するために、一定の規則的な時間間隔を置いて、その時一時すべての争い、意見の相違、不和を止めることを宣言すると述べています。さらに大会の中でも次のように述べ、平和の観念は、オリンピズムの本質的な要素であると語っています。「拍手歓声などの応援は、国家的なえこひいきをせず、専ら美技に対しておこなわれるようにならなくてはなりません：あらゆる扁狭な国民感情には"城内平和"（truce——筆者注）が支配せねばなりません。別な言葉で言えば、"単なる国民感情"に"一時休暇の旅をさせ"ねばならないのであります」。つまり、一時的であっても定期的に、大会の外と内の両方で平和が保たれることが重要だというわけです。

3 IOC の取り組み

1992年に国際オリンピック委員会（IOC）は、この伝統をあらためて遵守し、国際社会にオリンピック大会の期間中、さらにそれ以後も、あらゆる戦闘を停止するよう呼びかけました。その時以来、世界中のコミュニティにおいて、スポーツを通じた理解や連帯を促進する数え切れないほど多くのイニシアチブが国内オリンピック委員会の協力で展開されています。1993年には、国連総会で初めて「オリンピック休戦決議」が採択され、その後、毎夏冬大会の前年の国連総会でこの決議が採択されるのが慣例になりました。しかしながら、この休戦決議に拘束力はなく、その効果を疑問視する声もあります。

2000年に IOC とギリシャ政府は、**国際オリンピック休戦センター**（International Olympic Truce Centre）をアテネに設立しました。そこでは、オリンピック休戦の遵守を進める活動が行われています。2004年のアテネ大会から、「オリンピック休戦」に賛同する首脳たちがサインをする「オリンピック休戦賛同の壁」が設置され、今では選手や役員、コーチなど賛同者なら誰でもサインすることができるようになっています。

近代以降は、古代におけるエリスの役割を IOC が担っているといえます。一時的な休戦でも、定期的に遂行できれば効果が期待できることが実証されています。実効性のある休戦を徹底することはできるのか、そのための模索が今も続けられています。

（田原淳子）

▷12 日本オリンピック・アカデミー編著（2016）『JOA オリンピック小事典』メディアパル、25頁。
▷13 **国際オリンピック休戦センター**
非政府機関として設立され、平和文化のための教育プログラムの開発、ユースキャンプの実施、スポーツと平和文化に関する会議の開催などの活動を行なっている。
▷14 International Olympic Truce Centre（発行年記載なし）. *Olympic Truce — Peace inspired by sport.*
▷15 日本オリンピック・アカデミー編著（2016：25）。

図1 オリンピック休戦センターのシンボルマーク

(出所：『オリンピック・パラリンピック学習読本 高等学校編』東京都教育庁指導部指導企画課、2016年、43頁)

おすすめ文献

†J. スワドリング／穂積八洲雄訳（1994）『古代オリンピック』日本放送出版協会。
†西川亮・後藤淳（1988）『古代オリンピックの旅』協同出版。
†International Olympic Truce Centre
http://www.olympictruce.org/index.php?lang=en
†The United Nations and the Olympic Truce
http://www.un.org/en/events/olympictruce/index.shtml

第Ⅲ部　社会からスポーツを倫理する

10　オリンピックの倫理学

 国際親善と世界平和を目指して

共通の目的のためのIOCと国連の連携

「オリンピック休戦」が古代におけるほど実質的な効力を発揮できていない現在,「平和の祭典」といわれるオリンピックは,どのように国際親善と世界平和に貢献できるのでしょうか。それは,今なおオリンピック・ムーブメントの最大の課題のひとつであるといえるでしょう。それでも,スイスの法人格をもつ民間団体である国際オリンピック委員会（IOC）が,各国の政治の統括組織ともいえる国連と連携して,共通の目的のためにムーブメントを推進していくことには重要な意味があります。

国連は2000年に新たな千年紀を迎えるにあたり,「ミレニアム宣言」を採択し,より平和で繁栄した公正な世界に不可欠な基礎的事項について再確認を行いました。その中にはIOCとの関係の深さをうかがわせる以下の条文が含まれています。「我々は,加盟国に対し,個々にまた集団的に,現在および将来において,オリンピック停戦を遵守するよう,また,スポーツとオリンピックの理念を通じて平和と人類の理解を促進する国際オリンピック委員会の努力を支持するよう促す」（Ⅱ. 平和,安全および軍縮 10.）。

さらに2003年の国連総会では,2005年を「スポーツと体育の国際年（International Year of Sport and Physical Education）」にする決議が採択されました。その目的は「教育,健康,開発および平和を促進する上でスポーツと体育が果たす重要な役割について,国際社会の理解を高めること」であると謳われています。

2 国連による制裁とIOCによる選手の権利保障

IOCと国連は,スポーツをツールとした公正で平和な世界の構築に向けて連携を深めてきましたが,常に歩調を同じくしていたわけではありません。その立場のちがいが明確になったのは,1992年バルセロナ大会の時でした。

第2次世界大戦以降続いた冷戦が1989年に終結すると,今度は国の内部で民族間の紛争が頻発するようになりました。そのひとつにユーゴスラビアの崩壊があります。6つの共和国で構成されていたユーゴスラビアから,1992年3月にボスニア＝ヘルツェゴビナ共和国が独立を宣言すると,ユーゴスラビア連邦軍が武力介入し,ボスニア全土に戦闘が拡大しました。4月にユーゴスラビア

▶1 ミレニアム宣言
2000年9月8日に国際連合本部（ニューヨーク）で開催された国連総会決議で採択された宣言で,8つの章と32の主要目標からなる。世界189カ国の首脳によって採択された。
▶2 「ミレニアム宣言」（仮訳）外務省
http://www.mofa.go.jp/mofaj/kaidan/kiroku/s_mori/arc_00/m_summit/sengen.html（2016年9月1日閲覧）
▶3 「国連総会決議 2005年は『スポーツと体育の国際年』」国連広報センター。
http://www.unic.or.jp/news_press/features_backgrounders/1006/（2016年9月1日閲覧）

連邦議会は、セルビア・モンテネグロ両共和国からなる連邦国家「新ユーゴスラビア」の創設を宣言し、ユーゴスラビアは5つの国に分離独立しました。事態を憂慮した国連安全保障理事会は、5月に新ユーゴスラビアに対する制裁を決議し、その中には国際スポーツ大会への参加禁止も含まれていたのです。

新ユーゴスラビアに属する選手のバルセロナ大会参加が危ぶまれる事態となったことを受けて、時のサマランチ（J. A. Samaranch）IOC会長は、選手が自国のオリンピック委員会（NOC）による派遣ではなく、オリンピック旗のもとで個人として参加する道を開いたのです。

このように自国の紛争や戦争などで困難な状況にある選手が、NOCによらず個人の資格で参加するケースは、その後もみられます。2016年リオデジャネイロ大会では、内戦や政情不安などにより他国に逃れ、母国から出場できない選手から成る複数地域の混合チーム、難民選手団（Refugee Olympic Team：ROT）が出場しました。出場した競技は、陸上競技、柔道、競泳の個人種目で、難民選手はわずか10名でした。しかし、選手たちは人々から温かく迎えられ、世界各地で苦難を強いられている多くの人々の希望となりました。

▷4 結城和香子（2004）『オリンピック物語』中央公論新社，89-90頁。

❸ ナショナリズムを超えた政治性──国家の平和から個人の平和へ

クーベルタン以降、歴代IOC会長は、オリンピックが政治に干渉されないことを旨としてきました。その方針を180度転換したのがサマランチ会長です。ボイコットに揺れた1980年モスクワ大会の時期にIOC会長に就任したサマランチは、IOCが政治や国際機関との強い協調体制を打ち立てることで、政界でのオリンピック・ムーブメントの地位を高めるのが得策だと決意しました。そして、一民間団体に過ぎないIOCが、財力をつけ、政治と渡り合う影響力をもった上で、政治に平和への働きかけを行ったのです。記者として長年にわたりオリンピックを取材してきた結城和香子は「平和の象徴という五輪の政治的付加価値を高めることで、政治的圧力を軽減する狙いは、今のところ当たっているように見える」と述べています。

こうしたIOCの方向性は、国連教育科学文化機関（ユネスコ）の設立趣旨とも合致しています。ユネスコは、戦争が人種偏見、人種差別、民族差別といった憎悪に根ざす文化や心の問題に起因するという反省に立って設立されました。国家間の政治・経済的な措置にのみ基づく平和は、世界の諸民族が心底から支持できる恒久平和にはなりえないこと、真の平和の実現には、相互理解と国際協力を広く経済、社会、文化の領域にまで拡大する必要があるというのがユネスコの平和観です。

オリンピック・ムーブメントは、東アジアの緊張緩和やテロの脅威を減少する力になりうるのでしょうか。民間主体の顔の見える間柄でのスポーツを通じた国際交流への期待はますます高まっているといえるでしょう。　（田原淳子）

▷5 結城（2004：89）。

▷6 結城（2004：91）。

▷7 吉川元（2015）『国際平和とは何か──人間の安全を脅かす平和秩序の逆説』中央公論新社，144頁。

（おすすめ文献）

†結城和香子（2004）『オリンピック物語』中央公論新社。

†吉川元（2015）『国際平和とは何か──人間の安全を脅かす平和秩序の逆説』中央公論新社。

11 スポーツと差別の倫理学

差別とは何か

1 「差別」の定義

　現在の社会では、「差別はいけない」ということを知らなかったり、否定する人はほとんどいません。差別をテーマにした講義では、わかりきったお説教を聞いているような気がするかもしれません。その一方で、ニュースや映画やインターネットを通じ、差別がなくなっていないことを突きつけられる出来事にも遭遇します。しかし、それらはどれも、自分からは遠いところで起きており、あまり関係がないことだと考えているかもしれません。そのため「差別とは何か」という定義を置き去りにして、現実に起きた出来事の善し悪しが議論される場合も少なくありません。この章では、最初に差別の定義を確認しておきましょう。

　野口道彦は差別を「(1)個人の特性によるのではなく、ある社会的カテゴリー▷1に属しているという理由で、(2)合理的に考えて状況に無関係な事柄に基づいて、(3)異なった（不利益な）取扱いをすること」と定義しています。この定義のほ▷2かにも、差別する側、される側、それぞれの立場にたった表現で差別は定義されています。▷3

　ただし、定義が明らかになったとしても、どのような行為を差別であると結論づけるのかは難しいこと、▷4なぜそれが生じるのかの答えはみつかりにくいこと、▷5社会生活においては人をカテゴリー化することは避けがたく、差別との闘いとはカテゴリーをめぐる闘いであること、▷6などの指摘があることにも注意する必要があります。

　またこれまでの「差別」の定義では、個人的な心がけのレベルに解決手段を求めるしかなくなってしまうことも課題として認識されるようになってきました。こうした認識の変化に基づき、例えばアイリス・ヤング（I. Young）による「抑圧」という概念を用いて、社会的・制度的な解決策を見出そうとする考▷7え方も提案されています。

2 差別は遠いところで起きているか

　「差別は遠いところで起きている話」という感覚を変えるために、ある教師が行った教育実践があります。この実践は、1968年4月にアメリカ北西部のアイオワ州ライスビルの小学校で行われたものです。小学校の教師ジェーン・エ

▷1　人間を分類、区別する際のもとにする基準。人種・民族・宗教・性別・国籍・年齢・生まれた地域・財産・思想、社会における地位など。

▷2　野口道彦（2016）「差別と社会」（大阪府サイト「人権学習シリーズ　あたりまえの根っこ『差別と社会』」。http://www.pref.osaka.lg.jp/jinken/work/kyozai9_01_02.html（2016年12月27日閲覧））

▷3　「現実の、あるいは架空の差異に、一般的、決定的な価値づけをすることであり、この価値づけは、告発者（差別を行う側）が自分の攻撃を正当化するために、被害者を犠牲にして、自分の利益のために行うものである」（メンミ、A./菊池昌美・白井成雄訳（1996）『人種差別』法政大学出版局、4頁）など。

▷4　野口（2016）。

▷5　好井裕明（2007）『差別原論──〈わたし〉のなかの権力とつきあう』平凡社。

▷6　好井裕明編著（2009）『排除と差別の社会学』有斐閣選書。

▷7　山本崇記によればヤングの「抑圧」概念は、(1)搾取、(2)周縁化、(3)無力化、(4)文化帝国主義、(5)暴力の5つの側面から考えることができる。山本崇記（2009）「差別の社会理論における課題──A. メンミとI. ヤ

リオットは，ライスビルという町の住人には白人が多く，子どもたちが差別を実感する機会が少ないと感じていました。この時代のアメリカでは，人種差別はいけないということは理解されていましたが，メディアや大人たちの日常的な会話を通じ，差別は人々の心に根深く存在していることが明らかでした。エリオットは，そうした社会状況によって，子どもたちが「差別はいけない」という感覚を単なるお題目にすぎないものだととらえ，そのことによって差別が世代を超えて再生産されていくことを懸念していました。

そこで，エリオットは小学校3年生のクラスの生徒たちを，目の色が青い子と茶色い子に区別し，実践の初日には青い目の色の児童を優遇し，翌日には茶色い目の色の児童を優遇しました。優遇された児童は目の色ゆえに優れている，と位置づけられる空間を故意につくりだしたのです。この実践によって，児童は差別する側とされる側の両方の経験を，教師の権力によって人為的に経験することになりました。この実践は「青い目茶色い目——教室は目の色でわけられた」という映像として記録され，人権教育の教材としても用いられています。

差別される側にいる時の児童たちの表情が瞬く間に暗く荒んだものになり，学習の成果があがらなくなる様子，一方で，同じ児童が差別する側になった時には，誇らしげに，ある種の攻撃性を内包した笑顔をみせる様子は，自分自身の心にも潜む差別の生の姿を，みる者に突きつけます。

3 社会で問われている差別

偏見や権力からの支配は差別を生じさせ，時代や社会は異なっても，多くの国や地域で差別との闘いや人権擁護の努力は続けられてきました。国際社会において差別を禁止しようという共通理解がはじめて成文化されたのは，世界人権宣言です。この宣言は第2次世界大戦終了後まもなく，互いを尊重し，あらゆる個人の尊厳と平等な権利を認めることによって平和な国際社会を築くことを目指し，1948年12月10日に第3回国連総会で採択されたものです。その第2条には差別の禁止が謳われています。

日本では法務省のサイトで，女性，子ども，高齢者，障がい者，部落差別，アイヌの人々，外国人，HIV 感染者・ハンセン病患者・福島の原発事故被災者，受刑者，犯罪被害者，性的少数者などへの差別が主な人権課題とされています。個々の差別に関する文献を検討することも重要ですが，近年では新たな視点も提起されています。それは，(1)近代以降の日本では国民国家を形成する際に国民の「統合と排除」という大きな仕組みが働き，様々な差別が生み出された，(2)グローバル化した社会では，様々な活動が国境を越えて行われ，個人の帰属意識や国家とは何かという感覚がたえず揺れ動くため，自分と他者との差異化や他者の排除のために差別が生じる，という視点です。　（來田享子）

ングの検討を通して」Core Ethics, vol. 5 : 381-391頁。ある集団に対する不平等や不利益は，これら5つの抑圧が様々に組み合わされた状態で生じる。

▷8　NHK BS 世界のドキュメンタリーなどで放送された。この内容はピータース, W./白石文人訳(1988)『青い目茶色い目——人種差別とたたかった教育の記録』日本放送出版協会に図書化されている。

▷9　高木八尺・末延三次・宮沢俊義(1957)『人権宣言集』岩波文庫。

▷10　外務省サイト。http://www.mofa.go.jp/mofaj/gaiko/udhr/index.html (2016年12月27日閲覧)

▷11　日本の法務省による人権課題。http://www.moj.go.jp/JINKEN/kadai.html (2016年12月27日閲覧)

▷12　黒川みどり・藤野豊(2015)『差別の日本近現代史——包摂と排除のはざまで』岩波書店。

▷13　「移民によって企業が安い労働力を得るから自分たちの雇用が減る」などの単純な利害関係の視点だけでなく，個々の移民への性別・宗教・人種等の差別の影響を考慮して理解を深め，対策を考える必要がある。

おすすめ文献

†好井裕明(2007)『差別原論——〈わたし〉のなかの権力とつきあう』平凡社。
†野口道彦・野口良子(1997)『反差別の学級集団づくり——荒れる子と荒れさせる状況と』明石書店。
†UNESCO 編／松波めぐみ訳(2005)『参加型で学ぶ中高生のための世界人権宣言』明石書店。

11 スポーツと差別の倫理学

②　スポーツにおける差別の事例

1　組織化・制度化に伴って発生したスポーツにおける差別

　ここでは，組織化・制度化された近代スポーツ（以下，スポーツ）に焦点を当てて，どのような差別があったかをみていきます。スポーツが発展した主な国であるイギリスやアメリカでは，18世紀半ば以降から19世紀にかけて，様々なスポーツ統括組織が設立されていきました。これによって，例えば地域で農村儀礼として行われてきたような民族フットボールと，統括組織に加盟するフットボールとは，異なった社会的位置づけをもつようになりました。統括組織に加盟するフットボールの主な担い手は，比較的社会階層が高く，高いレベルの教育を受けることができた白人男性が楽しむものに位置づけられます。その上で，白人男性が特権的に楽しむ身体活動は一流のスポーツであり，それ以外の人々はそこから排除されることになります。また，統括組織に加盟することができないような人々が楽しむスポーツは，たとえ同じ競技種目であっても二流以下であるという位置づけがなされるようになります。このような変化がスポーツにおける「差別」や「抑圧」の起点になったと考えられます。

2　「誰が大会に参加できるのか」をめぐる差別

　社会に存在する差別がスポーツにもち込まれ，特定の人々の集団を排除しようとする制度が設けられた初期の事例のひとつは，階級に基づくものでした。後にアマチュア規定と結びつくことになる「参加規定」を設けることによって，労働者階級の人々が差別を受けました。

　このようなアマチュアの定義に潜んでいた階級差別と同様に，「誰が大会に参加できるのか」をめぐる差別として頻繁に取りあげられる事例には，女性や性的マイノリティの中でも特にトランスジェンダー（性同一性障害）の人々を対象とするもの，イスラム教徒の女性が身につけるヒジャブを問題とする宗教的なもの，などがあります。これらの差別は，大会の参加規定や競技規則など，スポーツをめぐるルールを媒介にして生じます。ルールを決定する側（マジョリティ）に偏見や差別の意図がある場合にも，ない場合にも，差別は起こりえます。

　ルールを媒介にして生じる差別は，スポーツにおける差別を考えることを複雑にします。例えば，大会に女性を参加させないという過去のルールは「ある

▷1　19世紀の初めにイギリスのアマチュア・アスレティック・クラブが制定したルールでは，生活費を得るために競技や指導をする者以外に「手先の訓練を必要とする職業，あるいは雇用者としての機械工，職工，労働者」は参加資格をもたないとされた。

▷2　階層(social stratum)は，所得等の経済的なもの，職業，政治的な考え方などによって区別される。階級(class)は財力，家柄，名声，身分など文化的，歴史的背景を伴って生み出された区別で，集団間に上下関係や支配・被支配関係が存在する。

▷3　IOCは1901年，金銭等の報酬を得ることを目的に競技する者を排除し，スポーツの精神を守るための倫理的な規定「アマチュア規定」を作成した。オリンピック憲章から削除されたのは1974年。

▷4　來田享子（2010）「アマチュアリズムとプロフェッショナリズム」木村吉次編『体育・スポーツ史概論』（改訂2版）市村出版，130-135頁。

▷5　性同一性障害
自分自身の性別に対する認識と身体的な性別とが対応していない状況にある人。国内では法律や医学上「性同一性障害」とされるが，「障害」ととらえることへの異論もある。

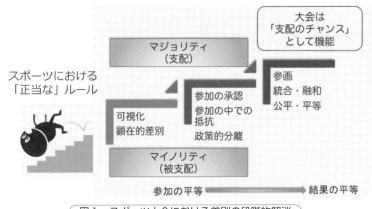

図1　スポーツ大会における差別の段階的解消

（出所：來田（2016））

スポーツは女性の身体にとって負荷をかけるから」という医学的な理由に基づいていました。ヒジャブに関しては，身体接触の可能性があるサッカーや柔道といった競技における「安全性」の観点から議論になっています。これらの事例は，スポーツという身体文化からみれば，正当で合理的な根拠に基づく「区別」であるようにも見受けられます。しかし，こうしたルールによって，スポーツから排除される人々が現実に存在することは，無視できません。

3　スポーツにおける差別の様々な段階

大会への参加をめぐる差別以外にも，多くの事例がみられます。例えば，大会に出場する以前に，参加登録をするためのクラブに加盟できない（人種，民族，同性愛者），そもそも共にスポーツができると考えられてこなかった（人種，障害者），試合に参加したとしても言葉の暴力や不平等な扱いを受ける（人種，民族，国籍，女性，性的マイノリティ），ある特定の人々による大会を実施し，それ以上の解決策は模索されないままになる（障がい者，女性，宗教，性的マイノリティ）などの事例があります。

これらの差別は，社会全体の仕組みやスポーツのルールがあることによって，差別を受けている人たちが存在すること自体が無視されたり，みえにくくなってしまう段階から，誰も不利益を被ったり不平等な状態に置かれないことを模索する段階まで，様々なレベルに位置づけることができます。大会は，差別を目に見えるものにする契機にもなりえますが，マジョリティにとっては「正当な」ルールによってマイノリティを支配する機能ももちうることになります。

このような差別の構造を理解するだけでなく，どのような方法によって差別が人々に浸透するかにも注意を払い，それを見逃さないスポーツ関係者を育てていくことも重要です。近年では，広告やインターネット上の動画，SNS，さらには観客による言動など，スポーツを取り巻く様々な表現の中に，**ヘイトスピーチ**の一形態として位置づけられる事例がみられます。

（來田享子）

▶6　ヒジャブ
アラビア語の「覆うもの」から頭や身体を覆う女性用の布を意味する。イスラム教の宗教的シンボルとして理解される場合もある。スポーツの試合中の着用に関しても議論がある。

▶7　英語の"majority"は，多数者・多数派を意味する語で，反対語はマイノリティ。マイノリティは「見えなくされてきた人々」「存在をきちんと知らされていない人々」であり，排除・支配・搾取等の対象となる。マイノリティとマジョリティの境界は明瞭ではなく，性別・人種・宗教・経済状況等，複数の差別の形態が影響しあいながら，時代や社会によって変化する。

▶8　ヘイトスピーチ
人種，宗教，性別，性的指向など自分では変えることが難しい特質を理由に，個人や集団を貶め，暴力や差別をあおる差別的な言動。日本では2016年5月24日「本邦外出身者に対する不当な差別的言動の解消に向けた取組の推進に関する法律」が成立したが，差別の対象を「本邦外出身者」としたことなど，問題点も指摘されている。

おすすめ文献

† 多木浩二（1995）『スポーツを考える――身体・資本・ナショナリズム』ちくま新書。
† 師岡康子（2013）『ヘイト・スピーチとは何か』岩波新書。
† E. ブライシュ／明戸隆浩ほか訳（2014）『ヘイトスピーチ――表現の自由はどこまで認められるか』明石書店。

11 スポーツと差別の倫理学

スポーツと人種差別

3 人種差別とは

人種差別をなくそうとする国際的な試みのうち、国際会議ではじめての主張は、日本による1919年の「人種差別撤廃提案」まで遡ります。第1次世界大戦後の国際連盟の設立を目指す会議の中で、日本は「有色人種が白色人種よりも不公平な差別待遇を受けている実態があり、国際連盟を成立させる以前の問題として人種的障壁をなくさなければならない」という主張を行いました。この提案は議長により全会一致の原則が適用されたために、承認されませんでした。提案の背景には、当時、北米で日系移民を排斥する動きなど、日本人が「有色人種」として差別を受ける側にあったことが考えられます。

第2次世界大戦後には「世界人権宣言」が採択されました。しかし、1960年前後には「**ネオ・ナチズム**」の活動がヨーロッパにみられるなど、人種差別はなくなりませんでした。そこで国連は「あらゆる形態の人種差別の撤廃に関する国連宣言」（1963年）を採択し、2年後には「あらゆる形態の人種差別の撤廃に関する国際条約」（1965年）が採択されました。日本は、この条約に1995年12月15日に加入し、146番目の締約国となりました。

この条約が対象とする「人種差別」は、第1条で「人種、皮膚の色、世系又は民族的若しくは種族的出身に基づくあらゆる区別、排除、制限又は優先」であるとされています。つまり、皮膚の色や髪など身体の生物学的な特徴に基づく「人種」のほか、独自の宗教、言語、文化など特定の文化的特徴に基づく「民族的」「種族的」な出自による差別を総称して「人種差別」としています。

人種、民族、種族などの人々の集団を区別しようとする概念は、時代や社会によって様々な用いられ方をすることに留意する必要があります。例えば、**反ユダヤ主義**を掲げたナチス・ドイツでは、本来は宗教的・民族的な分類である「ユダヤ人」に対し、科学的な言説を用いることによって生物学的な区別を行おうとしました。

人種差別は植民地支配とも深く関わっています。15世紀半ば以降のヨーロッパの国々による植民地支配のほか、日本でもアイヌの人々や琉球王国を形成していた沖縄の人々を近代国家に統合しようとするプロセスが、差別を拡大する要因となりました。元々の住人がいる地域を支配、あるいは統合するという行為を正当化したり、支配しようとする側が、自分たちとは異なる生物学的特徴

▷1 外務省（1919）「事項五 巴里講和会議ニ於ケル人種差別撤廃問題一件」、日本外交文書デジタルアーカイブ、436-514頁。http://www.mofa.go.jp/mofaj/annai/honsho/shiryo/archives/ （2016年12月27日閲覧）

▷2 **ネオ・ナチズム**
国家社会主義ドイツ労働者党（ナチス）が掲げたイデオロギーであるナチズムを復興させようとする意図があるか、類似したイデオロギーをもつ政治的・社会的な運動。反ユダヤ主義を含む人種差別的な思想、外国人排斥、同性愛嫌悪などの主張が問題視されている。

▷3 **反ユダヤ主義**
ユダヤ人に対する偏見や嫌悪を意味し「最も長い歴史をもつ嫌悪」ともいわれる。17世紀までは主としてキリスト教とユダヤ教を差異化し、キリスト教を優位に位置づけようとする動きとの関わりで偏見や嫌悪が助長された。その後20世紀初めまでには非宗教的なものへと変化し、経済的な思惑の影響を受けた「民族」に対する偏見の形態をとるようになる。第1次世界大戦後からナチス・ドイツに至る時期には、偽りの科学的知識に基づく人種的なものへと変化した。

や文化をもつ人々への恐れを振り払うために，彼らを自分たちよりも下位に位置づけようとすることが差別の原因となるという指摘もあります。

2 スポーツにおける人種差別の事例

オリンピック大会は，人種差別の問題を人々の目にみえるものにする役割を果たしています。例えば，1936年ベルリン大会では，ナチス・ドイツの反ユダヤ主義が国際世論の反発を受け，大会のボイコット運動が展開されました。IOC がヒトラーにオリンピック憲章の遵守を確約させたことにより，大会は無事に開催され，ユダヤ人はドイツチームの一員として競技を行いました。

1960年前後の南アフリカ共和国（以下，南ア）によるアパルトヘイトをめぐり，1964年オリンピック・東京大会では南アは大会への招待を取り消されています。南アは1956年には「スポーツに関する禁止7項目」を通達したほか，IOC などからの改善を求める働きかけを拒否したために，1970年 IOC アムステルダム総会で除名処分を受けることになりました。

1968年には，米国社会におけるアフリカ系アメリカ人差別への抵抗が，メキシコ大会の表彰台で示される事件が発生しました。米国の200メートル走メダリストであったトミー・スミスとジョン・カルロスが**ブラックパワー・サリュート**と呼ばれるパフォーマンスを表彰台で行い，選手資格を停止されました。彼らはオリンピックにおける政治的活動を禁止する観点からこの処分を受けることになりましたが，人種差別をなくす必要性を世界に認識させたともいえます。

1985年には南アにみられたような人種差別に対し，国連が「スポーツにおける反アパルトヘイト国際条約」を採択しました。スポーツが大衆化し，グローバリゼーションの影響を受ける時代の中で，スポーツにおける人種差別は国連で条約が採択されるほどの重要な問題であったことがわかります。

南アが再びオリンピック・ムーブメントに復帰したのは，1990年代に入ってからでした。しかし，スポーツにおける人種差別がなくなってはいないことを示す事例は，頻繁に私たちの目の前で発生しています。

2014年4月にスペインのサッカー1部リーグで，ブラジル代表でもある選手に対し，観客がバナナを投げ込む事件がありました。ヨーロッパ文化の中では，この行為がアフリカ系選手たちに対する差別的メッセージであると解釈され，観客は永久入場禁止処分を受けました。この事件は，世界のサッカー選手たちがバナナを持った画像とともに人種差別撲滅を訴えるという，SNS 上での動きを喚起しました。残念なことに，このようなニュースが流れた後に，Jリーグ横浜マリノスのサポーターによって，対戦チームに所属するブラジル出身選手に対しバナナを振るという差別行為があったことが発覚しました。また，海外で活躍する日本人選手が人種差別を受ける例も報じられています。

（來田享子）

▷4　メンミ，A.／菊池昌美・白井成雄訳(1996)『人種差別』法政大学出版局。

▷5　アパルトヘイトについてはⅢ-10-1の▷2を参照。スポーツにおける具体的な例は，▷6を参照。

▷6　南ア政府は(1)白人と非白人の別組織の強制，(2)南ア領土内における白人・非白人の混合チームの禁止，(3)混合チームによる国外遠征の禁止，(4)南アで試合を実施する国外チームメンバーが白人であることの強制，(5)南ア国内の非白人スポーツ選手と競技する国外選手を非白人に制限，(6)国際的承認を望む非白人スポーツ組織による白人スポーツ組織の綱領遵守を強制，(7)南アの人種政策に適合しない非白人のパスポート不発給を定めた。これにより南アの非白人選手は実質的に国際大会への参加が困難となった。

▷7　ブラックパワー・サリュート
1950-60年代にかけてアメリカで活動が行われたアフリカ系アメリカ人公民権運動において用いられた，拳を高く掲げ差別に抗議するパフォーマンス。彼らに賛同したオーストラリアのピーター・ノーマン選手も以降の大会で代表選手に選出されないなどの扱いを受けた。

おすすめ文献
†川島浩平（2012）『人種とスポーツ——黒人は本当に「速く」「強い」のか』中公新書。
†陣野俊史（2014）『サッカーと人種差別』文春新書。

11 スポーツと差別の倫理学

スポーツにおける外国人嫌悪

1 「外国人」とは誰なのか

　2010年前後の日本の社会では，ヘイトスピーチ（差別表現）をめぐる裁判やヘイトスピーチを規制する法律制定に関する議論が盛んに報じられています。こうした議論は，2006年「**カルデロン事件**」や2009年「**京都朝鮮学校襲撃事件**」など「在日特権を許さない市民の会（以下，在特会）」などが行った街宣活動を契機とし，マスメディアにも取りあげられるようになりました。従軍慰安婦問題など日本の戦争責任を問う議論や領土問題によって中国や韓国など近隣諸国との外交関係が悪化したことを背景に，東京の新大久保や大阪の鶴橋でのヘイトスピーチが激化したことも報じられています。ヘイトスピーチでは，外国人は「異質な存在である集団」として悪意や敵意を向けられます。そこで使用される言葉は，「出て行け」「日本の敵」「殺せ」といった排外主義的で非人間的なものです。

　このような外国人差別では，いったい誰が「外国人」だとみなされているのでしょうか。好井裕明は，日本では国内に在住する「外国人」が，戦前から1980年代までは在日コリアンとしてイメージされ，近年では外国人労働者としてイメージされるなど，時代によって変容していると指摘します。この指摘は「外国人」が単純な国籍の問題として語られるわけではなく，時代や社会の状況によって変化すること，さらにはこの区別が即座に差別とつながるわけではないことを気づかせます。欧米諸国でもよくみられるのは，経済格差の拡大や雇用情勢の悪化が外国人に対する嫌悪や排除といった差別に結びつく事例です。この事例では，自分たちの雇用が奪われるという危機感や不安から「外国人＝外国人労働者」を敵対視し，排除する雰囲気が社会に広がります。日本では，移民の受け入れが少ないために問題は顕在化しづらい状況にありますが，欧米諸国では，人種差別，外国人嫌悪，宗教的差別などが複雑に絡み合い，移民に対する排除や差別が生じています。そのため，外国人嫌悪は広い意味での人種差別の一形態として扱われることもあります。

2 スポーツにおける外国人嫌悪の事例

　ごく最近に日本で発生した事例には，Jリーグ1部所属の浦和レッズのサポーターの一部によるものがあります。2014年に埼玉スタジアムで開催された

▷1　ヘイトスピーチを規制する法律に関する議論は，「表現の自由」と「人権侵害」という2つの価値をめぐり賛否両論がある。師岡康子（2013）『ヘイト・スピーチとは何か』岩波新書，が参考になる。

▷2　**カルデロン事件**
在留資格なく日本で働いていたフィリピン出身のカルデロン一家への退去強制命令と，一家のうち中学在学中の少女にのみ認められた在留特別許可をめぐり，在特会が差別的表現を用いた街宣活動を行った。

▷3　**京都朝鮮学校襲撃事件**
在特会などの右派系市民団体が，京都朝鮮第一初級学校（日本の小学校にあたる）の校門前に押しかけ，1時間にわたり大音響マイクを使用してヘイトスピーチを行った。2013年10月，京都地方裁判所はこの差別的な街宣活動を，不法行為としてだけでなく人種差別撤廃条約に基づく人種差別にあたるとし，約1200万円の賠償を命じた。被告側は控訴したが，2014年12月には最高裁で判決が確定した。

▷4　好井裕明（2009）『排除と差別の社会学』有斐閣選書，244-258頁。

試合において「JAPANESE ONLY（日本人以外お断り）」と書かれた横断幕がスタンドゲートに掲げられたことが問題となりました。横断幕は日の丸と並べて掲げられ，外国人嫌悪，外国人排除のメッセージであると解釈されました。この事件では，Ｊリーグチェアマンの謝罪会見が開かれるとともに，浦和レッズに対する無観客試合，横断幕を掲げたサポーターグループの無期限活動停止の処分が下されました。この問題については，浦和レッズの特定のサポーターに問題があっただけでなく，背景にヘイトスピーチや「嫌韓」を許容するような社会の状況があり，それゆえに深刻であるという指摘もなされています。

国別対抗戦の形態をとる国際大会でもっとも顕著に示されるように，スポーツでは勝利の追求によってナショナリズムが喚起される傾向があります。そのようなスポーツの特性と社会状況が結びついて，こうした事例が顕在化すると考えられます。

❸ 「外国人枠」「外国人力士は親方になれない」は差別か

日本のプロ野球や国内外のプロサッカーリーグでは，チームが在籍する国以外の国籍をもつ選手の所属人数や，大会への出場人数を制限しています。欧州のプロサッカーチームの中には，自国籍をもつ選手数が極端に少ない事例もあり，国際サッカー連盟（FIFA）は外国人選手数を制限する制度の導入を検討しています。しかし，こうした規制によって「国内の経済状況やスポーツ環境が欧州よりもよくない国で育った選手がキャリアを積むことができず不公平である」「EU国内での就労の自由に反する」「人の自由な移動を原則とするEU法に反する」など，より広い人権の観点からの反対が根強く存在します。一方，日本のプロ野球の場合，外国人選手枠を設けなければ，日本人選手がプロ野球に参加する機会が失われ，キャリアアップが図れないことが懸念されています。

大相撲では，外国人力士は日本国籍を取得し，**年寄名跡**を取得しない限り，引退後に親方，すなわち指導者になることができません。このため，国内で活躍した多くの外国人力士は，引退後は相撲界を去らざるをえません。日本の伝統的なスポーツである相撲が国際的な支持を得て活性化するためには，この制度を見直す必要があるかもしれません。

これらの例は，スポーツ独自の公平性や参加の機会と，社会における排除や人権侵害とをすり合わせながら，スポーツにおける「外国人」の問題を考えなければならないことを示しています。「外国人枠」の制度化は，誰かを自分たちとは異なる「他者」として位置づけることを正当化します。❷でみたとおり，ナショナリズムが喚起されやすいスポーツだからこそ，制度として正当化された差別は見逃されやすく，差別を容認し，根深いものにする可能性があることに注意し，時代や社会に応じて正当化の是非を問い続ける必要があります。

（來田享子）

▶5 「浦和レッズ横断幕問題　差別的なのはサポーターだけじゃない？」『週刊朝日』2014年3月28日号。http://dot.asahi.com/wa/2014031800043.html（2016年12月27日閲覧）

▶6　ナショナリズムは文脈や立場によって様々な語に置き換えて説明することができるが，「ある国の威信」を強調しようとする立場や考え方との関わりでは，スポーツは国威発揚に利用されやすいと考えられている（Ⅲ-10-4を参照）。この典型例とされるのは，1936年「ヒトラーのオリンピック」とも呼ばれたオリンピック・ベルリン大会である。また，自分の国の権威や意志が第一だと考える国家主義の立場や考え方が強調される際に，スポーツにおける外国人嫌悪の現象がみられると考えられる。

▶7　**年寄名跡**
日本相撲協会の「年寄名跡目録」に記載された年寄の名を襲名する権利。

おすすめ文献
†窪田暁（2016）『「野球移民」を生みだす人々（ドミニカ共和国とアメリカにまたがる扶養義務のネットワーク）』清水弘文堂書房。
†佐山知夫（2015）『1935年のサムライ野球団「裏ワールド・シリーズ」に挑んだニッポニーズ・オールスターズの謎』角川書店。
†金賛汀（1988）『甲子園の異邦人──「在日」朝鮮人高校野球選手の青春』講談社。

第Ⅲ部　社会からスポーツを倫理する

11　スポーツと差別の倫理学

5　スポーツにおける経済差別

1　経済差別とは

　これまで経済差別に関しては，貧困，すなわち所得が低いことを問題とし，そのために生じる差別を解消することの必要性が問われてきました。1960年代以降，国際社会では先進国と発展途上国の**経済格差**を是正するための取り組みを行うようになりました。イデオロギーや軍事的対立を意味する「東西問題」に対し，経済格差の問題は，先進国が地球上の北側に，発展途上国が南側に位置する傾向があることから「南北問題」と呼ばれ，この表現は地域レベルでも使用される場合があります。

　経済差別の問題は，ヨーロッパを中心に2000年前後から「社会的排除」に対する「社会的包摂（Social Inclusion）」という新しい解決策の枠組みで考えられています。社会的排除と貧困との違いについて，阿部彩は「貧困が，生活水準を保つための資源の欠如を表すのに対し，社会的排除とは，社会における人の『位置』や，人と人との『関係』に関するものである」と述べています。例えば，職を失うことは，経済的に貧困な状況に置かれると同時に，職場での人間関係を喪失したり，友人と会いづらくなるなど，社会全体から孤立することを意味します。現代社会においては，貧困とは，多くの場合，労働市場から追い出されることと同義です。しかし，ひとたび社会全体から追い出された状況に陥ると労働市場に戻ることは困難になります。このような仕組みに注目すると，経済差別を単なる貧困に基づく差別と考えたのでは十分とはいえないことに気づきます。経済差別とは，人間が貧困をきっかけに社会の仕組み全体から脱落し，尊厳を傷つけられ，自分らしさや人間らしさが失われるような差別，ととらえることができます。

2　経済差別はスポーツができない人を生み出す

　スポーツにおける経済差別を考える視点は，2つに大別することができます。ひとつは，貧困やそれに起因する社会的排除がスポーツへのアクセスを阻害する現象を考える視点です。格差の下位に位置づく人ほど，スポーツ実施の基盤となる教育や健康への悪影響を受けやすいことが，国内外で示されています。

　より身近な国内状況を例に考えると，子どもの運動部活動や，地域でのスポーツクラブ活動に必要な経費（入会金・会費・遠征費・用具代など）は，保護者

▷1　**経済格差**
所得，賃金，資産などにおける貧富の差のこと。先進国の貧困な人々が開発途上国の中流層よりも恵まれた生活を送ることも，国や地域の「差」ではなく，不平等としてとらえる視点が必要である。また貧困によって経済的差別が発生する背景には，黒人と白人，女性と男性で賃金が異なったり，同じ労働に対し正規雇用者と非正規雇用者で賃金が異なるなど，社会における差別が関係する場合がある。

▷2　阿部彩（2014）『弱者の居場所がない社会――貧困・格差と社会的包摂』講談社．

▷3　労働市場では人間の労働力が商品とみなされ，社会全体で雇用のニーズが高いにもかかわらず労働者が得られない場合は，賃金が上昇し，商品としての価値が上がる，というように，需給関係は賃金によって調整される。

▷4　バンダイによる2015年の調査では，年平均5万5617円．http://hboi.jp/63218（2016年12月27日閲覧）

▷5　貧困統計HP（首都大学東京　子ども・若者貧困研究センター長阿部彩による）．http://www.hinkonstat.net

の経済負担となります。こうした負担に加え，日本社会全体でみた場合，貧困の度合いが高いほどその状況が悪化する傾向にあることも指摘されています。

また先進諸国では，格差が大きい国，すなわち貧困な人々が多く，その度合いが深刻である国ほど，平均余命が短いというデータが示されています。この理由は，格差によって悪化するような「社会的地位が低い」「人間関係が希薄」「子ども期の貧困経験」などの要因が心理的ストレスとなっていることにあると考えられています。つまり，格差の下位に位置づくことによって，子ども時代のスポーツ実施が阻害されるだけでなく，生涯にわたってスポーツを経験する機会が失われる可能性があるといえます。

3　スポーツは経済差別を映す鏡

スポーツにおける経済差別を考えるもうひとつの視点は，スポーツが社会の経済格差を映し出す鏡になる，ということです。リチャード・G. ウィルキンソン（R. G. Wilkinson）は，格差が大きい社会ほど，人間が信頼感を失い，そのために暴力や敵意が蔓延すること，人種や性など差別が生じがちな違いに対する偏見が高まることを指摘しました。

このような傾向を反映し，スポーツは，格差社会における暴力や敵意のはけ口になることがあります。典型的な例は，「**フーリガン**」と呼ばれるサッカー・サポーターの暴動です。この暴動は，イングランドでは1960年代から頻発し，次第に欧米各国でもみられるようになりました。

北村暁夫は，1990年7月にナポリで行われたイタリア対アルゼンチンのワールドカップ準決勝が，イタリアにおける「南北問題」を象徴するものであったことを明らかにしています。誰もが参加できるリーグが存在し，人種や年齢，社会的地位を超えたコミュニティの形成を象徴していたアメリカ社会のボウリング場では，格差の増大により従来のコミュニティが崩壊した近年では，黙々と「孤独なボウリング」を楽しむ人が増えたという指摘もあります。

また，貧困のために学校に行けず働かなければならない子どもたちによる児童労働によって，手縫いのサッカーボールがつくられているという現実があります。この問題は1990年代後半に欧米メディアによって取りあげられるようになり，スポーツ界に衝撃を与えました。現在は，国際機関やNGOだけでなく，FIFAやスポーツ用品関連企業が問題解決に取り組んでいます。例えば，企業が設立した財団は，ボールを縫う職人を登録制にし，現場のモニタリングを行うとともに，子どもたちが児童労働を行う必要がないようにするための社会的環境整備を支援しています。また，国際労働機関（ILO）はFIFAと共同し，児童労働禁止のための国際プログラム（IPEC）において，サッカーのコーチや，サッカーを楽しむ人々に対する児童労働撲滅のための教育・啓発活動を実施しています。

（來田享子）

▷6　ウィルキンソン，R. G.・ピケット，K./酒井泰介訳（2010）『平等社会』東洋経済新報社，95頁。
▷7　阿部（2016）。
▷8　ウィルキンソン，R. G./池本幸生ほか訳（2009）『格差社会の衝撃——不健康な格差社会を健康にする法』書籍工房早山。
▷9　フーリガン
サッカー場の内外で，主に10-20代の男性が酒を飲み，暴力的な言動を集団で行う。試合の内容には関わりなく暴動が起きる場合もあり，外国人嫌悪や宗教差別を伴うことが多い。I-1-8 の▷5も参照。
▷10　北村暁夫（2005）『ナポリのマラドーナ——イタリアにおける「南」とは何か』山川出版社。
▷11　パットナム，R. D./柴内康文訳（2006）『孤独なボウリング——米国コミュニティの崩壊と再生』柏書房。
▷12　"Football resource kit — Using football in child labour elimination and prevention projects" (http://www.ilo.org/ipec/Informationresources/WCMS_247111/lang--en/index.htm) （2016年12月27日閲覧）からリソースキットやコーチングマニュアルをダウンロードできる。

おすすめ文献
†阿部彩（2014）『弱者の居場所がない社会——貧困・格差と社会的包摂』講談社。
†北村暁夫（2005）『ナポリのマラドーナ——イタリアにおける「南」とは何か』山川出版社。
†近藤克則（2010）『「健康格差社会」を生き抜く』朝日選書。

第Ⅲ部　社会からスポーツを倫理する

11　スポーツと差別の倫理学

 # スポーツと性に関わる差別

▷1　サウジアラビアで女性がはじめて投票したのは2015年12月。バチカン市国は2016年12月現在，女性の参政権が認められていない唯一の国である。

▷2　女子に対するあらゆる形態の差別撤廃に関する条約（1979年国連第34回総会採択，1981年発効，いわゆる女性差別撤廃条約）。日本は1985年に条約締結を国会承認。なお同条約選択議定書は，2016年3月現在，106カ国が批准しているが，日本は批准していない。

▷3　同性愛（レズビアン・ゲイ），両性愛（バイセクシュアル），性別移行（国内法上の性同一性障害を含む，トランスジェンダー）の人々を総称してLGBTと表現される場合やクィア，クエスチョニング（ジェンダーや性同一性，性的指向を探している状態の人），インターセクシュアルの人々を含めてLGBTQQIと表現される場合などがある。

▷4　世界経済フォーラムによる男女平等指数（ジェンダー・ギャップ指数）は，経済活動の参加と機会，教育，健康と生存，政治への関与の4分野の男女格差を測定して算出されている。

▷5　国会議員や役員・管理職など意思決定を行う役割につく女性の割合が非常に低い，女性には非正規雇

1　性に関わる差別とは

　性に関わる差別は，1789年のフランス人権宣言で人間の平等が保障されたことを契機に法的な問題として顕在化しました。政治や経済の主な担い手を男性とし，女性は家庭を守り，父や夫に従属するという仕組みの中で，女性は不平等な状態に置かれました。こうした不平等に反対し，女性の参政権を求める運動が起きました。現在では，20世紀を通してほとんどの国で選挙権・被選挙権が認められるようになっています。

　性別によって優劣がつけられたり，性別に期待される役割に縛られることによって，自分らしく生きることが阻害されます。人間が男性または女性のどちらかに属すると考えられてきた中で，性に関わる差別は，約半数の人々が差別する側に，残りの半数が差別される側になるという点で，大きな影響を与える差別の形態であるといえます。参政権だけでなく，政治・経済・社会・文化・教育などあらゆる分野で両性の平等な権利を達成するための国際条約が採択されたのは，1971年でした。近年では，人間の性別は男女の2つであるとする考え方にあてはまらない「性的少数者」に対する差別の解消を目指す動きも活発になっています。

　日本は世界第3位の経済大国だとされる一方で，世界経済フォーラムが2016年に発表した男女平等指数ランキングでは，145カ国中111位であり，先進国では最下位です。国連の女性差別撤廃委員会が2011年に日本政府に行った勧告のうち，婚姻適齢の統一，選択的夫婦別姓制度の導入など，民法改正には至っていないものもあります。性的少数者に関しては，渋谷区の「同性パートナーシップ条例」（2015年）などの法的保障制度や，文部科学省が国公私立の小中高校に向けて性的マイノリティの子どもへの配慮を求める通知を出したことなど，差別を解消する動きがみられます。しかし，欧米先進国と比較すると課題は多く残されています。

2　スポーツにおける性に関わる差別の事例

　スポーツは身体に関わる文化であるため，平均的にみた場合の両性の生物学的・身体的な違いが意識されやすく，そうした違いに基づき当然のこととして不平等な状態が見逃される可能性があります。近年ではスポーツへの参加とい

う点では，宗教的な背景とも関係するイスラム圏の国々以外では，どちらか一方の性が差別を被る状況は減少し，女性が実施することができない競技はほとんどみられません。◁6 しかし，スポーツの様々な場面で性別に期待される役割が押しつけられる現象は存在します。典型的な例としては，男子選手を支える女子マネージャーという構図があります。実施者の性別に偏りがある競技では，性別によって参加しづらい状況が発生する可能性があります。例えば実施者の性別が男性に偏っている競技では，競技施設に女性用トイレが少ないなどの比較的解決が容易な不平等が目につきます。さらに，男だけの世界での男らしさを尊重する慣行によって，女性を劣位に置いたり，**ステレオタイプ**◁7な男らしさから逸脱するものを軽んじたりする雰囲気が生じる場合があり，こうした雰囲気が性差別の温床となりえます。スポーツが苦手であるとか，男性の実施者が少ないスポーツに参加しているなどが，男性への差別に結びつくこともあります。

スポーツへの参画という観点では，女性が不平等な状態に置かれる事例が多くみられます。スポーツ関係組織の意思決定機関，プロリーグやチームの役員，コーチなどの立場につく女性の割合は，日本代表選手に占める女性の割合に比較すると，低い数字にとどまっています。◁8 また，プロ選手に対する報酬額の男女差は，女性によるパフォーマンスをより低い価値に位置づけることになる差別的対応であるという指摘があります。◁9

スポーツ選手を性的な視点でとらえ，その選手の尊厳を傷つけるような行動をとることも差別にあたります。スポーツ組織が，スポーツの技術や戦術とは無関係に肌の露出の多いユニフォームを着ることをルールとして強制する，スポーツに関わる画像や映像を通じて登場人物をスポーツとは無関係なほどに性的対象として表現する，などの例があります。これらが性に関わる差別にあたる理由は，スポーツをする選手を単なる性的対象物，すなわちモノとしてみるという意識が背景にあると考えられるからです。性的行為は大切な人間関係の延長線上にあるはずですが，人間関係のない相手を性的対象とすることは，人間のモノ化であり，相手を差別する行為だとみなされます。

性的マイノリティに対しては，クラブやチームからの排除，カミングアウトした選手に対し企業がスポンサーから撤退するなどの差別的事例が，過去に発生しています。また，観客による差別的行為には，プレイに失敗した選手を同性愛者に対する蔑称を使って非難するなどがあります。近年，IOCやFIFAのリーダーシップもあり，スポーツ界では同性愛者への差別解消に向けた動きが活発化しています。2014年ソチ五輪では，ロシアの同性愛宣伝禁止法を批判する欧米主要国が，開会式をボイコットする出来事がありました。プロ選手や審判，監督，さらには観客による差別的行為は，スポーツ組織による制裁措置やスポンサーの契約打ち切りの対象になってきています。◁10

（來田享子）

用者が多く，平均年収が男性の53％程度と先進諸国の中では男女格差が大きい，女性議員が議場で差別的なヤジを飛ばされるなど，公的な場にも女性蔑視が根強く残っている，など。
▷6　2012年オリンピック・ロンドン大会では，ボクシングに女性が出場したことにより，全競技に男女両性が参加した。
▷7　ステレオタイプ
多くの人に浸透している先入観や固定観念，ものの見方。
▷8　IOCはあらゆるスポーツ関係組織の女性役員比率を2000年までに10％以上，2005年までに20％以上とする目標を1996年に掲げた。
▷9　米国の経済誌『フォーブス』が毎年発表しているプロ選手の年収ランキングでは，2015年現在，女性の1位は男性1位の金額の10分の1に満たない。
▷10　2016年1月に行われた2018年サッカーW杯予選では，観客が同性愛差別にあたる発言をしたとして，FIFAはチリおよびアルゼンチンのサッカー協会に罰金処分を科した。

おすすめ文献
†飯田貴子・井谷惠子編著（2004）『スポーツ・ジェンダー学への招待』明石書店。
†日本スポーツとジェンダー学会（2016）『データで見るスポーツ・ジェンダー』八千代出版。
†高井昌史（2005）『女子マネージャーの誕生とメディア──スポーツ文化におけるジェンダー形成』ミネルヴァ書房。
†溝口紀子（2013）『性と柔──女子柔道史から問う』河出ブックス。

第Ⅲ部　社会からスポーツを倫理する

11　スポーツと差別の倫理学

 スポーツにおける差別を克服するために

▷1　Ⅳ-13-1 を参照。

▷2　Coubertin, P. de (1906). "L'éducation des adolescents au 20e siècle, 3ème partie". Education moral : Le Respect des Conditions（クーベルタン, P. de／清水重勇訳「20世紀の青年教育　第3部　徳育」, 相互敬愛：諸条件の尊重）. http://www.shgshmz.gn.to/shgmax/public_html/coubertin/20adult_ed/ed20_3_jp.html#conditions を参照し，筆者が必要箇所を意訳。

▷3　ジャニ＝カトリス, F.／平野暁人訳（2015）「『業績至上主義』が社会をバラバラにする」中野裕二ほか編著『排外主義を問いなおす』勁草書房, 3-13頁。

▷4　アンベール, M.／平野暁人訳（2015）補論「コンヴィヴィアリズム――高まる排外主義を乗り越えるために」中野裕二ほか編著『排外主義を問い直す』勁草書房, 159頁。

▷5　オットー・シャンツは，差別のない多様な価値が認められるスポーツを目指すためには，19世紀にできあがったスポーツにわた

1　「競争」を超える

オリンピック・ムーブメントの提唱者であるピエール・ド・クーベルタンは，社会における不平等について語っています。それはおおむね次のようにまとめることができます。「地球上のいたるところで，人々は互いを級別化する。これによって個人には社会的地位に対応する慣習的な視点としての評価が与えられる。この評価は慣習的なものであるから時代や社会によって変化するが，人間に特有の野心，闘争心，競争心があるために，級別化と評価にもとづき敵対視するという行為自体は何世紀も変化していない。民主主義によって人々は平等を確立しようとしてはいるが，ひとつの不平等が解消されれば，また次の不平等がたちあらわれる」。

このようなクーベルタンの考えとオリンピック大会の開催とは矛盾するものにも思えます。大会は人々の競争心や国と国の対抗心を煽り，異なる人々が地球上の「差別の現場」を演じる場所のようにもみえるからです。

クーベルタンがスポーツに期待していたのは，努力の価値や努力を積み重ねた者同士が互いを尊重することでした。これと重ね合わせながら上述の不平等論を読む時，彼がスポーツに期待していたのは，戦争のような殺し合いをしてしまう人類が，過剰な闘争心や競争心を制御する術を学ぶことでした。クーベルタンの理想では，大会はこの術を会得した世界最高の選手たちが競い合う場となるはずでした。クーベルタンの不平等論と大会提唱に感じられる矛盾は，差別や不平等と無関係ではいられないスポーツについて，その原点を今一度考え直すきっかけをわたしたちに与えてくれます。

2　「スポーツという制度」が差別や不平等に荷担することに気づく

現在，多くの人が熱狂する近代スポーツは，誰もが参加することができ，平等な条件のもとで競技することができるよう制度化されてきました。この制度における最上の価値は「フェアに勝敗が決定されること」です。スポーツの大会がメガスポーツ・イベントと表されるほど巨大化したのは，誰もがこの価値を受け入れ，世界中に浸透したことの証です。

一方で，スポーツが失ったものもあります。そのひとつが，多様な価値を認める感性です。スポーツでは，フェアな勝敗さえ確保されれば，他の多様な価

値は些細なものとして無視されることがあります。スポーツという制度は，フェアを象徴し，多くの人に勇気や感動を与える素晴らしいものだから，そこに関心をもたない人々が我慢するのは仕方がないとされる場合があります。スポーツがビジネス化するほどこの傾向は増します。ここでいうビジネスの成功を，F.ジャニ＝カトリスは，近代スポーツが体現する価値と同一線上にあることを示す表現を用い「業績（パフォーマンス）至上主義」と名づけました。こうした価値観は「強者が弱者に強権的に」振る舞い「人間による人間の搾取。機械による人間の搾取。人間と機械による自然の搾取」を引き起こすともいわれます。

このようなスポーツや社会に浸透した価値は，差別の問題をより複雑にし，人種・性・経済格差・教育など複数のカテゴリーが絡み合った差別を生み出し，差別の中にさらなる差別を生み出しています。これまでスポーツ科学研究は，統計的手法を用いながらカテゴリー間の違いを見出すことに注目してきました。このような研究の視点は，不平等な状態を確認することに役立ちますが，今後はカテゴリー間の共通性を見出し，どのようにすれば差異のある人々が共に楽しむことができるかを考えるという「スポーツを変えていく発想」も必要です。

3 「オリンピック・アジェンダ2020」をどう読むか

IOCは「**オリンピック・アジェンダ2020**（以下，アジェンダ2020）」を掲げ，オリンピック・ムーブメントの改革を目指すとしています。同時にオリンピック憲章が改訂され，オリンピズムの根本原則第6項にはこれまでで最大の差別の形態が記され，それらを認めないことが定められました。オリンピック大会の歴史は，差別を可視化し，スポーツにおける差別の解消に人々がどのように取り組んだかを示します。その一方で，上述したような複雑な差別を引き起こすビジネスでもあります。2020年オリンピック・東京大会では，新国立競技場問題やエンブレム問題，金メダル数を目標に掲げるなど，旧来の一元化された価値の影響がうかがえます。進まない東日本大震災の復興や福島第一原発廃炉作業を背景に，大会を返上すべきとの見解をもった人も少なくありません。このような現実を前に，アジェンダ2020はみせかけの改革，相変わらずの理想論であるとの批判的な声も聞かれます。

アジェンダ2020には，現実から目を背けることなくオリンピックを利用する手がかりも含まれています。例えば，開催に賛否両論がある大会の招致以降のプロセスは，属性や社会的背景の異なる人々が相互理解を深め，異なる意見をもつ者が合意形成や妥協点を模索する「仮想的な社会実践の場」となりえます。こうしたプロセスは，差別の解消に貢献する経験となるでしょう。スポーツにおける差別克服の第一歩は，社会とスポーツのあり方を関連させて考える「スポーツ・リテラシー」を身につけ，社会の変化を促す方向へとスポーツの変化を促すことではないでしょうか。

（來田享子）

したちが適応しようとするのではなく，21世紀に生きる人間とはどうあるべきかを目指すことができるよう，スポーツを変化させるべきだ，と述べた（2015年日本体育学会第66回大会（於 国士舘大学）で開催された本部企画シンポジウムⅠ「多様性を肯定するスポーツと社会――『真の共生社会』とは何か」基調講演）。

▷6　オリンピック・アジェンダ2020
「多様性の中での協同（Unity in Diversity）」をマニフェストに掲げ2013年9月のIOC総会で会長に就任したトーマス・バッハが主導し，オリンピック・ムーブメントの改革を目指して策定された方針。2014年12月のIOC総会で採択された。アジェンダ2020は40項目から成り，本文でふれたオリンピック憲章根本原則の改正のほか，差別の解消に影響を与える「多様性の確保」に着目した項目が複数含まれている。

▷7　2014年9月改正オリンピック憲章オリンピズムの根本原則第6項「このオリンピック憲章の定める権利および自由は人種，肌の色，性別，性的指向，言語，宗教，政治的またはその他の意見，国あるいは社会のルーツ，財産，出自やその他の身分などの理由による，いかなる種類の差別も受けることなく，確実に享受されなければならない」（日本オリンピック委員会訳，最新版オリンピック憲章は2016年8月2日版。http://www.joc.or.jp/olympism/charter/pdf/olympiccharter2016.pdf（2016年12月27日閲覧）。

第Ⅲ部 社会からスポーツを倫理する

12 スポーツと環境の倫理学

 # スポーツと地球環境問題

1 スポーツと自然環境の関わり

　最初に，スポーツと自然環境の間には何か関係があるのか考えてみたいと思います。

　一般的に，スポーツを行うにしても見るにしても，あるいはスポーツを理解しようとする場合も，グラウンド上やコート内のゲームとして，あるいはそれに関連するトレーニングや練習のこととしてとらえ，目を向けがちであるといってよいでしょう。ところが，もう少し踏み込んでみると，グラウンドやコートなどの施設の有る無しや善し悪しなどの環境が，個々の競技力やチーム力の向上に大きく影響することは，経験的にも容易に理解できるはずです。このように，スポーツは周辺環境と関わっているのですが，それは，もっと大きく自然環境とも深く関わっています。

　そのことを示すもっともわかりやすい例が，地球環境問題でしょう。例えば，2003年12月，国連環境計画（UNEP）は，「スイスに230あるスキーリゾートのうち25年後には4割近くで十分な降雪が得られなくなる可能性がある」という報告を発表しました。いうまでもなく「地球温暖化」に対する警告ですが，相前後して，アルプス地方を記録破りの熱波が襲い，氷河が大幅に後退し，永久凍土が溶けてスキーリフトやロープウェーの施設が傾くなどしたため，危機感が一挙に高まったといいます。

▷1　「アルプス 迫る温暖化」『朝日新聞』(2004年2月24日付)。

　それはわが国でも同様であり，「2006／07シーズンは，国内で開かれた全日本スキー連盟（SAJ）公認のアルペン競技（回転，大回転，スーパー大回転）全99大会のうち，22大会が中止か延期」になっています。

▷2　「雪不足，スキー危機」『信濃毎日新聞』(2007年2月20日付)。

　このように，「温暖化」という地球規模での環境問題によって雪山などの自然環境が悪化し，それがスポーツを行う場＝スポーツフィールドの縮小や減少，すなわち「貧困化」をもたらしているのです。

2 地球温暖化に伴う高山帯消滅の危機

▷3　「松本 温暖化が顕著に」『市民タイムス』(2016年2月21日付)。

　2016年2月，上高地などの山岳リゾートを擁する長野県松本市は，気象庁発表の数値をもとに，市の年平均気温が過去100年間で1.76℃上昇したことを公表しました。それは，標高差に換算すると290メートル低くなったのと同じだそうです。そして，このまま気温上昇が続けば，現在おおむね2500メートル地

点の森林限界が100年後には約3080メートルとなり，その上に広がる高山帯が，3000メートル級の高峰の山頂付近のみになる可能性があるともしています。

高山帯の消滅は，その厳しい自然の中で生息する高山植物，高山チョウ，そして，現在ですら絶滅が危惧されているライチョウなどの貴重な固有種の消滅に直結することになるでしょう。しかも，気温の上昇速度は過去30年が特に著しく，1984年からの30年間に1.04℃上がったとのことですので，高山帯消滅の危機はすぐ間近に迫っているといっても過言ではありません。

松本市が，3000メートル級の槍ヶ岳や奥穂高岳など日本の代表的な高峰を擁し，北アルプスの玄関口に位置する山岳都市であるのは周知のとおりです。同市の温暖化が顕著であり，周辺山岳地の高山帯の消滅が懸念されていることは，北アルプスを訪れる多くの登山愛好者にとっても無縁ではありません。

３ 登山の醍醐味の消滅

長野県の調査によれば，同県の北アルプスや八ヶ岳を訪れる登山者数は，毎年50-60万人（2003-09年の平均は56万4000人）に上ります。しかも近年は，話題の「山ガール」と呼ばれる女性に限らず，男女とも各世代において登山を始める層が増え，2012年には70万5000人（前年比10.5%増），翌年には73万人（同3.5%増）と急増しているそうです。しかも，そうした登山者の目的は，「自然を楽しむ」（75.9%）や「景色を楽しむ」（60.6%），「頂上を目指す」（55.7%）などであり（複数回答），「登山の楽しみ方が多様化しており，一概に頂上を目指しているわけではない」とのことです。

同調査が示すこれらの数値を温暖化という問題を踏まえてみた時，多くの登山愛好者が目的としている，そして登山の醍醐味である雄大な自然や景観を楽しむことが，高山帯の消滅とともに失われていく可能性を否定できないのではないでしょうか。登山というスポーツは，そのフィールドである山岳のあり方と大きく関わっているのです。

そうした事象は，スキーや登山に限らず，マリンリゾート地の沖縄で周辺海域のサンゴが白化現象を起こし，スキューバダイビングのダイビングスポットが減少している，といったことでも広く知られています。温暖化に伴う海水温の上昇は，サンゴ礁という，スキューバダイビングの醍醐味を味わうフィールドを悪化させ，縮小させているのです。

このように地球環境問題という巨視的な観点からすると，スポーツはその"被害者"であり，したがって，より豊かなスポーツ活動を享受しようとするならば，そうした事柄に目をつむることは決して許されないはずです。

（等々力賢治）

▶4 「登山の現状」
www. pref. nagano. lg. jp/ kankoki/.../documents/06 shiryou3.pdf（2016年３月５日閲覧）

▶5 サンゴの白化現象
温暖化による海水温の上昇，淡水や土砂の流入などの環境ストレスによって起こる。白い骨格が透けて見えるため白化と呼ばれ，環境が回復せず白化が続くとサンゴは死んでしまう。

（おすすめ文献）
†W. ウエストン／岡村精一訳（1995）『日本アルプス』平凡社。
†石弘之（1992）『酸性雨』岩波新書。
†等々力賢治（1993）『企業・スポーツ・自然』大修館書店。

第Ⅲ部 社会からスポーツを倫理する

12　スポーツと環境の倫理学

 スポーツ施設と環境破壊

1　ゴルフ場造成に伴う自然破壊

　前項で述べたように，スポーツは，地球規模の環境問題との関係でみれば"被害者"なのですが，他方，環境破壊をもたらした，いってみれば"加害者"の立場にあったことも忘れてはなりません。その代表的な例が，1980年代後半，第三次ゴルフブームとともに各地で引き起こされた，ゴルフ場造成に伴う自然破壊です。

　目に鮮やかな緑の芝生を見て，ゴルフ場が自然破壊とは無縁であると思ったとしても致し方ありません。しかし造成中の様相は，それとは大きく異なるのです。傾斜などがある広大な敷地を要するゴルフ場造成に適している里山では，ブルドーザーやパワーショベルといった巨大な土木作業機によって森林がなぎ倒され，山が削られ，川が埋め立てられます。そうして自然を大幅に改造したあと，排水用の土管が網の目のように埋設され，バラスと呼ばれる砂利石が敷かれ，その上を芝生が覆うのです。このように，わが国のゴルフ場の多くは人工的なスポーツ施設であり，その造成が，平均100ヘクタール（18ホール）ともいわれる広大かつ自然豊かな里山で行われたとしたなら，それが大規模な自然破壊をもたらしたとしても何ら不思議ではありません。

　実際，1980年代後半の第三次ブームを背景に自然破壊が引き起こされ，それに反発した周辺住民や自然保護団体などからの抗議の声が，それこそ全国各地であがりました。それは住民集会や抗議行動などの形で示され，各地の状況をまとめた書籍が出版されたりもしたのです。

2　スキー場建設と環境破壊

　スキー場開発に伴うものもまた，以下に概観するように，スポーツ施設建設による自然破壊の典型例であるといってよいでしょう。

　スキー場は，冬に訪れるスキーヤー，スノーボーダーにとっては，まさに"白銀の世界"なのですが，雪のない時期に訪れると，森林が切り倒され山肌がむき出しになったゲレンデが無惨な姿をさらしているのがみられます。それをもって自然破壊とするのは早計かもしれませんが，豊かな山容を損ねた景観破壊という側面があるのは確かでしょう。今日的なスキー場開発のあり方が，高速リフトで大量の人員をスピーディーに運搬して回転効率を上げることを追

▷1　山田國廣編（1989）『ゴルフ場亡国論』新評論；長野県ゴルフ場等対策住民運動連絡会・自由法相談長野県支部編（1990）『警告・ゴルフ場開発』信州の教育と自治研究所，など。

▷2　等々力賢治（1992）「スキー場開発の投げかける諸問題」学校体育研究同志会編『たのしい体育・スポーツ』38：54-57頁。

求し、コース設置を遠くからでも見える尾根筋に集中させるものであったため、その分、自然や景観が損なわれる可能性が高まり、人々の目にふれやすくなったことも否めません。

加えて、人工降雪機を設置するスキー場が増え、大量の降雪剤や融雪防止剤が使用されるようになったため、ゲレンデの下方にある湿地帯の植生への影響も懸念されました。それは、ゴルフ場の使用する農薬が里山にある水源地や周辺河川に流れ込んで、飲料水を汚染したり、小動物の生存を脅かしたことなどが問題視されたのと似ています。

このように、ゴルフ場造成もスキー場開発も、自然破壊を含め、環境破壊という様相を呈したものだったのです。

3 環境破壊の元凶は

そのように環境破壊が問題視された際、ゴルフやスキー自体が悪いという"悪玉論"が声高に叫ばれたことについてふれておきましょう。

両者に共通するのは、当時のブーム現象が背景にあったことです。

『レジャー白書'91』によれば、1990年中にゴルフ場と練習場を合わせたプレイ人口は2920万人に達し、第三次ブームを形成、象徴するものでした。

とはいえ、むしろ注目されるのはゴルフ場造成数です。91年末段階で、既設の1821カ所に加え造成中が315カ所、認可済みが20カ所に達しており、既設数の約2割に相当する数が新たに集中的に造成されようとしていたのです。その背景には、関係自治体の許認可が下りれば造成前でも自由に会員を募集でき、非課税の「預託金」を無担保、無利息、無期限で借り入れることができ、結果的に、1カ所造成するだけで数十億円を優に超える巨額が手に入る、いわば"濡れ手で粟"式の「ゴルフ場錬金術」「会員権ビジネス」がありました。それゆえ、大規模な自然・環境破壊を誘発し、全国各地にもたらすことになったのです。

スキー場建設が人々の耳目を集めたのも、ゴルフ場造成同様、1990年前後のことであり、当時のスキーブームが背景にありました。1992年には、全国に616カ所あったスキー場に加え、その2年後には、新たに157カ所を開発しようという構想が示されたのです。それを担ったのは、1987年に制定された「**総合保養地域整備法**」(「リゾート法」)をもとに開発を進めようとした企業であり、それによる経済的効果や活性化を期待した地元自治体であり、それを支援した国であり地方自治体だったのです。

その意味で、施設建設に伴う環境破壊については、スポーツそれ自体を"悪玉"として否定するのではなく、むしろそれを手段として利用し、開発を進め利益を得ようとする企業や、経済的効果や活性化を期待する地元自治体、そして、それを支援する国や地方自治体などに責任があるという、まさに構造としてみる必要があるのです。

(等々力賢治)

▶3 余暇開発センター編(1991)『レジャー白書'91』20頁。

▶4 第一次ブームは1960年代初めの高度経済成長期の初期に、また、第二次ブームは1970年代初期の高度経済成長期の末期に、それぞれ起きている。第三次ブームがバブル経済と重なっていたように、過去の二度のブームもまた経済成長と深く関わっていた。特徴としては、第二次ブーム期にはゴルフ場造成が年に100カ所を超えるなど、他の二つに比べて非常に多かったことと、第三次ブームはゴルフ場単体ではなく、リゾート開発と一体的に造成が進められたことなどがある。

▶5 わが国の会員制ゴルフ場のほとんどが預託金会員制であり、1993年の「会員権法」成立以前は、認可が下りさえすれば造成前であっても、巨額の資金を集め自由に売買することで巨利を手にすることができた。

▶6 総合保養地域整備法 1987 (昭和62) 年6月に交付された同法は、「リゾート法」の一般的呼称どおり、認可された一定規模の地域を民間企業の力でリゾートとして開発しようとするものであり、施行後、全国的に開発ブームを巻き起こした。

おすすめ文献

†佐藤誠(1990)『リゾート列島』岩波新書。

†谷山鉄郎(1991)『日本ゴルフ列島』講談社現代新書。

†等々力賢治(1993)『企業・スポーツ・自然』大修館書店。

第Ⅲ部　社会からスポーツを倫理する

12　スポーツと環境の倫理学

IOCの環境問題への取り組み

1　冬季オリンピックと自然・環境破壊

　自然・環境破壊に関わって常に注目されてきたのが冬季オリンピックです。
　1972年の第11回札幌大会では，スキー滑降競技会場として国立公園特別地域内の恵庭岳の森林が大規模に伐採され，その復元が大きな課題となりました。同会場は，89年に国有林に戻されたものの，原生林の再生にはほど遠い状況にあるといいます。また，84年の第14回サラエボ大会では，男子滑降コースの標高差800メートル以上という国際規格にわずか9メートル不足したため，4階建てのレストランをわざわざ造り，その屋上を出発点にするという愚挙が行われました。
　このほか，1988年の第15回カルガリー大会では，アルペン競技会場となった同市郊外のアラン山が「開発か自然保護か」の焦点となって，そこに生息するオオツノヒツジを中心とした生態系の破壊が懸念され，環境保護団体などから強い抗議が寄せられました。その中で山腹に設けられたスキーコースは，遠目にも"ひっかき傷"のように見え，景観の観点からしても"破壊"としかいいようのないものだったのです。
　さらに，記憶に新しいところでは，1998年の第18回長野大会の招致・開催に伴う自然破壊・保護問題があります。87年に発表された招致計画において，スキー滑降競技会場として奥志賀高原の岩菅山が示されたことで，論議が活発化し激論が戦わされる中，世界自然保護基金（WWF）日本委員会の反対もあって，既存の八方尾根スキー場に変更されるに至ったのでした。

2　環境保護論議・世論の世界的高まり

　以上は，実際に大会が開催されたものですが，実は，自然破壊・保護が争点となり大会が返上されたり，住民投票による立候補断念などという事態も起こっています。
　1976年に予定されていたデンバー大会では，市民の憩いの場であり水源地であったエバーグリーン山をアルペン競技会場にすることの是非をめぐって，環境保護団体からの強力な抵抗，抗議にあい，解決策が見出せないままオリンピック史上初の開催地返上という事態に至りました。
　その背景には，1970年前後に顕著になった国際的な環境保護への関心の高ま

▷1　「恵庭岳に残る爪痕　五輪で原生林伐採，復元工事から40年」『WEB版毎日新聞』2014年7月3日付（2015年10月26日閲覧）。

▷2　その写真が，学校体育研究同志会編『たのしい体育・スポーツ』No. 36（1991年9月）の54頁に掲載されています。ご参照ください。

りがあり，それを反映した形で，国際連合が1972年にストックホルム会議で「人間環境宣言」と「環境国際行動計画」を採択し，その実施機関として国連環境計画（UNEP）を設置したことなどがあったものと推測されます。

そしてさらに，国際オリンピック委員会（以下，IOC）本部のあるローザンヌは，1994年大会に立候補していたにもかかわらず，自然保護を訴える市民による住民投票の結果，圧倒的多数で断念に追い込まれたのです。

先に述べたように，冬季オリンピックは常に自然破壊や環境問題などと表裏一体の関係にあり，世界的に高まりつつあった環境保護の声を反映した抵抗，抗議は，IOCとしても無視できないものでした。そこで，1990年，当時のサマランチIOC会長は環境重視の姿勢を打ち出します。オリンピック・ムーブメントに環境保全を加えて，「スポーツと文化と環境」の三本柱とすることを提唱し，それまでの受け身の姿勢を転じたのです。

3 環境問題に積極的に取り組むIOC

以後，IOCは，環境保護に積極的に取り組み，矢継ぎ早に施策を打ち出していきます。まず，1992年の第25回バルセロナ大会で，全参加国の国内オリンピック委員会（NOC）が「地球への誓い（The Earth Pledge）」に署名し，世界のスポーツ界が環境について考えるきっかけとなりました。1994年には，IOC創立100周年を記念してパリで開催された，第12回オリンピック・コングレスで「スポーツと環境」分科会が開催され，オリンピック憲章にはじめて「環境」の項目が加えられました。同年冬に開催された第17回リレハンメル大会のおりには，トウモロコシとジャガイモの澱粉でつくられた食器が使われ，各種メディアが「環境五輪」と大々的に報道したのは記憶に新しいところですが，それも，IOCの姿勢転換を象徴するものだったのです。その評価はさておき，翌年には「第1回IOCスポーツと環境世界会議」が創設され，翌々年の1996年には，オリンピック憲章に環境に関する項目として「**持続可能な開発**（Sustainable Development）」が追加されます。

こうした環境保護への転換とその後の積極的取り組みをとらえる際，もうひとつ，同時期にIOCが「**世界化戦略**」に取り組んでいたことがあるのも忘れてはなりません。戦略の中核には世界的規模でのテレビ放映と，それによるとてつもなく高額な放映権料（テレビマネー）の確保があり，そのためにメディアバリュー（価値）の向上に努めねばならなかったのです。同時期に進められたプロ化や女性スポーツの振興などが，より多くのテレビメディアとその視聴者，そしてスポンサー企業が関心を寄せる新鮮で良好なイメージを創り出すという側面をもっていたのと同様，世界的に関心の高まっていた環境問題に積極的に関与することが，世界化戦略にとって必要不可欠であったのはいうまでもありません。

（等々力賢治）

▷3 主要な取り組みについては，日本オリンピック委員会（JOC）のHPに掲載されている「スポーツと環境 これまでの歩み」（http://www.joc.or.jp/eco/）を参考にした（2016年3月8日閲覧）。

▷4 **持続可能な開発**
「将来世代の欲求や利益を損なわず，現在の世代の欲求を満たすような開発や経済発展」のこと。1987年に，国際連合「環境と開発に関する世界委員会（ブルントラント委員会）」が，その報告書の中で明確にした考え方。「持続可能な発展」と訳されることもある。

▷5 **世界化戦略**
1990年代以降，IOCやアメリカ4大プロスポーツなど主要なスポーツ界がとったビジネス戦略。地球規模でスポーツを拡げ，関連する市場を拡大し，テレビ放映によって巨額放映権料（テレビマネー）を手にしようというもの。IOCを含めた世界のメジャーなスポーツ界の展開する世界化戦略とテレビの関係については，等々力賢治（2013）『グローバル化と日本のスポーツ』創文企画，10-17頁を参照。

（おすすめ文献）

†D. チェルナシェンコ／小椋博・村松和則編訳（1999）『オリンピックは変わるか』道和書院。

†石弘光（1999）『環境税とは何か』岩波新書。

†等々力賢治（2013）『グローバル化と日本のスポーツ』創文企画。

第Ⅲ部　社会からスポーツを倫理する

12　スポーツと環境の倫理学

エコ・スポーツの可能性

1　自然志向的スポーツの広がり

　近年の，若い女性を含めた登山人口の増加や1000万人を優に超えるジョギング人口は，いったい何を示しているのでしょうか。

　その背後に，"山ガール"などとはやし立て，ファッショナブルで付加価値の高い登山用品を売り込もうとするスポーツ関連企業があり，東京マラソンの盛況ぶりにならおうと市民マラソン大会を次々に立ち上げる地方自治体があるのも承知しています。と同時に，少なくない参加者が，山の美しさを楽しみ戸外を走る爽快感を味わおうとしていることにも目を向ける必要があるように思います。人々をいざなう仕掛けがいかに巧みであったとしても，自らの主体性なくして参加することなどおよそ考えられません。

　こうした現象は，多少の違いはありますが，1990年前後にも生じています。当時，スポーツ用品の総合メーカーが行ったアンケート調査によれば，東京都内に勤務するサラリーマンの約7割が，「今後，新たに行いたいスポーツ」にゴルフやスキーとともにサイクリングやオートキャンプなどを挙げる，「自然とふれあうスポーツに魅力を感じるアウトドア派」だったそうです。また，ウィンドサーフィンやハンググライダーなどが若者を中心に盛んになったのも，この頃でした。

　そこに，自然の中で行い自然とふれあうことを目的とする，「自然志向的スポーツ」に対する関心や欲求が共通にあるのは間違いありません。近年の登山人口やジョギング人口の急激な拡大は，それが大きな広がりをみせていることを示しているのです。

2　スポーツ文化の貧困化

　このように，人々が自然志向的なスポーツに関心を寄せるのは，それが自然との関わりを抜きにしては語ることのできない文化だからかもしれません。

　よく知られている例が，リンクスランドという「スコットランドの海岸に多い特有の広大な砂丘 dune の草原」を舞台に，「強い海風のふく自然のままのリンクスで（中略）大小の砂穴（バンカー）を障害物として行われた」という史実を有するゴルフではないでしょうか。雪原での狩猟の歩行補助手段に起源があるとされるスキー，イギリス各地の牧草地や林，小川などを舞台に繰り広げ

▷1　近年の市民マラソン大会の盛況ぶりについては，等々力賢治（2013）「街おこしと市民マラソン大会」自治体問題研究所編『住民と自治』自治体研究社，2013年6月，34-37頁に詳述。

▷2　『朝日新聞』（1992年6月11日付）。

▷3　日本体育協会監修（1987）『最新　スポーツ大事典』大修館書店，351頁。

られた**マスフットボール**を起源とするサッカー，川や湖を利用した水泳など，そうした事例は少なくありません。付言すれば，ウィンドサーフィンやハンググライダーなどもまた，当初は，波や風をあやつり，風景や景色を楽しむことを主要な目的とするものでした。

　自然と一体となったそうした文化が，競技性を高め，競争や勝敗が重視されるようになり，次第にグラウンドやゲレンデ，プールといった"人工的な空間"に囲い込まれ，それとともに自然性も剥奪されてきたのです。そうした状況に拍車をかけているのが，1990年代以降の急速な商品化の進展であり，"テレビ映り第一主義"の蔓延であるのはいうまでもありません。

　一般的には，そうした歴史的経緯を進化・発展とみるのでしょうが，豊かな自然性，自然との共存といった観点からは，スポーツ文化の貧困化といわざるをえないのも事実です。

③ エコ・スポーツとは

　先に述べたように，世界的には冬季オリンピックのスキー滑降競技のコース設定をめぐって，また，わが国ではゴルフ場造成やスキー場開発をめぐって自然・環境破壊が叫ばれ，批判や抗議が展開されてきました。そして，その都度指摘されたのが，そうしたスポーツ自体が元凶であるとする"悪玉論"でした。しかしながら，これまでにみたように，それぞれの起源をたどれば，いずれのスポーツも自然との親和性が極めて高いものであることがわかります。

　ここでは，それを踏まえてエコ・スポーツについて考えてみたいと思います。

　いうまでもなく，エコ・スポーツの「エコ」はエコロジー＝環境や生態の略であり，"環境に優しい""生態に配慮した"といった意味合いを含んだ言葉であるととらえてよいでしょう。そしてその背後には，先に挙げたような形で問題視される既存のスポーツに対して，それとは異なる新たなスポーツを対抗文化として示し提唱しようという想いや意図があるものと思われます。

　しかしながら，自然や環境にまったく負荷をかけないスポーツなど存在するのでしょうか。自然と関わらないスポーツは無味乾燥でしょうし，グラウンドやスタジアムといった屋内施設で行うスポーツにしても，その施設自体が建設や維持の過程を通じて環境に負荷をかけているのです。しかも，自然・環境破壊をもたらすとされる既存のスポーツ自体は自然との親和性が高いものであり，むしろ問題なのは，それを，何かを手にしうるための手段として利用しようとする構造にあるのではないでしょうか。

　とすれば，それを排し，貧困化したスポーツをより豊かな文化にするよう，まずは自然との親和性を取り戻すことに取り組む必要があるように思います。エコ・スポーツの可能性は，夢想ではなく現実の中にこそあるのです。

（等々力賢治）

▶4　マスフットボール
今日のサッカーの原型。中世のイギリス各地で宗教行事として行われ，何百人もの人々がひとつのボールを激しく奪い合い，持ったり蹴ったりして，野山を越え，川を渡り，街中を走り抜け，相手ゴールにもちこもうとした。

おすすめ文献

†等々力賢治（1993）『企業・スポーツ・自然』大修館書店。

†青木辰司（2004）『グリーン・ツーリズム実践の社会学』丸善。

†D. チェルナシェンコ／小椋博・村松和則編訳（1999）『オリンピックは変わるか』道和書院。

第Ⅲ部 社会からスポーツを倫理する

12 スポーツと環境の倫理学

カーボンマイナス・スポーツの提唱

1 COP21「パリ協定」とスポーツ界

　周知のように，2015年12月，世界から150カ国が参加しパリで開催されていた国連気候変動枠組条約第21回締約国会議（以下，COP21）において，新しい地球温暖化対策の国際ルールである「パリ協定」が採択されました。その骨子は，温暖化による気温上昇を「産業革命前と比べ2度より十分低く保つ」ことを目標に，「すべての国が二酸化炭素（CO_2）などの温室効果ガスの排出を，今世紀後半までに『実質ゼロ』にすることを目指す」ものであり，今世紀中の脱炭素経済，脱化石燃料の方向性を示すものです。

　詳細は環境省の HP などにゆずりますが，「パリ協定」が，将来の社会のあり方を変えるほどのものであるのは間違いありません。したがって，今後，これにスポーツ界がどのように関わるのかが問われることになるでしょう。

　念のためにいえば，これまで述べたように，世界のスポーツ界をリードしてきた IOC が，1990年以降，環境保護に積極的に取り組み，様々な施策を講じるようになってきています。それを後押ししたのが，国連環境計画（UNEP）の「環境と開発に関する国際連合会議」（UNCED，「地球サミット」）と，そこで採択された「アジェンダ21」でした。各国および関係国際機関が実行すべき行動計画であり，そのための人的・物的・財政的資源のあり方や，国境を越えて地球環境問題に取り組むことを規定したそれが示すのは，21世紀に向けた持続可能な開発＝持続可能な社会の実現です。

　したがって，IOC をはじめとする世界のスポーツ界は，それをさらに加速させ，「パリ協定」の掲げる目標達成に向けて様々な取り組みや施策を展開するよう求められることになるでしょう。

2 環境優先思想の確立と施設建設

　そうした時，まず必要なのは環境優先思想の確立であると考えますが，どうでしょう。それを，スポーツ界においても実行していく必要があります。これが確立されていれば，ゴルフ場造成やスキー場開発も，あれほどまでに無謀かつ無計画には行われなかったはずです。

　それにもまして必要なのが，自然に関わるスポーツ以上に，環境問題などに配慮してこなかった施設建設を見直していくことではないでしょうか。それに

▷1　COP21 および「パリ協定」の詳細については，環境省の HP（http://www.env.go.jp）を参照。

▷2　「教えて！パリ協定1」『朝日新聞』（2016年2月10日付）。

関して、国際的には、国連のユネスコ（UNESCO）が1978年11月21日に採択した「体育・スポーツ国際憲章」が、第5条第3項で「…農村や都市の開発計画は体育・スポーツの施設、設備、用具に関して長期的必要への対策を含むことが必須である」と述べています。また、次項で紹介する、IOCの環境政策の根幹にある「オリンピックムーブメンツ　アジェンダ21」も、競技施設に関して「既存施設を修理しても使用できない場合に限り、新しくスポーツ施設を建造することができる」と規制の姿勢を明確にしています。この点を、スポーツ界を挙げて今一度確認することが必要ですし、具体的な規制方法を検討していかねばなりません。

人類は誕生以来、自然に働きかけ自然を加工することによって生活の糧を得、新たな科学や技術、文化などを創出し発展させてきました。そして、それがまた、より大規模に自然を加工するという循環をもたらし、人々の生活をより豊かにしてきたのです。スポーツの発展もまた、そうした循環の中に位置づけてとらえる必要があります。その意味で、「パリ協定」の遵守と実行はスポーツ界に課せられた大きな課題であるといってよいでしょう。

③ 求められるカーボンマイナス・スポーツという考え方

そうしたときにヒントになるのが、「カーボン・オフセット」という考え方ではないでしょうか。それは、日常生活や経済活動においてCO_2（＝カーボン）など温室効果ガスの排出を可能な限り抑制するとともに、不可能な部分については、排出量に見合った削減活動に投資することで埋め合わせるというものです。

スポーツに引き寄せていえば、オリンピックのようなスポーツイベントの招致・開催にあたって、施設建設、開催時の運用や関係者・観客の移動や宿泊、施設撤去などに関連して発生するCO_2排出量を算定し、その削減に最大限努めた上で、不足分については何らかの形で埋め合わせることを計画に盛り込み、実行することになります。そうした、CO_2排出削減に積極的に取り組むスポーツを、「カーボンマイナス・スポーツ」と定義したいと思います。

念のためにいえば、それは、既存のものを全面的に否定し、それに対抗するまったく新たな種目や競技を考案するといったことは意味しません。むしろ、現状を分析し問題点を明らかにして改革・改善していくことのほうがより必要かつ現実的ですし、そうした意味で「カーボンマイナス・スポーツ」をとらえたいと思います。それは、すでに国際サッカー連盟（FIFA）のワールドカップ・サッカー2006年大会で導入されており、「パリ協定」締結後の今日、それが標準になっていくのは間違いありません。持続可能な社会実現のために、人的・物的・財政的資源をいかにコントロールしつつ開発していくのか、スポーツ界もまた、そうした世界的動向に参画すべく取り組まねばならないのです。

（等々力賢治）

▷3　中村敏雄・出原泰明・等々力賢治（1988）「体育・スポーツ国際憲章」『現代スポーツ論』大修館書店、237-241頁、の全文を参照。

▷4　「オリンピックムーブメンツ　アジェンダ21」の日本語訳は、JOCのHP（http://www.joc.or.jp/eco/pdf/agenda21.pdf）を参照。

▷5　この点については「海外におけるカーボン・オフセットの取組事例の紹介」（http://www.env.go.jp/earth/ondanka/mechanism/carbon…/ref02.pdf）を参照。

おすすめ文献

†等々力賢治（1993）『企業・スポーツ・自然』大修館書店。
†環境庁地球環境経済研究会編（1990）『地球環境の政治経済学』ダイヤモンド社。
†田中則夫・増田啓子編（2005）『地球温暖化防止の課題と展望』法律文化社。

第Ⅲ部　社会からスポーツを倫理する

12　スポーツと環境の倫理学

 持続可能な社会とこれからのスポーツ

❶　「オリンピックムーブメンツ　アジェンダ21」と「リオ宣言」

　すでに述べたように，1990年以降，IOC は環境保護に積極的に取り組み，矢継ぎ早に環境政策・対応を打ち出しました。

　その中でも注目されるのが，1999年6月に開催された第109次 IOC 総会（ソウル）で採択され，同年10月の「第3回 IOC スポーツと環境世界会議」（リオデジャネイロ）で承認された「オリンピックムーブメンツ　アジェンダ21」であり，同会議で採択された「リオ宣言」です。それらが，以後の IOC の環境政策を規定してきたからにほかなりません。

　前者は，スポーツ界における環境保全の基礎的な概念と実践活動を規定したものです。そこでは，「オリンピックムーブメントによる全ての活動は，環境に充分に配慮しつつ，持続可能な開発の精神に則り，環境教育を推奨し環境保護の一助となる活動をしなければならない」とされています。そしてさらに，それを踏まえた上で，例えば「屋外で行う競技のいかなる施設，特に自然を活かしたスポーツは，環境に有益でなければならない」し，競技施設に関しても「既存施設を修理しても使用できない場合に限り，新しくスポーツ施設を建造することができる」といったように，環境保全の具体的方法が定められています。

▶1　JOC の HP には，「IOC スポーツと環境マニュアル」（http://www.joc.or.jp/eco/pdf/ioc_sportsandeco_manual.pdf）と題する，さらに具体的な方法が記述されているので，参照。

　また，前者を実効あらしめるために採択された「リオ宣言」は，実施を監視するとともに報告書の提出を義務づけており，オリンピック招致に立候補した都市は，IOC と国連環境計画に対して「環境条項」を結ばねばなりません。その主要な内容は，(1)都市計画や環境保全のための規制を満たしている旨の保証書の提出，(2)公共機関による環境影響評価の実施，(3)当該地域の環境 NGO からの意見表示などです。

❷　アジェンダ21が示す持続可能な社会

　「オリンピックムーブメンツ　アジェンダ21」採択後最初の大会であった2000年の第27回シドニー大会は，「オリンピック史上もっとも緑あふれる大会」として喧伝されました。日本オリンピック委員会（JOC）の HP によれば，同大会組織委員会（SOCOG）は，大会開催までに同国内に200万本以上の植林，低公害車の利用，環境に配慮した製品の作成，太陽電池の積極的使用，温暖化

▶2　「スポーツと環境 オリンピック大会組織委員会の環境保全活動」（http://joc.or.jp/eco/olympicgames.html）（2016年3月12日閲覧）

ガス排出削減措置の導入,さらに,オリンピックの環境利益の最大化や大会期間中の廃棄物管理のビジョンと基準の設定など,多岐にわたって環境保護・問題に取り組みました。また,2006年の第20回冬季大会の開催都市であったトリノ市は,大会期間中の電動バス導入や地元企業への財政補助などで,コジェネレイション事業を推進したのでした。

そうした各種の取り組みは,その後の大会でも引き継がれ,オリンピック報道の中で取り上げられたりしていますので,記憶している人もいるかもしれません。

それはさておき,以上のようなIOCの変化と取り組みを強力に後押ししたのが,1992年に国連環境計画がリオデジャネイロで開催した「環境と開発に関する国際連合会議」,いわゆる「地球サミット」であり,そこで採択された「アジェンダ21」でした。それは,21世紀に向けて持続可能な開発=持続可能な社会を実現するために,各国および関係国際機関が実行すべき行動計画であり,そのための人的・物的・財政的資源のあり方や,国境を越えて地球環境問題に取り組むことを規定したものです。

▷3 「CO_2対策はもう本番」『朝日新聞』(2006年2月3日付)。

③ スポーツ界の積極的関与が求められている

環境保全においてとるべき行動を定めた「アジェンダ21」は,その実施を担う主体として女性や青年,自治体や産業界などとともに非政府組織(**NGO**)を挙げ,その役割の強化を掲げています。したがって,IOCの果たすべき役割が注目されるのは当然のことながら,わたしたちスポーツ実践者・愛好者を含むすべての関係者にも,環境保全を意識した自覚的で,しかも環境負荷という点では抑制的な実践や取り組みが求められているのを忘れてはならないでしょう。

その影響が,例えば,エンジンの爆音とスピードを売り物に,大量のガソリンを消費し大量のCO_2を排出するモータースポーツの最高峰であるF1やインディカーレースにおいてもバイオ燃料使用という形で現れています。このように,スポーツ界における自然環境保全の取り組みも次第に広がりをみせつつあるのですが,反面,2020年オリンピック・パラリンピック東京大会招致決定後の新国立競技場の建設をめぐって,巨額費用が当たり前であるかのごとき姿勢や状況は,それを頭から否定するものであるといわざるをえません。先に紹介した「オリンピックムーブメンツ アジェンダ21」が具体的に定める,競技施設の建設に関する一節をあらためて想起すべきでしょう。

本章で繰り返し述べてきたように,スポーツも,よって立つ社会の動向と決して無縁ではありえず,その持続可能性に大きく依拠しています。したがって,高い情報発信力を有し共感を集めやすいスポーツが自らの存続の大前提であり,今日の人類的課題である持続可能な社会実現に果たすべき責任と役割の大きさを自覚し,その具体的方途を,スポーツ界を挙げて探り実践していかねばならないことを銘記しておくべきでしょう。

(等々力賢治)

▷4 **NGO**
Non-governmental organizations(非政府組織)の略称であり,政府や国際組織とは違う民間の立場から,利益を目的とせずに貧困,飢餓,環境など世界的な問題に取り組む団体のこと。

▷5 「F1もバイオ燃料時代」『朝日新聞』(2007年7月4日付)。

（おすすめ文献）
†林智・西村忠行・本谷勲・西川栄一(1991)『サステイナブル・ディベロップメント』法律文化社。
†遠州尋美編著(2010)『低酸素社会への選択』法律文化社。
†岩渕孝(2010)『「有限な地球」で』新日本出版社。

第IV部 スポーツを守るために

第Ⅳ部　スポーツを守るために

13　人物から学ぶスポーツ倫理学

クーベルタンの オリンピズム

1　近代オリンピック創設の要因

　ピエール・ド・クーベルタン（Pierre de Coubertin, 1863-1937年）は，1863年にパリで生まれました。1894年に31歳で近代オリンピックを創設し，1896年からは国際オリンピック委員会（IOC）の会長を務めます。その後，1925年にIOC会長を辞任し，1937年にジュネーブで74年の生涯を閉じました。
　ところで，いったい何がクーベルタンを近代オリンピックへと導いたのでしょうか。答えは簡単ではありませんが，ここでは次の3点を挙げておきます。すなわち，(1)幼少期における普仏戦争（1870-71年）とその後の「血の一週間」[1]との遭遇，(2)古代オリンピックを含む古代ギリシャ・ローマ史への強い関心，(3)イギリスのパブリック・スクールで行われていた生徒たちによる自主的なスポーツ活動への注目です。

2　オリンピズムへの無理解との闘い

　近代オリンピック大会は，1896年の第1回アテネ大会を皮切りに，現在まで約120年の歴史を積み重ねてきました。しかし，近代オリンピックは創設者クーベルタンの意図を理解しないまま，世界初の単なる国際総合スポーツ大会として始まってしまいました。古代オリンピックを支えたカロカガティア（美にして善）とエケケイリア（休戦協定），スポーツと文芸の融合といった古代ギリシャ[2]の思想をベースにしつつ，近代スポーツの力を取り入れた教育改革を地球上で展開し，これによって平和な世界を構築するというオリンピズム（オリンピックの理念）は，当時の人々には十分に理解されなかったのです。
　「（第1回大会の）アテネでは，いわば歴史の衣をまとって仕事を運んだだけだった。会議も講演もなければ，精神的あるいは教育的なものへ目を向けることもまったくなかった。アテネ大会の直後に私が向かったのは，自分がとった行動に知的かつ哲学的な性格を呼び戻し，IOCにスポーツ団体以上の役割があることを直ちに示すことだった」[3]。
　この問題に直面したクーベルタンは，アテネ大会の翌年から，オリンピズムについて議論するオリンピック・コングレスという会議を不定期に開きます。彼にとってオリンピックとは，オリンピズムという教育的かつ平和的な理念を，身体・知性・道徳・芸術という観点から多面的に議論し，かつ行動していく

▷1　プロイセンの支援を受けたヴェルサイユ政府軍と，普仏戦争敗北後にパリで樹立した自治政府との激戦（1871年5月21-28日）。

▷2　ここでは，古代オリンピックの基礎が固まった前古典期から古典期（BC8世紀前半-BC4世紀末）にかけてのギリシャをさす。大小様々なポリス（都市国家）が分立する一方，ギリシャ全体には言語・宗教・生活習慣を基盤とした同一民族意識が広がっていた。この時期に生まれたギリシャ文化は近代ヨーロッパ社会の基礎となった。Ⅲ-10-2を参照。

▷3　Coubertin, P. de (1931). *Mémoires olympiques*, Bureau International de Pédagogie Sportive, p. 44（＝ディーム，C. 編／大島謙吉訳（1976）『オリンピックの回想』ベースボール・マガジン社，49頁）.

ムーブメントであり、したがってこれを単なる国際総合スポーツ大会だけに終わらせるわけにはいかなかったのです。

③ 「無知」への危機意識と「知の飛翔」

1925年、クーベルタンは約30年務めた会長職を辞し、IOCから身を引きました。ここで注目しておくべきことは、その直後に**万国教育連盟**という新たな国際組織を立ちあげ、戦争の要因と平和に向かう教育学の方向性とを改めて示した点です。次に引用する近代オリンピック創設直後に述べた言葉と万国教育連盟での主張とを併せて読むと、クーベルタンがオリンピズムへの無理解との闘いを、IOC会長辞任後も続けようとしていたことがわかります。

「他人・他国への無知は人々に憎しみを抱かせ、誤解を積み重ねさせます。さらには様々な出来事を、戦争という野蛮な進路に情け容赦なく向かわせてしまいます。しかし、このような無知は、オリンピックで若者たちが出会うことによって徐々に消えていくでしょう（1894年）」。

「人類誰もが自らの無知を認識せずに、自己に満足しながら自らの論理に基づいて突き進んできた。／ある地域を調査したいが、ピッケルを手に頂上を目指してゆっくりとよじ登る時間の余裕がない時は、その上空を飛べばよい。教育は今後、登山家である代わりに飛行機にならねばならない（1929年／1926年）」。〔下線は筆者による。〕

「無知」とは、単に知識がないことではなく、自分という枠の外に存在する多様な世界に目を向けようとしない精神状態のことです。戦争につながるこのような「無知」の状態に、クーベルタンは強い危機感を抱いたのでした。そこで彼は4年に一度、世界中の若者たちがスタジアムに集い、自分の枠の外に無限の世界が広がっていることを認識し合えるような機会を定期的に設けるために、近代オリンピックの制度を創ったのです。多様な世界を俯瞰的に眺めさせるこのような近代オリンピックの見取り図は、無限の知識からなる山々の上空を飛んで全体を見渡す「知の飛翔」という考え方に支えられていました。

近年、体育やスポーツに関わる様々な問題が顕在化してきました。柔道の授業での生徒の死や人間ピラミッドによる大怪我、高校運動部員の自殺、柔道全日本代表監督らによる女子選手への暴力、オリンピック金メダリストによる準強姦など、枚挙に暇がありません。決して見逃すことのできないこれらの問題が体育・スポーツ界に広がっている理由のひとつに、自分の専門以外のスポーツや領域については口を閉ざす私たちのおかしな慣習があります。「おかしい」と感じたことを素直に「おかしい」といえない雰囲気がはびこる日本の体育・スポーツ界には、今、自分の専門以外の事柄に対する判断力の基礎となる「生きた教養」が不可欠です。「知の飛翔」に支えられたオリンピズムは、この意味において強く倫理的価値を帯びているといえるでしょう。

（和田浩一）

▷4 和田浩一（2016）「オリンピックのはじまりとクーベルタン」日本オリンピック・アカデミー編『JOAオリンピック小事典』メディア・パル、18頁。

▷5 万国教育連盟 Union Pédagogique Universelle（1925-30年）。ローザンヌを中心に活動した小さな組織。

▷6 Coubertin, P. de (1894). «Les Jeux Olympiques : discours de M. de Coubertin». *Le messager d'Athènes*, 42 : 307.

▷7 Coubertin, P. de (1929/1926). «Les assises de la doctrine nouvelle»／«Message par radio transmis à l'occasion de l'inauguration des travaux de l'Union Pédagogique Universelle», *Union Pédagogique Universelle*, Ⅳ：8.／Ⅰ：5.

▷8 和田浩一（2016）「歴史学から考えるオリンピック——クーベルタンが考えたオリンピズム」『体育史研究』体育史学会, 33, 37頁。

▷9 神里達博「プライドと教養の復権を」『朝日新聞』2015年12月18日付）。

おすすめ文献

†和田浩一（2012）「オリンピック・ムーブメントと世界平和——ピエール・ド・クーベルタンと嘉納治五郎の教育思想を中心に」新井博・榊原浩晃編著『スポーツの歴史と文化——スポーツ史を学ぶ』道和書院, 125-140頁。

†山本徳郎（2013）『教育現場での柔道死を考える』かもがわ出版。

†J. オルテガ・イ・ガセット／井上正訳（1996）『大学の使命』玉川大学出版。

第Ⅳ部　スポーツを守るために

13　人物から学ぶスポーツ倫理学

 嘉納治五郎
——精力善用・自他共栄

1　嘉納治五郎の功績

　江戸末期に生まれた嘉納治五郎（1860-1938年）は，東京大学卒業後，長らく東京高等師範学校（現・筑波大学）の校長を務めた教育者です。大学在学中に，江戸期来の「柔術」を自ら修行し，1882年，「日本傳講道館柔道」（以下，柔道）を興しました。以後，柔道を広く国民に普及させることを目的に考究を続け，体系づけました。1889年には，嘉納は当時の文部大臣であった榎本武揚ら多数の公人の面前で「柔道一斑並ニ其教育上ノ価値」と題する講演を行い，柔道には「体育・勝負・修心」という3つの価値があると述べています。簡単にいうと，「体育」とは身体の強化・発達・実用化に関する価値であり，「勝負」とは武術としての価値であり，「修心」とは知育・徳育面についての価値です。その後も嘉納はこの価値体系論に基づいて柔道を発展させ，さらに後述のように，「精力善用」「自他共栄」という人生訓を打ち出すことになります。

　また，嘉納は様々な流派が存在していた柔術をまとめるべく，技術やルールの標準化を行います。例えば，日本の武術（のちの武道）界を統率していた大日本武徳会の柔術部門における国内初の試合ルール（武徳会柔術試合審判規程）の策定（1899年）や形の統一（1906年）の際，リーダーシップを発揮します。このような嘉納の働きによって「柔術」は次第に「柔道」に統合されるようになり，またその後，他の武術も剣道や弓道のように「道」と名乗るようになっていきます。

　さらに嘉納は，1909年にアジア初の国際オリンピック委員に就任し，競技運動（スポーツ）の世界的普及に助力する一方で，日本発祥の柔道を欧米に広める活動を展開します。また，1936年にはアジア初の開催となる東京オリンピック（1940年）の招致に成功し，同時期に柔道独自の「世界連盟」構想を打ち出しますが，残念ながら，いずれも第2次世界大戦が迫る情況で頓挫します。しかし，嘉納の遺志は受け継がれ，戦後，蒔かれた種が花開くように「東京オリンピック」も「国際柔道連盟」も実現することになります。

2　人生哲学・道徳としての「精力善用」と「自他共栄」

　さて，先述のように，嘉納は当初から柔道の教育的価値を説いていましたが，大正期には人生哲学・道徳としての柔道をより強調するようになります。それ

▷1　武士の教養科目のひとつでもあった柔術は，江戸末期には200流派近くが存在していたとされるが，明治初期には欧化主義の影響もあり表面的に衰退していた。

▷2　この講演は，武術の学校体育への正科採用について文部省から諮問された体操伝習所が，1884年に「不適当」であると結論づけたことに対する嘉納の反論であったといわれる。寒川恒夫（1994）「「柔道一斑並ニ其教育上ノ価値」講演にみる嘉納治五郎の柔道体系論」『講道館柔道科学研究会紀要』7：1-10頁。

▷3　「標準化」とは，柔術が有する様々な技術や行い方を合理的にまとめる意味。

▷4　「大日本武徳会」は1895年に設立され，皇族を総裁におき，官僚・警察・軍等の上級官吏が主導した全国的な武術団体であった。

▷5　イギリスを中心としたヨーロッパにおける柔道普及については次の文献を参照。永木耕介（2011）「ヨーロッパにおける柔道普及と柔道世界連盟構想」生誕150周年記念出版委員会編『嘉納治五郎——気概と行動の教育者』丸善出版，188-201頁。

▷6　東京オリンピックは1964年に開催され，日本発祥のスポーツ種目として「柔道」が初採用された。一方，「国際柔道連盟」は1951年，欧州を中心に結成

を集約する言葉（標語）が，「精力善用」と「自他共栄」でした。

「精力善用」は，柔術時代の「柔よく剛を制す」という戦いの方法原理に基づいています。「柔よく剛を制す」とは「相手の力に柔らかく対応して相手を制する」ということですが，嘉納はそれをより合理的な「力の最適な使用法」と再定義し，さらにその力は「善いこと」へ向けて用いなければならないと道徳性を与えたのです。

図1　嘉納直筆の「精力善用」「自他共栄」

(出所：講道館)

「自他共栄」は，文字どおり「自己と他者が共に栄えること」を意味しますが，「精力善用」の「善」を目的化するものでもあります。嘉納は「社会生活を営みながら精力を最善に活用しようと思えば，相助け相譲り自他共栄するということが必要になってくる。そうして道徳の根本原理はここから生じてくるのである」とし，「自他共栄という善行のために精力を最有効に用いること」が理想であるとします。つまり，「精力善用」と「自他共栄」は，「善行」という道徳的次元において固く結びついています。

また嘉納は，「精力善用」は「自己充実の原理」，「自他共栄」は「融和の原理」であると区別します。例えば，「人が社会生活をしている以上は，一人がおのれの栄を得んと努力する場合，他の人の同様の努力と衝突することがある，そういう場合に，双方が自分の考え通りに行動すれば，双方の力が協同することが出来ず，互いに破壊し合うことになる。(中略)それゆえに，衝突を避けて，協調を求めなければならぬ。この協調は自他共栄主義でなければ達せられぬのである」と述べているように，「精力善用」は個の次元の問題であり，「自他共栄」は社会的次元の問題であるとします。

3　世界融和の原理——「自他共栄」

そして嘉納は，「自他共栄を主義とすれば，国際の関係もさらに円満になり，人類全体の福祉も増進することと確信する」と述べています。これはオリンピックを主導したフランスのクーベルタンがスポーツを通じて求めた世界平和の理念とかなり共通しています。

スポーツマンシップやフェアプレイは，西洋で培われ世界に広がった優れた精神文化ですが，嘉納は，柔道を通じて導き出された「自他共栄」をひとつの社会道徳として世界に広げることで，"スポーツ"全体がもたらす理想と社会的貢献をさらに高めることを望んでいたと思われます。

（永木耕介）

され（日本は翌年に参加），当初は17カ国だったが，今日では約200の国・地域が加盟している。
▷7　嘉納治五郎（1926）「柔道の発達　新日本史4」講道館監修（1987）『嘉納治五郎大系2』本の友社，30頁。
▷8　嘉納治五郎（1936）「柔術と柔道との区別を明確に認識せよ　柔道7(2)」講道館監修（1987）『嘉納治五郎大系1』本の友社，71頁。
▷9　嘉納治五郎（1929）「精力善用と自他共栄との関係について　作興8(9)」講道館監修（1987）『嘉納治五郎大系9』本の友社，86-87頁。
▷10　嘉納治五郎（1925）「自他共栄に対する種々の質問について　作興4(5)」講道館監修（1987）『嘉納治五郎大系9』本の友社，23頁。
▷11　嘉納治五郎（1925）「なにゆえに精力最善活用・自他共栄の主張を必要とするか　作興4(12)」講道館監修（1987）『嘉納治五郎大系9』本の友社，69頁。
▷12　嘉納がオリンピック委員に就いたのは，もともとクーベルタンがアジアにおける委員を探していたのがきっかけである。二人は年齢も近く，その生涯には洋の東西を超えた運命的なものが感じられる。

おすすめ文献

†村田直樹（2001）『嘉納治五郎師範に学ぶ』日本武道館。
†生誕150周年記念出版委員会編（2011）『嘉納治五郎——気概と行動の教育者』丸善出版。
†菊幸一編著（2014）『現代スポーツは嘉納治五郎から何を学ぶのか』ミネルヴァ書房。

第Ⅳ部　スポーツを守るために

13　人物から学ぶスポーツ倫理学

3　アーノルドとアスレティシズム

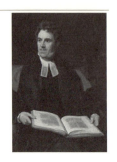

1　「ラグビー」という名前の由来

　2015年のワールドカップで日本が強豪南アフリカを破り「スポーツ史上最大の番狂わせ」といわれ，にわかに人気の高まったラグビー――実はこのラグビーというのはイングランド中部の州にある小さな田舎町の名前だということはほとんど知られていません。

　ラグビーというスポーツの発祥については，様々な説があります。中でも有力な説が，19世紀初めの1823年，この町にあったパブリック・スクールのラグビー校（Rugby School）で学んでいたウィリアム・エリス（William W. Ellis）という少年が，フットボール（サッカーの源流）の試合中に，熱中のあまりボールを手に抱えてエンドラインまで走っていったというものです。この説の真偽はさておき，なぜイングランドの田舎町の「ラグビー校」で生まれたスポーツが世界中に波及し，かくも熱狂する人々が多くなったのでしょうか。それは，ラグビー校の教育を一躍全国区にしたトマス・アーノルド（Thomas Arnold, 1795-1842年）という傑出した人物と，そういったパブリック・スクールの教育から生まれた団体競技に人格形成といった教育効果を認めるアスレティシズム（athleticism）という考え方があったからなのです。

2　トマス・アーノルドとラグビー校の改革

　敬虔なクリスチャンで，司祭の資格ももっていたアーノルドは，1828年，33歳の時にラグビー校校長に就任しました。アーノルドが校長になった当時のパブリック・スクールには，貴族の子弟などいわゆるエリートたちが将来の「紳士（ジェントルマン）」になるべく多数入学していました。しかし，当の本人たちは思春期の真っ只中にいて日々のエネルギーをもて余している上に，怖いもの知らずの貴族のお坊ちゃんということもあって，他人などお構いなく，自分たちだけがその日をいかに楽しく過ごすかということで毎日を過ごしていました。その結果，当時のパブリック・スクールの教育は，往々にして無秩序で，とても教育現場だとはいえないほどひどい状態になっていました。アーノルドはその荒廃した状況をただすためにも，彼の専門であったキリスト教を持ち込み，「**クリスチャン・ジェントルマン**」の育成を目指しました。

　彼はラグビー校の校長になるや否や，それぞれの生徒にふさわしい役割を与

▷1　I-1-4 の▷2を参照。

▷2　I-1-1 の▷8を参照。

▷3　キリスト教の本質は，現世における神の意志を実現することである。そのため，信者は，規律ある生活態度を基本として，神から与えられた使命（役割）に対して，やりたいこともやらず（禁欲），一心不乱に集中（専心）することを要求される。

▷4　クリスチャン・ジェントルマン
クリスチャンであると同時にジェントルマンである，という意味である。つまり，一心不乱に何かに集中しつつ，その振る舞いは品性あふれる立派なものであること。

え，それに一生懸命専心させようとしました。そのために彼がまず行ったことは，生徒を心から信頼し，彼ら一人ひとりが立派なジェントルマンであるように扱うことでした。ジェントルマンにふさわしい態度や行為を行った者には惜しみない賛辞を送りました。逆にそうではない者には厳しい徹底的な態度をとりつつ熱心な指導を行いました。

同時にアーノルドは，スポーツ，特に団体競技のもつ「規律」に目をつけました。すでに当時のラグビー校でも団体競技は盛んに行われていましたが，競技に熱中するあまり，目に余る行動をしてしまう事例が後を絶ちませんでした。そこで，アーノルドは，団体競技をやりたければルールをしっかりと遵守することを彼らに要求しました。ルールを立派に守って勝利することこそが素晴らしいのであって，そうでなければ，たとえ競技に勝ったとしても称賛に値しない。このような立場を貫くことで，その価値観は次第に生徒に浸透していき，その結果，生徒たちは社会性や協調性を身につけていきました。

▷5 ここでいう団体競技とはチーム・スポーツのことである。当時行われた団体競技は，ボートやフットボール，クリケットが多かった。

③ アーノルドの教育の伝播──アスレティシズムと筋肉的キリスト教

アーノルドの薫陶を受けた生徒たちは，その後オックスフォード大学やケンブリッジ大学などの有名大学へ進学し，さらには社会の様々な場面で活躍することになります。その一人が当時のベストセラー作家**トマス・ヒューズ**（Thomas Huges）です。彼はアーノルドの死後から15年たった1857年，自らのラグビー校での生活をモデルに『トム・ブラウンの学校生活（*Tom Brown's School Days*）』という本を著しました。そこでは，アーノルドの人となりやその教育理念，ラグビー校での団体競技を通した少年たちの精神的成長などの様子が，フィクションながらもつぶさに描かれていました。この本が契機となって，パブリック・スクールのみならず，そうでない学校もこぞってアーノルドの教育を模倣していきました。これがアスレティシズムとラグビー（のみならず他の団体競技も）が一気にイギリス全国に広がっていった理由のひとつです。

その思想的背景となったものが，筋肉的キリスト教（muscular Christianity）と呼ばれるひとつの**教育イデオロギー**です。彼らは自らの肉体を神から与えられた道具ととらえ，神の意志を実現するためには，その道具である肉体を徹底的に鍛えあげること，いわゆる「男らしさ」を追求することであると考えます。そしてそれを弱者の保護や正義の促進のために使う，それこそアーノルドが求めた真のクリスチャン・ジェントルマンに他ならないと考えたのです。

19世紀から20世紀にかけては大英帝国が非常に多くの植民地を獲得した時代であり，その植民地経営の担い手は，パブリック・スクールで学んだエリートたちでした。彼らは植民地経営の際，積極的に本国の教育システムを導入していきました。そうして，アスレティシズムとラグビーなどの団体競技は，植民地に輸出され，全世界に波及していくことになったのです。

（宮島健次）

▷6 トマス・ヒューズ
1822年に生まれ，1834年からアーノルドが校長を務めたラグビー校に通った。その後オックスフォード大学オリオル・カレッジに進み，1848年にはジョン・モーリスが進めるキリスト教社会主義運動に身を投じた。キリスト教社会主義運動とは，キリスト教の教えと精神に基づいた共同社会の実現を目指した思想運動である。

▷7 教育イデオロギー
教育のあり方を決定する根本的なものの考え方。

おすすめ文献

†井村元道（1993）『英国パブリック・スクール物語』丸善ライブラリー。
†トマス・ヒューズ（1952）『トム・ブラウンの学校生活』上・下，岩波文庫。
†村岡健次（1980）『ヴィクトリア時代の政治と社会』ミネルヴァ書房。

13 人物から学ぶスポーツ倫理学

4 人見絹枝──競技者であること，日本人であること

1 人見絹枝の生涯

　人見絹枝は，1907（明治40）年1月1日，岡山県御津郡（現・岡山市）に生まれました。岡山県高等女学校在学中はテニスの選手として活躍しますが，陸上競技でも才能を発揮し，女学校卒業後は母校の校長の勧めで東京の二階堂体操塾に進学します。その後，京都市立第一高等女学校で教員を務めた後，大阪毎日新聞社に入社します。ジャーナリストとして働く傍ら，選手として国内外の大会に参加し，100メートル，200メートル，走り幅跳びで世界記録を残したほか，1928年には女子陸上競技がはじめて開催されたオリンピック・アムステルダム大会で女子800メートルで準優勝し，日本人女性初のオリンピックメダリストとなりました。その後，選手として活動を継続しながら講習会や各種の講演などをこなし，非常に多忙な生活を送ることになった人見は，1931（昭和6）年3月に喀血して入院し，同年8月2日，24歳の若さで亡くなりました。

2 女子スポーツに対する考え

　自身の勝利に対して強いこだわりを見せた人見ですが，女子スポーツ全般においては，記録よりも国民の体格を改善することの方がより重要であると指摘しています。これは，当時の女子体育指導者の多くに共通する認識といえます。また，当時，女性がスポーツを行うことに対しては「女性らしさを奪う」と批判も多かったことから，競技時の服装は「女子の選手」として恥ずかしくない上品なきれいなものを身につけるべきであり，競技場においても作法を重んじ，女性競技者が「女性らしくない」と批判されることは避けなければならないと指摘しています。また，新聞や雑誌で女子選手が取りあげられるようになっていることにふれ，その記事が往々にして扇動的であることを批判しつつ，選手はそのような記事に対して動じない強い意志をもつことと**修養**が必要であるとしました。

3 人見絹枝のスポーツ倫理観──「勝利への重圧」と「大和魂」

　「国のため」に自身の勝利を追い求めた人見ですが，彼女が感じていた重圧の一部を彼女の著作から読み取ることができます。第2回万国女子オリンピック大会で出会ったリトアニア選手団が，母国の体育会長から「勝たなくてもい

▷1　人見の卒業した二階堂体操塾の塾長であった二階堂トクヨは，当初女子が競技スポーツを行うことに批判的であり，体操を通して身体改善を行うことを重視していた。また，オリンピック・アムステルダム大会を現地で視察した女子体育指導者の藤村トヨも，自身の著作『学校体育論』において，競技会で重要なのは，点数や記録よりも，選手や一般国民の体格や体力を中心に身体づくりを重視することであり，それが真の進歩であるとしている。
▷2　春日芳美（2013）『日本の女子中等教育における「体操科」の展開と「女子体育論」の諸相──明治後期から大正期における女子体育振興方策に着目して』早稲田大学出版部。
▷3　人見絹枝（1929）『戦ふまで』三省堂。
▷4　**修養**
精神を磨き人間性を高めること。新渡戸稲造（2002＝1913）『修養』タチバナ教養文庫を参照。
▷5　女子陸上選手として元50メートルの日本記録保持者であった寺尾正，元100メートルの日本記録保持者であった文姉妹は，人見と同時期に活躍していたが，加熱する報道を心配した両親の意向によって競技を引退している。

い」といわれたという話を挙げ,「私は,自分の身に引比べて涙がにじむのを覚えた」と表現しています。国の代表として,また世界記録をもつ身として常に勝つことを求められた人見が感じていた重圧が垣間みえます。

人見の「国のため」という考えがもっとも強く表れた場面のひとつが,銀メダルを獲得したオリンピック・アムステルダム大会であるといえるでしょう。メダルを確信していた100メートルにおいて予選での敗北を喫した人見は,このままでは日本の地を踏むことができないとして,「死の覚悟」をもって未経験の800メートルに出場しました。このときの「死闘」の末の勝利によって,人見はようやく国家の代表としての責任を果たし,体格で西洋人に劣る日本人が,「大和魂」によって彼らと互角以上に戦い得るという精神論を体現することとなりました。

❹ 競技者であること／日本人であること

オリンピック・アムステルダム大会で勝利した人見は,帰国後に選手からの引退を考えますが,各種の講演会や他の女子選手の育成と並行して,競技を続けることになります。1930年,プラハで行われた第3回万国女子オリンピック大会に,資金調達に苦労しつつも何とか日本チームとして出場しますが,この大会の後,人見は大きな失望と苦悩を抱えることになりました。チームとして総合4位,人見は個人で準優勝という結果にある程度満足して帰路につきましたが,その彼女たちのもとには,結果に対する不満や中傷の手紙が届けられたのです。人見は,「あれだけやっても世間の人々は満足してくれなかったのか」「誰が何と言ってなぐさめてくれても,もう私はこの傷つけられた心はもとのようにはならない。何が故国ぞ!」とこの時の思いを記述しています。「国のため」と競技を続けてきた人見の中で,競技者であることと「日本人」として国を代表することは強く結びついていましたが,この時,そのアイデンティティは大きく揺らいだと考えられます。人見が亡くなったのはこの翌年,アムステルダムでの銀メダルから3年後のことでした。

現在もなお,各種の国際競技大会において「人々は代表選手のパフォーマンスに一喜一憂し,彼ら／彼女らの身体を媒介として自らの国民的プライドを獲得しよう」します。私たちがスポーツの代表選手を通して「日本人」という存在を想像する時,彼らに過剰な期待を向けていないかということを再度考えてみる必要があるでしょう。

(春日芳美)

▷6 人見の著作には,しばしば「国のため」という言葉が出てくるが,果たしてこれが人見にとって心からの言葉であるのかどうかを一部の著作から判断することは難しいといえる。自覚的かどうかは別として,国を代表する選手として公式に発言された言葉が一種の「お手本」的なものとなることは想像に難くない。当時の状況をよく検討して考察する必要がある。

▷7 万国女子オリンピックは国際女子スポーツ連盟(FSFI)によって行われた大会で,国際オリンピック委員会(IOC)の主催するオリンピック大会とは別の大会である。1934年の第4回大会まで行われた。

▷8 人見絹枝(1994)『スパイクの跡／ゴールに入る——伝記・人見絹枝(伝記叢書154)』大空社。

▷9 有本健(2004)「故郷／経路 人見絹枝の旅と遭遇——イエテボリ,アムステルダム,プラハ」清水諭編『オリンピック・スタディーズ——複数の経験／複数の政治』せりか書房,194-216頁。

おすすめ文献

†人見絹枝(1994)『スパイクの跡／ゴールに入る——伝記・人見絹枝(伝記叢書154)』大空社。

第Ⅳ部　スポーツを守るために

13　人物から学ぶスポーツ倫理学

5　八田一朗
――「闘魂」と「根性」

1　八田一朗という「スポーツの鬼」

　わが国で，外来スポーツとしてのレスリングが，組織的かつ継続的に実践されるのは，1931年の早稲田大学レスリング部の創部を待たなくてはなりません。また，恒常的なオリンピックへの出場は，1932年の大日本アマチュアレスリング協会の創設によって可能となりました。これらを主導し，以後，レスリングの振興に中心的な役割を担ったのが，八田一朗（1906-83年）という人物です。

　1964年に開催されたオリンピック・東京大会が盛況に終わった後，作家の菊村到は，次のような一文を寄せました。スポーツには「『何が何でも勝たねばならぬ』という型と『無理することはないよ』という型とがある。どちらがいいかは別として，レスリングの八田氏のようなスポーツの鬼がいない種目はぜったい強くならない」。スポーツにおける指導の複雑さを見事に表現した，文豪ならではの語りといえるでしょう。ここでは，生涯をかけてレスリングの実践に徹し，わが国を世界の強豪国のひとつに導いた八田という人物の精神性に着目し，彼の生涯を通じた分析から指導者のあり方について考えてみたいと思います。

2　八田一朗とレスリング

　19世紀末，欧米列強が帝国主義を進展させる中，わが国もまたアジアの国や地域において領土拡大を試みました。1904年，韓国の保全を理由に日露戦争が開戦しましたが，「機関長兼分隊長」として砲艦「宇治」に乗り込んだ八田の父・重次郎らは，日本海海戦においてバルチック艦隊を迎撃し全滅させ，その勝利を決定づけたといいます。翌年の6月，八田は江田島の海軍兵学校の中で父・重次郎と母・ハルのあいだに長男として生まれました。その後，幼少期を呉，佐世保，横須賀，鎌倉といった軍港地において，軍人養成のためのエリート教育，すなわち，高い規律と上昇志向が追求される環境で育ちながらも，どこか自由人としての風を吹かせながら，人格を陶冶していきました。

　父の退役に伴い東京に移った八田は，1923年，誰にも負けない心身の養成を目的に講道館へ入門し，柔道の稽古に励みました。また，佐川春水の主幹する日進英語学校に通い，世界へ羽ばたくべく語学力を身につけていきました。1928年には早稲田大学政治経済学部に入学し，「国際法」に関心を向けていったといいます。さらに，同大学柔道部の門を叩くとすぐに頭角を現し，翌年4

▷1　戦後，日本アマチュアレスリング協会へ，さらに1995年，日本レスリング協会へと改称された。
▷2　アジア初の開催となったオリンピック・東京大会は，今日，戦後（敗戦）からの復興・国際舞台への復活を成し遂げた象徴的イベントとして認識されることがある。その理由に，わが国は，第2次世界大戦の開戦によって1940年のオリンピックの開催を返上したという苦い歴史をもつことが挙げられる。
▷3　菊村到（2014）「やってみてよかった」講談社編『東京オリンピック――文学者の見た世紀の祭典』講談社，310-314頁を参照。
▷4　厚生労働省より八田重次郎の軍歴記録による。

月，柔道の世界的普及を目的に実施されたアメリカ遠征のメンバーに選出されました。そこで八田は「Wrestling(レスリング)」なるスポーツの強さを目の当たりにすることになりました。渡米先のシアトル大学において行われた他流試合で，レスリング選手に大敗を喫したのです。これを契機に「柔道の発展のためにもレスリングを研究しなければならない」と決意を固めたといいます。以後，「柔道家からの迫害や弾圧をはねのけながら」，また，衝突を繰り返しながらも，日本レスリング史の扉が開かれていったのです。この逆境に負けず，打ち克つ強固な精神が「八田イズム」の源流といえるでしょう。

3 「八田イズム」と勝利至上主義

戦後，敗戦の空気が漂う中，どこ吹く風，兵役を終えた八田は，選手たちとともに貨物船に乗り込み，アメリカへ渡りました。遠征メンバーであった石井庄八(しょうはち)が，1952年のヘルシンキ大会において戦後初となる金メダルを日本にもたらし，敗戦によって打ちひしがれていた国民に大きな希望を与えました。また，アジア初の開催となった1964年の東京大会においても5つの金メダル獲得に導いたことで，八田自身も世間から注目を浴びることになりました。この間，八田は世界に勝つため，「闘魂」や「根性」という掛け声のもと「スパルタ式」の厳しい指導を展開しました。これを記者たちは「八田イズム」と呼称し，報道していったのです。通称「八田イズム」を伝統として受け継いだ日本レスリング界は，これまでオリンピックで多くの金メダルを獲得したと胸を張っています。一方で，批判を恐れずいえば，「八田イズム」が現代のスポーツにおける精神的側面に受け継がれた結果，勝利至上主義という価値観を生み，同時に様々な問題を生起させてきたとも考えられます。運動部活動からナショナルチームに至るまで蔓延する暴力，体罰の問題は，その一例といえるでしょう。

4 「八田イズム」から指導者のあり方を考える

スポーツと暴力の関係について，「戦中から戦後にかけてその風土やエートスがかたち作られ，継承された」と指摘されてきました。ここまでの分析で，戦前から戦後，1960年代にレスリングとともに生きた八田一朗という人物によって語られた「闘魂」や「根性」という言葉が，「わが国のスポーツ界の精神的側面において強固なイデオロギーとして一定の役割を担い」，現代スポーツの勝利至上主義的な価値観を醸成させたであろうことが示唆されました。

現代のスポーツでは，金(カネ)や名誉といった価値があまりにも肥大化してしまっているため，指導者は勝利至上主義に陥らないよう注意を払わなければなりません。単に競争を否定するのではなく，勝利を目指すことの価値と，勝利にしか価値がないとする立場との違いを，十分に認識しておく必要があるでしょう。

(長島和幸)

▷5 八田一朗(1979)『私の歩んできた道』立花書房を参照。

▷6 八田一朗(1951)『米国遠征日誌』。

▷7 檀一雄(2014)「"八田イズム"の勝利」講談社編『東京オリンピック──文学者の見た世紀の祭典』講談社，91-94頁，および『読売新聞』(1964年10月4日付朝刊)を参照。
▷8 Ⅱ-4-2 を参照。
▷9 Ⅲ-8 を参照。
▷10 友添秀則(2013)「学校運動部活動の課題とは何か」友添秀則編『現代スポーツ評論28 学校運動部活動の現在とこれから』創文企画，8-18頁を参照。
▷11 坂上康博(2001)『にっぽん野球の系譜学』青弓社，218-220頁を参照。

おすすめ文献

†講談社編(2014)『東京オリンピック──文学者の見た世紀の祭典』講談社。
†坂上康博(2001)『にっぽん野球の系譜学』青弓社。
†友添秀則編(2013)『現代スポーツ評論28 学校運動部活動の現在とこれから』創文企画。

第IV部　スポーツを守るために

13　人物から学ぶスポーツ倫理学

大西鐵之祐
―― 闘争の倫理

1　生涯貫く「荒ぶる魂」

　2016年は，大西鐵之祐（1916-95年）の生誕100年でした。大西は生涯，ラグビーと教育現場を通し，人間の本源的な教育に身を捧げました。大西の指導の一端にふれた者として，その根幹にあるものは，勝負事や他者への「リスペクト（敬意）」「愛情」「情熱」でした。

　筆者にとって忘れられないシーンがあります。大西が最後に現場の監督となった1981（昭和56）年の長野・菅平高原の夏合宿でのことです。早稲田大学ラグビー蹴球部復活を担っての大西の監督復帰でした。当時65歳。筆者は大学3年生でした。午前練習と午後練習の間，部員たちが合宿所の部屋で寝ている時，大西は小学校の教室ぐらいの食堂の隅っこで，テーブルの大学ノートに黙々と黒色のボールペンでメモを走らせていました。神々しい光景でした。

　薄暗い中，一心不乱です。歳はとっても，その集中力は凄まじいものでした。一体，何を書いていたのでしょうか。後で拝見させていただくと，大学ノートには部員のプレイの特徴と練習プラン，ラグビー専門誌の技術分析のような他大学の特徴とそれへの対応が細かく書かれていました。克明な分析メモだったのです。

　この勝負への真摯な態度こそが大西のすべてを表しています。勝負をリスペクトする。だから周到な準備，緻密な分析を怠らないのです。大西のいう「荒ぶる魂」とは，この他者へのリスペクトと情熱に他なりません。

　大西は早明戦前夜，筆者らにこういいました。「信は力なり」と。

　「魂を込めろ！　一つのパス，一つのキックに，魂を込めるんだ。そして，血の通ったボールが，十五人をひとつに繋いでゆく。これで君たちに教えることは全て終わった」。

2　闘争の倫理――葛藤を自分でコントロールできること

　大西は，1916（大正5）年4月7日，奈良県添上郡明治村出屋敷（現・奈良市）に4人兄弟の末っ子として生まれました。8歳から9歳にかけて，父母を相次いで病気のために亡くし，歳の離れた兄たちの家に居候するような生活だったそうです。1929（昭和4）年，奈良県立郡山中学校（現・郡山高校）に入学し，スポーツ好きの次兄の勧めで，陸上部に入りました。5年間，主にハードルに熱中しました。1934（昭和9）年，郡山中学校を卒業し，早稲田大

▷1　大西鐵之祐先生を偲ぶ会編（1996）『荒ぶる魂』主婦の友出版サービスセンター，96頁。
▷2　大西鐵之祐（1999）『闘争の倫理――スポーツの本源を問う』中央公論新社，92頁。
▷3　大西のアマチュアリズムとは，ただ純粋にスポーツを愛好するが故にスポーツを行うという考え方，

学第二高等学院へ進みます。三番目の兄，栄造（えいぞう）が早大ラグビー蹴球部監督に就任していたこともあって，ラグビーに転向することになりました。

大西は1939（昭和14）年，早稲田大学卒業後，東京芝浦電気株式会社（現・東芝）に就職しました。しかし，翌1940（昭和15）年1月，近衛歩兵第四連隊に入隊し，帰還する1946（昭和21）年まで，軍役に服していました。スマトラ島で過酷な戦闘を経験するなど，6年半の戦場，捕虜収容所の生活から受けた影響は大きかったようです。大西は，戦争を，人間の理性を失わせる「狂気の沙汰」と表現し，著書『闘争の倫理』でこう書きました。

　　「ぼくが闘争を，教育上いちばん重要視するのは，たとえばラグビーで今この敵の頭を蹴っていったら勝てるというようなときに，そこで，待てよ，それは悪いことだと，二律背反の葛藤を自分でコントロールできること，それがスポーツのいちばんの教育的価値じゃないかと感じるんです」。

闘争の倫理とは，「判断によらない判断以前の修練からくる正しい行動」をさすスポーツ倫理観です。「インテグリティ（高潔性）」にも近いものです。

3　独自戦法の創造とスポーツ哲学

大西は1950（昭和25）年，早大ラグビー蹴球部の監督に就任します。5年間で3回の大学日本一に早大を導きました。この間，外国チームに大敗する日本代表を目の当たりにして，独自の戦法を創造し，真の日本代表をつくるべきだと訴えました。1966（昭和41）年，日本代表の監督に就任し，日本人の俊敏性を生かした『展開・接近・連続』を掲げ，チーム強化に邁進しました。

大西は1968（昭和43）年，日本代表監督として，ラグビー王国ニュージーランドの23歳以下代表「オールブラックス・ジュニア」を敵地で破り，世界を驚かせました。1971（昭和46）年にはラグビー発祥の地のイングランドを秩父宮ラグビー場に迎え，3点差に追い詰める大接戦も演じました。試合前，大西はロッカー室で水盃を割り，こういいました。「日本ラグビーの創始者たれ」と。

大西は一方，早大で教鞭をとり，1967（昭和42）年に教授に昇格し，日本体育協会の理事，日本オリンピック委員会（JOC）のアマチュア委員長としても独自のスポーツ哲学を説きました。

大西は高潔なるアマチュアリズムを大事にしました。日本がオリンピック・モスクワ大会のボイコットを決めた1980（昭和55）年5月24日，JOC臨時総会での採決直前にボイコット反対を主張しました。「スポーツの根本原則に政府が干渉してきた。自由と民主主義，オリンピック運動を失ってはいけない」と。

大西は「人間の根源（愛）」「ナショナルリーダーの育成」「世界平和の死守」を訴えていました。大西は生前，共同通信社の記者だった筆者にこういいました。「いいか，マツ。戦争だけは食い止めろ。それがジャーナリストの使命だ」。1995（平成7）年9月19日，大西は胸部大動脈瘤により79歳で死去しました。（松瀬学）

あるいは自由な自己目的的行動を支える基本的思想。ホイジンガ，J./高橋英夫訳（1973）『ホモ・ルーデンス』中公文庫，カイヨワ，R./多田道太郎ほか訳（1990）『遊びと人間』講談社学術文庫。カイヨワなどの唱える「遊戯論」を根拠として，スポーツは遊戯の一部であり，遊戯の特性をもった非生産的非現実的自由な行動であるとした。「スポーツによる金銭的な報酬を受けるべきではない」とする五輪運動の創始者クーベルタンの考え方を支持し，遊戯の中にある楽しみを追求する思想，アマチュアリズムこそ，スポーツマンの基本的思想であるとしていた。

▷4　東西冷戦下の1980年，ソビエト連邦（現・ロシア）の首都モスクワで開かれた夏季オリンピック（オリンピック・モスクワ大会）では，日本など60カ国の西側諸国が集団不参加となった。これはソ連のアフガニスタン侵攻に抗議した米国のカーター大統領がボイコットを呼びかけ，これに日本などが応えたもの。日本のスポーツ界が政治に屈した痛恨事であり，日本スポーツ界の汚点。

▷5　松瀬学（2008）『五輪ボイコット──幻のモスクワ，28年目の証言』新潮社，216頁。

おすすめ文献

†大西鐵之祐（1999）『闘争の倫理──スポーツの本源を問う』中央公論新社。
†松瀬学（2008）『五輪ボイコット──幻のモスクワ，28年目の証言』新潮社。

さくいん
（＊は人名）

あ行

＊アーノルド，トマス 180
＊アーレント，H. 106
＊アイヒマン，A. 106
　アスレティシズム 181
　遊び 35, 82-84
　アパルトヘイト 134, 153
＊阿部生雄 38
　アボリジニ 142
　アマチュア
　　――規定 150
　　――の定義 150
　　――リズム 62, 187
　　企業―― 6
　　ステート―― 6
＊池田潔 40
　異性愛主義 116
　イデオロギー 36, 39
　　――機能 38
　　――紛争 142
　遺伝子操作技術 68
　違法カジノ事件 103
　インテグリティ 16, 102, 107, 130, 187
　　スポーツ・―― 16, 130
　　　――・ユニット 130
　　テニス・――・ユニット 104
＊ウェーバー，M. 56, 129
　運動部活動 113, 114
　エートス 23
　エケケイリア 136, 144, 145, 176
　エコロジー 169
　エチケット 44, 45
＊エリアス，N. 93
　エリスロポエチン 66
＊大西鐡之祐 186
　オープンリーグ 122
＊大村英昭 59
＊奥島孝康 126, 128
　面白さの保障 88, 89
　オリンピズム 136, 137, 145, 176
　　――の根本原則 141
　オリンピック 134

　　――と政治 135
　　――の平和 144
　　――のモットー 137
　　――の理念 136, 176
　　――・アジェンダ2020 104, 143, 161
　　――休戦 144, 146
　　――ムーブメンツ アジェンダ21 171-173
　　――・ムーブメント 137
　　――・レガシー 143
　　近代―― 134, 176
　　古代―― 136, 144
　　冬季―― 166, 167
　　ヒトラーの―― 63
　　ユース―― 105, 143
　温暖化 162, 163

か行

＊カーロス，ジョン 7
　会員権ビジネス 165
＊カイヨワ，R. 93
　格差 157
　　経済―― 156
　学生運動 7
　賭け 97
＊片岡暁夫 43
　価値の相対化 11
　学校教育法第11条 111
＊嘉納治五郎 120, 178
　ガバナンス 15, 124, 128
　　――の欠如 16
　ガバメント 124
　カロカガティア 136, 176
＊川谷茂樹 92
＊川本信正 62
　観客 100
　　――の暴動 18
　環境 13
　　――国際行動計画 167
　　――五輪 167
　　――破壊 164, 165
　　――保護 166, 167
　　――問題 13, 46, 47, 164, 167

　　――優先思想 170
　　スポーツと―― 167
＊キーティング，ジェームズ・W. 51
　機会均等 13, 21
　騎手の隔離制度 96
　規準 4
　　行為の―― 5
　規範 5, 42-44, 46
　　――的研究 10
　　スポーツの―― 12, 13
　　――倫理学 7, 12
　　スポーツ―― 13, 43
　　当為―― 21
　義務論 61
　教育イデオロギー 181
　競技概念 39
　競技者 60
　教授方略 11
　共生 133
　　――の原理 45
　競争 50, 56, 57, 79
　　――の倫理 56
　　――相手 26, 27
　　――性 79, 91
　共同の努力 57
　キリスト教 41, 180
　　筋肉的―― 41, 181
＊キングズリ，チャールズ 41
　禁欲的な倫理観 3
＊グートマン，アレン 79
＊クーベルタン，ピエール・ド 134, 136, 160, 176, 179
　愚行権 73
　グッドルーザー 58
　クラブ 113
　　――制度 122
　　――ライセンス制度 131
　敬意 27, 29
　経済差別 156
　　スポーツにおける―― 156, 157
　刑事罰 114
　ゲーム 78, 81-84

189

──中の不正行為　88
　　　──の構造　78, 79
　　　──の本質特性　89
ゲゼルシャフト　129, 132
結果主義　61
ゲマインシャフト　129, 132
＊ケリー，ウィリアム・W.　58
現代スポーツの巨大化　14
権利と義務の原則　128
権力　149
公共性　31
公正　31, 33
構造的発達理論　11
高度化　52, 62
功利主義　61
国威発揚　6, 140
国際オリンピック委員会（IOC）
　　137, 176
国際オリンピック休戦センター
　　145
国際基準　65, 71
国際刑事警察機構（ICPO）
　　104
国際スポーツ哲学会（IAPS）
　　7, 13
国際政治　134, 135, 140
国籍　155
国民国家　149
国連環境計画（UNEP）　162,
　　167, 170
国連教育科学文化機関（ユネス
　　コ：UNESCO）　147, 171
誤審　29
国家社会主義　140
孤独なボウリング　157
＊ゴフマン，アーヴィング　59
コマーシャリズム　13
ごまかし　18
コミューン　132
ゴルフブーム　164
根性　185
＊近藤良享　46
コンペティティオ　57

さ行

＊サイモン，R. L.　12
桜宮高校バスケットボール部体
　　罰事件　121
サッカーフーリガニズム　18
差別　13, 16, 148
　　　──の禁止　149
　　　──の構造　151
　　階級──　150
　　外国人──　154
　　黒人──　6, 7
　　宗教的──　154
　　女性──　6
　　スポーツにおける──　150
　　性に関わる──　158
　　民族──　13
＊サマランチ，J. A.　147
＊サルトル，J.-P.　132
参加規定　150
試合　80, 81
　　　──妨害　18
ジェンダー　13, 42
　　　──概念　116
ジェントルマン　3, 20, 180
　　クリスチャン・──　180
自己決定権　13, 75
自然環境　162
　　　──保護　142
自然破壊　13, 164, 165, 167
自然保護　166
持続可能な開発　143, 167
自他共栄　120, 178, 179
自動受諾条項　127
＊シマンク，ウヴェ　51
社会化　11
社会性　10
社会的学習理論　11
社会的カテゴリー　148
社会的包摂　156
社交性　129
自由　76
　　　──概念　76
　　　──競争の論理　3
集団主義　113
柔道　120
修養　182
＊シュナイダー，A.　73
消化試合　25
商業化　52
商業五輪　14
商業主義　13, 14, 16, 35, 138,
　　139
勝敗　50, 54, 55
勝利　53, 55
　　　──の追求　55

勝利至上主義　13, 14, 16, 19,
　　52, 62, 91, 113
植民地支配　152
女子マネージャー　159
＊ジョンソン，ベン　67
ジレンマ　11
人格形成　10, 20
シングルエンティティ　122
新興ブルジョアジー　3
人種隔離政策　142
人種差別　13, 18, 149, 152, 154
　　スポーツにおける──　153
身体技法　44
身体性　79
身体的卓越性　79
審判　21, 28, 29
＊ジンメル，ゲオルク　56
スキー場開発　165
＊スコット，ジャック　54
ステイクホルダー　102
ステレオタイプ　159
スポーツ　2, 3
　　　──固有の価値　101
　　　──の概念　3, 31
　　　──の本質　26
　　　──科学　8, 9
　　　──の専門学　9
　　　──観　19, 37
　　　──基本法　107
　　　──教育　40, 41
　　　──指導者　13, 115
　　　──推薦入試　13
　　　──宣言日本　106
　　　──組織　122, 124, 125
　　　──と体育の国際年　146
　　　──と文化と環境　167
　　　──と暴力の関係　118
　　　──の政治利用　63
　　　──の倫理的研究　6
　　　──・リテラシー　161
　　　──倫理　4, 5, 32, 41
　　　　──学　4-6, 19
　　アダプテッド・──　46
　　エコ・──　168, 169
　　カーボンマイナス・──
　　　171
　　競技──　34, 51, 52, 61
　　近代──　35, 56, 63, 81, 150,
　　　160

さくいん

――の精神 36
古代―― 136, 144
障害者―― 46
女子―― 182
大学―― 13
プロ―― 52, 62
スポーツパーソン 34
　――シップ 5, 34-37, 42, 43, 46
スポーツマン 39
　――シップ 5, 10, 13, 17, 18, 34, 36, 38-40, 42, 85, 179
　――のイデオロギー性 39
スポンサー契約 139
＊スミス, トミー 7
正義
　――の実現 88
　配分的―― 88
　平均的―― 88
『正義論』 33
性差別 18
　――の温床 159
＊セイジ, G. H. 62
性的マイノリティ（性的少数者）150, 158, 159
性同一性障害 →トランスジェンダー
政党業務行為 32
聖なる休戦 144
精力善用 120, 178, 179
世界アンチ・ドーピング機構（WADA） 65, 67, 68, 70, 71
世界アンチ・ドーピング規程 65, 68, 71, 72
世界化戦略 167
世界自然保護基金（WWF） 166
世界人権宣言 149
責任 47
　制度―― 47
責務 77
ゼロサムゲーム 19, 58
全国高等学校体育連盟 122
先輩―後輩関係 117
専門化 52
総合保養地域整備法（リゾート法） 165
組織 50

た行

体育科教育学 9
体育学 8, 9
体育・スポーツ国際憲章 171
大日本武徳会 178
体罰 2, 13, 15, 110, 111, 114
　――禁止の規定 111
代理戦争 6, 63
卓越性 19, 133
　――の共同追求 19
他者の排除 149
正しい行為 5
＊ダライ・ラマ 26
男女共同参画社会 116
＊タンブリーニ, C. 75
チート 86
　――行為 15, 18, 86-88
チェック＆モニタリング・システム 126
地球環境問題 162, 163
中央競技団体（NF） 15
帝国主義 41
＊ディドン, アンリ 137
テレビ放映権料 14, 139
＊テンニース, F. 129
東京高等師範学校 178
闘魂 185
東西問題 156
同性愛 159
『闘争の倫理』 187
道徳（モラル） 4, 5, 32, 87
　――言語 13
　――性 10
　――的ジレンマ 33
　――的推論 11
　――的態度 44
＊ドゥルー, シェリル・B. 61
ドーピング 2, 6, 13, 14, 16, 64, 87
　――事例 66, 67
　――の定義 64, 65
　――禁止の正当性 72, 76
　――禁止理由 72
　――技術 68
　――検査 70
　――体制 74
　――容認論 74
　アンチ・――活動 70, 71
　遺伝子―― 66, 68, 69
　血液―― 66
　セルフ―― 75
賭博
　――罪 98
　違法 13, 15, 16-18, 96
　違法野球―― 102
　公営――（公営ギャンブル）96
　スポーツ―― 17, 99
　スポット―― 17, 103
　野球―― 2, 15
　――事件 98, 103
トランスジェンダー（性同一性障害）150

な行

内部通報制度 104
ナショナリズム 13, 63, 140, 155
南北問題 156
難民選手団 147
日本アンチ・ドーピング機構（JADA） 71
日本オリンピック委員会（JOC）135
日本高等学校野球連盟 126
日本スポーツ振興センター 130
日本スポーツ仲裁機構 126, 127
日本体育協会 30, 122, 135
日本体育・スポーツ哲学会 7, 12, 13
人間環境宣言 167
人間形成プログラム 11
ネオ・ナチズム 152
ノーブレス・オブリージュ 128
＊ノバック, マイケル 51

は行

敗北 58
白豪主義 142
白人男性 150
白人中心主義 35
パターナリズム 73
＊八田一朗 184
パブリック・スクール 8, 28, 40, 41, 115, 136, 176, 180, 181
ハラスメント 2, 13, 15, 16, 111, 117

アカデミック・―― 111
エイジ・―― 111
セクシャル・――（セクハラ） 111, 116
パワー・―― 111, 117
反ユダヤ主義 152, 153
ヒジャブ 150
ヒト成長ホルモン 66
＊人見絹枝 182
＊ヒトラー，アドルフ 140
『美の祭典』 141
非暴力性 118
非暴力的性格 118
＊ヒューズ，トマス 41, 181
平等主義の論理 3
非倫理的行為 16, 17
　　――の関係構造 18
＊ピルツ，ギュンター 21, 45
貧困 157
ファウル 22
　　――・ゲーム 22
　　戦術的―― 53
　　パーソナル―― 22
フーリガン 157
フェア（公正） 22, 23, 33
フェアネス 32, 45
　　形式的―― 21, 23, 42
　　非形式的―― 42
フェアプレイ 20, 28, 32, 53, 85, 179
　　――教育 23, 31-33
　　――の精神 5, 10, 13, 17, 18, 30, 31, 33, 46
　　――の理念 33
　　形式的―― 21
　　行動としての―― 30, 31
　　非形式的―― 21
＊藤原健固 50
不正行為 15, 18, 88, 89
ブックメーカー 97, 99
＊ブラウン，W. M. 75
ブラックパワー・サリュート 153
フランチャイズ制 122
＊ブランデージ，A. 138
＊フリーマン，キャシー 142
プレイ文化 119
＊フレイリー，ワーレン・P. 55
フレンドシップ 137

米ソの二極体制 142
ヘイトスピーチ（差別表現） 151, 154
平和の祭典 144, 146
＊ベッテ，カール・H. 51
偏見 149
ボイコット 134, 147
法的安定性 88
　　――の確保 88
暴力 2, 15, 16, 110
　　感情的―― 119
　　理性的―― 119
ホームタウン制 122
ポストコロニアリズム 13
＊ボルノウ，O. F. 81

ま行

マイノリティ 151
マインドゲーム 17
マキャベリズム 19
マジョリティ 150, 151
マスフットボール 169
マナー 44, 45
　　――・エチケット 44, 45
マランダラージ 23, 28
マリーシア 23
＊見田宗介 132
＊ミル，J. S. 75, 76
ミレニアム宣言 146
『民族の祭典』 141
民族紛争 142
無気力試合 24, 25, 92
＊ムンテ，C. 68
メガイベント 14
メタプロブレム 74
メディア・イベント 125
メリットクラシー 119
目的合理的 25
目的論 61
モスクワ五輪のボイコット 187
モダニズム 3
モデリング 11
モブ・フットボール 118
モラル →道徳
＊モリス，デズモンド 50

や行

八百長 2, 13, 15-17, 24, 87, 90, 92, 98
　　――の実態 94

　　――事件 94, 96, 98
　　――相撲 15
役割課題責任 47
大和魂 183
遊戯性 79, 82-84, 90
優生学 68
ユーロセントリズム（ヨーロッパ中心主義） 35
ユネスコ（UNESCO） →国連教育科学文化機関
抑圧 148
「より速く，より高く，より強く」 35

ら・わ行

ラグビー校 180
＊リーフェンシュタール，レニ 141
リスペクト 137
リゾート法 →総合保養地域整備法
倫理 4, 5, 32
　　――学 9
　　メタ―― 7
　　――性 10
　　――的アポリア 15
　　――的評価 12
　　――的問題 16
　　カウンターカルチャーの―― 54
　　対人―― 40
　　ロンバルディアンの―― 54
類概念としての人間存在 77
ルール 23, 83, 84
　　――違反 85
　　行為を規制する―― 85
　　構成的―― 21, 84
　　規制的―― 21
冷戦 142, 146
　　――構造 6
＊レンク，H. 21, 42, 45, 60
労働市場 156
労働者階級 150
＊ローズ，ピート 102
＊ロールズ，ジョン 33
＊ロゲ，ジャック 143
＊ワイス，ポール 59, 60

欧文

COP21 170
CSR（企業の社会的責任） 102

さくいん

doop 64
EU法 155
FIFA早期警告システム 104
IOC →国際オリンピック委員会
JADA →日本アンチ・ドーピング機構
JOC →日本オリンピック委員会
LGBD 13
NF →中央競技団体
UNEP →国連環境計画
UNESCO →国連教育科学文化機関
WADA →世界アンチ・ドーピング機構
WWF →世界自然保護基金

執筆者紹介（氏名／よみがな／現職） ＊執筆担当は本文末に明記

梅垣明美（うめがき・あけみ）
同志社大学現代社会学部教授

岡部祐介（おかべ・ゆうすけ）
関東学院大学経営学部准教授

春日芳美（かすが・よしみ）
大東文化大学スポーツ・健康科学部准教授

釜崎 太（かまさき・ふとし）
明治大学法学部教授

菊 幸一（きく・こういち）
国士舘大学大学院スポーツ・システム研究科特任教授

関根正美（せきね・まさみ）
日本体育大学体育学部教授

竹村瑞穂（たけむら・みづほ）
東洋大学健康スポーツ科学部准教授

田原淳子（たはら・じゅんこ）
国士舘大学体育学部教授

等々力賢治（とどりき・けんじ）
松本大学名誉教授

友添秀則（ともぞえ・ひでのり）
奥付編著者紹介参照

永木耕介（ながき・こうすけ）
法政大学スポーツ健康学部教授

長島和幸（ながしま・かずゆき）
元 福岡大学スポーツ科学部准教授

樋口 聡（ひぐち・さとし）
広島大学名誉教授

深澤浩洋（ふかさわ・こうよう）
筑波大学体育系教授

松瀬 学（まつせ・まなぶ）
日本体育大学スポーツマネジメント学部教授

宮島健次（みやじま・けんじ）
西武文理大学サービス経営学部教授

來田享子（らいた・きょうこ）
中京大学スポーツ科学部教授

和田浩一（わだ・こういち）
神戸医療未来大学健康スポーツ学部教授

《編著者紹介》

友添秀則（ともぞえ・ひでのり／1956年生まれ）

環太平洋大学体育学部教授。博士（人間科学）。
日本スポーツ教育学会会長，（公財）日本学校体育研究連合会会長，日本体育科教育学会会長，スポーツ庁スポーツ審議会会長代理，文部科学省文化審議会委員などを歴任。文部科学省学習指導要領作成協力者，「スポーツ界における暴力行為根絶宣言」（日本体育協会，日本オリンピック委員会ほか，2013年），「運動部活動での指導のガイドライン」（文部科学省，2013年）の座長など。

主著：『体育の人間形成論』『スポーツ倫理を問う』『運動部活動の理論と実践』『わが国の体育・スポーツの系譜と課題』『運動部活動から地域スポーツクラブ活動へ』（以上，大修館書店），『スポーツの倫理』『スポーツ倫理学入門』（以上，不昧堂出版），『戦後体育実践論（全4巻）』『スポーツのいまを考える』（以上，創文企画）など。

やわらかアカデミズム・〈わかる〉シリーズ
よくわかるスポーツ倫理学

2017年3月31日　初版第1刷発行　　　〈検印省略〉
2025年3月10日　初版第4刷発行

定価はカバーに表示しています

編著者　友添秀則
発行者　杉田啓三
印刷者　藤森英夫

発行所　株式会社　ミネルヴァ書房
607-8494　京都市山科区日ノ岡堤谷町1
電話代表（075）581-5191
振替口座 01020-0-8076

©友添秀則, 2017　　　亜細亜印刷・新生製本

ISBN978-4-623-08013-7
Printed in Japan

やわらかアカデミズム・〈わかる〉シリーズ

よくわかるスポーツ倫理学　　　　　　　　　　　　友添秀則編著　　本　体　2400円

よくわかるスポーツ文化論［改訂版］　　井上俊・菊幸一編著　　本　体　2500円

よくわかるスポーツ人類学　　　　　　　　　　　　寒川恒夫編著　　本　体　2500円

よくわかるスポーツマネジメント　柳沢和雄・清水紀宏・中西純司編著　　本　体　2400円

よくわかるスポーツマーケティング　　　仲澤眞・吉田政幸編著　　本　体　2400円

よくわかるスポーツとジェンダー　飯田貴子・熊安貴美江・來田享子編著　　本　体　2500円

よくわかるスポーツ心理学　　中込四郎・伊藤豊彦・山本裕二編著　　本　体　2400円

よくわかる学びの技法　　　　　　　　　　　　　　田中共子編　　本　体　2200円

よくわかる教育評価　　　　　　　　　　　　　　　田中耕治編　　本　体　2800円

よくわかる授業論　　　　　　　　　　　　　　　　田中耕治編　　本　体　2600円

よくわかる教育課程　　　　　　　　　　　　　　　田中耕治編　　本　体　2600円

よくわかる生徒指導・キャリア教育　　　　　　　小泉令三編著　　本　体　2400円

よくわかる教育相談　　　　　　　　春日井敏之・伊藤美奈子編　　本　体　2400円

よくわかる教育原理　　　　　　　　　　　　　汐見稔幸ほか編著　　本　体　2800円

よくわかる教育学原論　安彦忠彦・児島邦宏・藤井千春・田中博之編著　　本　体　2600円

よくわかる障害児教育　　石部元雄・上田征三・高橋実・柳本雄次編　　本　体　2400円

——— ミネルヴァ書房 ———
https://www.minervashobo.co.jp/